Mark Zahel

Imst · Pitztal

55 ausgewählte Touren

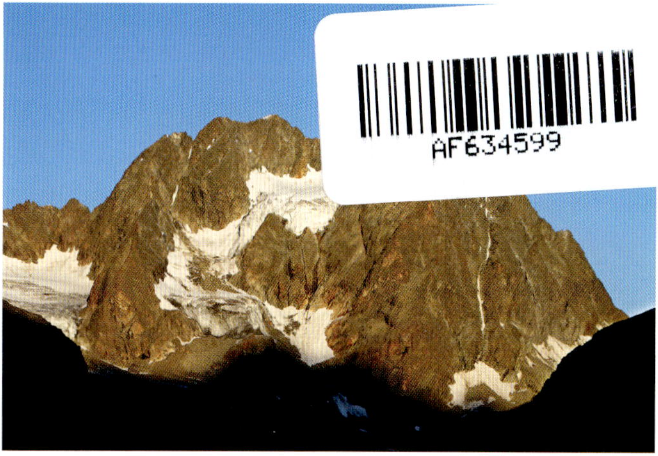

ROTHER
BERGVERLAG

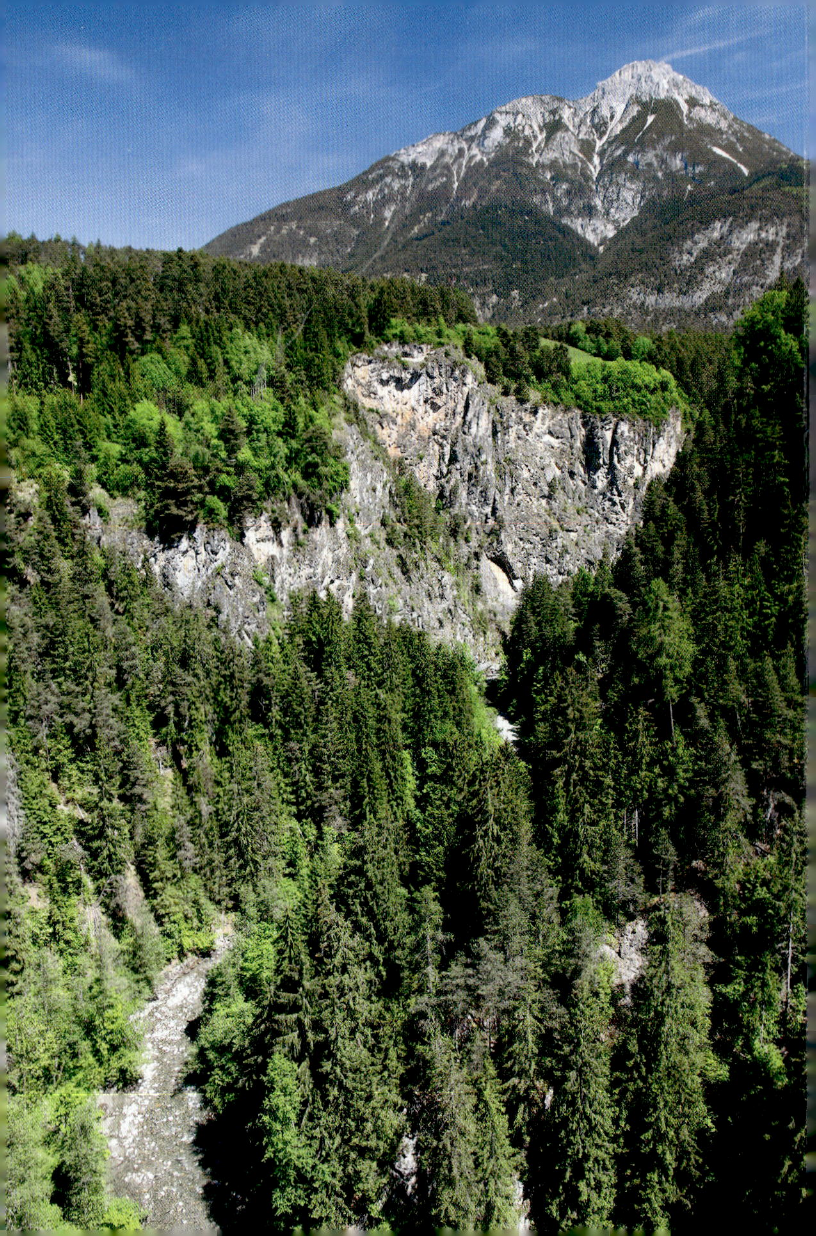

Vorwort

Unser Wanderführer widmet sich einer Teilregion des Tiroler Oberlandes, nämlich ausgehend vom Imster Becken südlich des Fernpasses hinein ins Pitztal, das links vom Geigenkamm und rechts vom Kaunergrat flankiert wird. Diese beiden gewaltigen Gipfelzüge der Ötztaler Alpen verleihen der Talschaft ein wildes, ursprüngliches Gepräge, gekrönt von der Gletscherwelt um die Wildspitze ganz zuhinterst. Im Gegensatz zu solchen Urgesteinsrevieren gehört die nähere Umgebung von Imst mit den Hausbergen Tschirgant, Muttekopf und Laggers zu den Nördlichen Kalkalpen, womit sich starke landschaftliche Kontraste und ein vielfältiges Betätigungsfeld ergeben.
Mit der 4. Auflage dieses Wanderführers habe ich die Autorenschaft übernommen und den Inhalt in Text und Bild vollkommen neu zusammengestellt. Die vorliegende 6. Auflage wurde auf den neusten Stand gebracht. Insgesamt 55 eigens erkundete Touren werden detailliert beschrieben, wobei das Repertoire alpintypisch weit gestreut ist. Interessante talnahe Routen durch Schluchten oder liebliche bäuerliche Kulturlandschaften, genussvolle Alm- und Hüttenwanderungen, Aufstiege zu einsamen Karseen, spannende Höhensteige quer durch steile Flanken sowie viele Gipfeltouren, leichtere wie zünftige, sind vertreten. Sogar das Dreitausenderniveau wird ein paarmal erreicht. Freilich muss konstatiert werden, dass die Hochlagen rund um das Pitztal oftmals unwegsamer und ungezähmter daherkommen als in manchen anderen Gebieten. Erschließungen für den Massentourismus beschränken sich auf die Gegend um Hoch-Imst, das Hochzeigergebiet sowie den Talschluss. Dazwischen gibt es noch eine erstaunliche Urtümlichkeit zu entdecken, kleine Bergweiler wie aus vergangenen Zeiten etwa, stiebende Wasserfälle und malerische Seeaugen, nicht zuletzt die zahlreichen schroffen, kantigen Felsgipfel, die häufig auch von Eis umlagert sind. Richtig große Gletscher faszinieren rund um die zuckerweiße Wildspitze, Nordtirols höchsten Berg.
Das Pitztal besitzt nicht den gleichen Bekanntheitsgrad wie das benachbarte Ötztal und wird seitens der Bergwanderer zuweilen etwas stiefmütterlich behandelt. Als Kenner beider Destinationen kann ich sagen: Gerechtfertigt ist das nicht, und wer das eine liebt, wird auch das andere schätzen lernen! Mit diesem Führer – der übrigens der einzige ist, der sich so dicht und ausführlich mit der Region beschäftigt – hoffe ich, allen unternehmungslustigen Bergfreunden einen nützlichen Begleiter an die Hand zu geben. Präzise Charakterisierungen und Wegbeschreibungen, anschauliche Höhenprofile und Routenkarten sowie GPS-Daten zum Download machen ihn zum kompetenten Ratgeber bei Vorbereitung und Durchführung der Touren. Lassen Sie sich inspirieren und genießen Sie Ihre persönlichen Streifzüge im Tiroler Oberland zwischen Fernpass und Wildspitze.

Frühjahr 2024 | Mark Zahel

Inhaltsverzeichnis

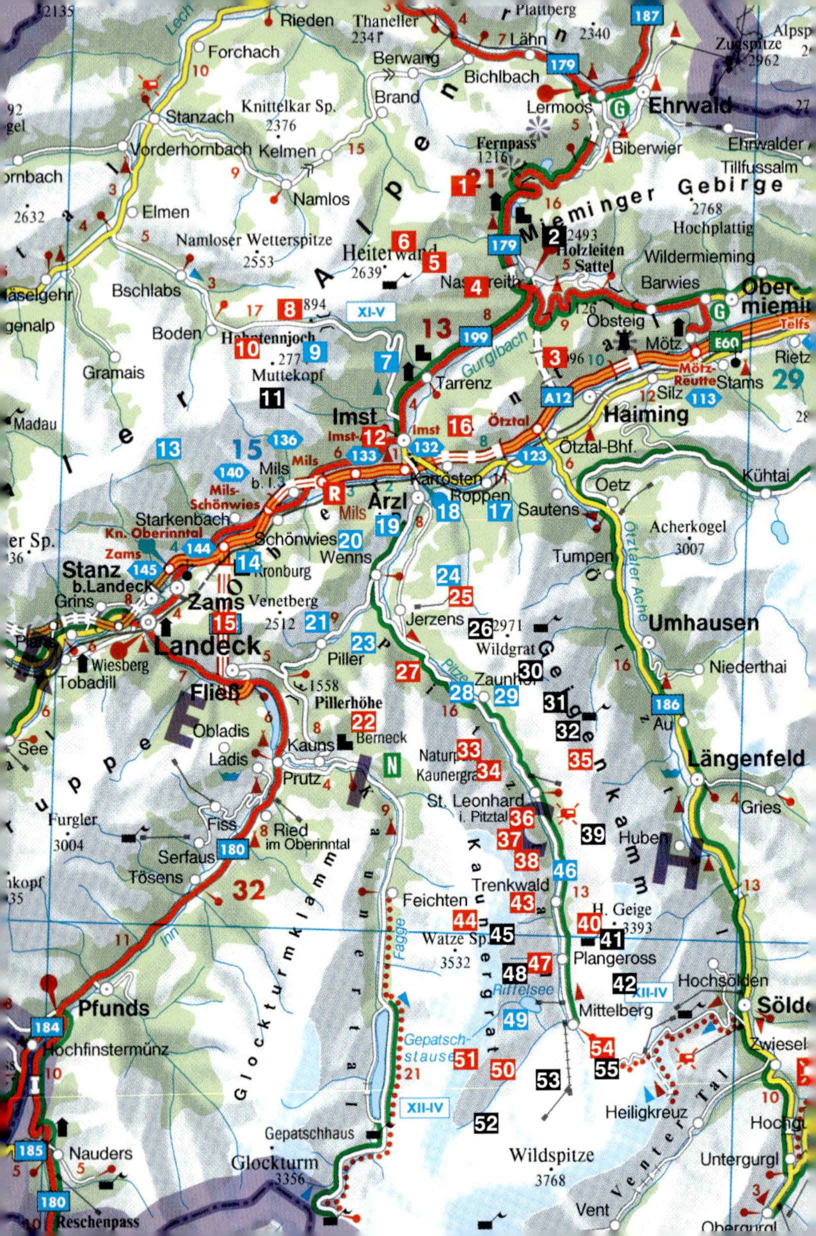

Rieden
Thaneller 2341
Lähn
Plattberg 2340
Zugspitze 2962
Forchach
Berwang
Bichlbach
Lermoos
Ehrwald
Stanzach
Knittelkar Sp. 2376
Brand
Vorderhornbach
Kelmen
Fernpass 1216
Biberwier
Ehrwalder Alm
Tillfussalm
Namlos
Mieminger Gebirge
Elmen
2768
Hochplattig
Namloser Wetterspitze 2553
Heiterwand 2639
Holzleiten Sattel
Wildermieming
Bschlabs
Nassereith
Barwies
Obermieming
Boden
Hahntennjoch
Obsteig
Mötz
Gramais
Muttekopf
Tarrenz
Gurglbach
Rietz
Telfs
Stams
Silz
Haiming
Madau
Imst
Mils
Mils-Schönwies
Karrösten
Roppen
Ötztal-Bhf.
Kühtai
Starkenbach
Arzl
Sautens
Oetz
Kn. Oberinntal
Schönwies
Wenns
Acherkogel 3007
Tumpen
Stanz b.Landeck
Kronburg
Grins
Zams
Venetberg 2512
Jerzens
Wildgrat
Umhausen
Landeck
Piller
Niederthai
Wiesberg
Tobadill
Fließ
Pillerhöhe
Zaunhof
Obladis
Au
See
Ladis
Kauns
Berneck
Naturpark Kaunergrat
Längenfeld
Prutz
St. Leonhard i. Pitztal
Gries
Furgler 3004
Fiss
Ried im Oberinntal
Huben
Serfaus
Tösens
Trenkwald
Feichten
H. Geige 3393
Watze Sp. 3532
Plangeross
Hochsölden
Rifflsee
Mittelberg
Pfunds
Sölden
Hochfinstermünz
Gepatsch-stausee
Zwieselstein
Heiligkreuz
Gepatschhaus
Nauders
Wildspitze 3768
Untergurgl
Glockturm 3356
Reschenpass
Vent
Venter Tal
Obergurgl
Lechtaler Alpen
Glockturmkamm
Kaunertal
Kaunergrat
Pitztal
Geigenkamm
Ötztaler Ache
Inn
Lech
Fagge
Pitze

Einführung in das Gebiet

In den Ötztaler Alpen ist nicht das namensgebende Ötztal, sondern das Pitztal das zentrale Tal. Aus dem Imster Becken greift es rund 40 Kilometer weit in diese oft als größte Massenerhebung der Ostalpen beschriebene Gebirgseinheit hinein, flankiert von Geigenkamm und Kaunergrat, um unter dem stark vergletscherten Weißkamm seinen Abschluss zu finden. Der Höhenunterschied zwischen der Mündung in den Inn und der innersten Siedlung Mittelberg beträgt gut 1000 Meter, die Wildspitze als krönender Gipfel legt nochmals volle 2000 Höhenmeter drauf.

Einst drohte gerade im engen, schwer zu bewirtschaftenden Pitztal bittere Armut, doch der Fremdenverkehr hat wie vielerorts in Tirol zunächst die Not gelindert und später ein starkes wirtschaftliches Fundament geschaffen. Gleichwohl steht unser Tal nach wie vor etwas im Schatten seines berühmteren Nachbarn, auch wenn die Erschließung des Pitztaler Gletschers in den 1980er-Jahren eine deutliche Belebung ausgelöst hat. Diese betrifft freilich mehr das Wintergeschäft. Bei 8000 Gästebetten werden heutzutage jährlich rund 1,2 Millionen Nächtigungen verzeichnet (zum Vergleich: das Ötztal

In der Rosengartenschlucht bei Imst.

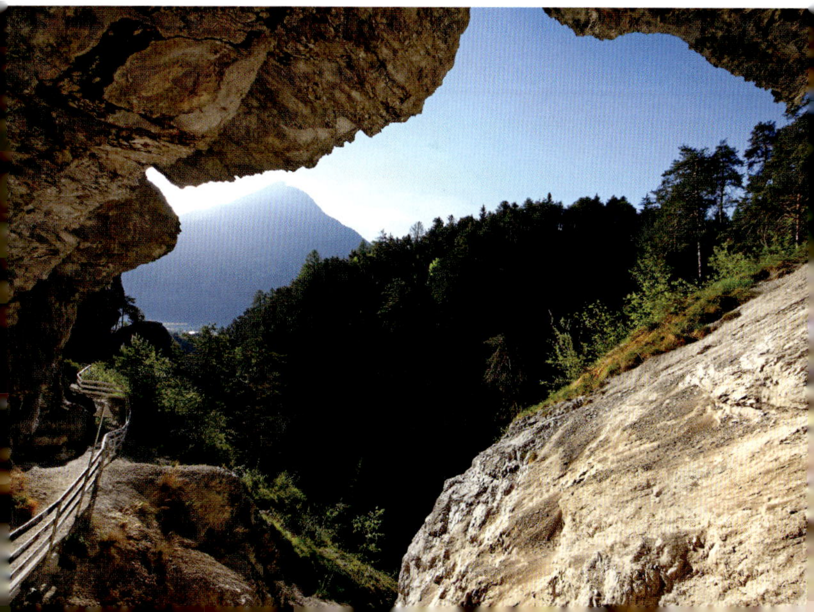

kommt auf mehr als das Dreifache). Regional ist das Pitztal stark auf die Bezirkshauptstadt Imst ausgerichtet, sodass die Verknüpfung in diesem Wanderführer sinnvoll erscheint. Auch rund um Imst locken tolle Wandermöglichkeiten. Nachfolgend sollen vier logische Abschnitte beleuchtet werden, denen letztlich auch die Tourengliederung zugrunde liegt.

Region Imst mit Gurgltal und Oberinntal

Auf der Südseite des historisch bedeutsamen Fernpasses treten wir quasi klassisch in das Betätigungsfeld dieses Führers ein. Die Bergumrahmung gehört hier zum Komplex der Nördlichen Kalkalpen (und zwar hauptsächlich zu den Lechtaler Alpen, aber auch die Randbereiche des Mieminger Gebirges sind vertreten) und unterscheidet sich damit geologisch und optisch maßgeblich von den kristallinen Bergen südlich der Innfurche. Von Nassereith über Tarrenz nach Imst erstreckt sich das wiesengrüne Gurgltal, umgeben von Gipfeln wie Wannig und Tschirgant, Muttekopf und Laggers, die schroffen Kalkfels offenbaren. Knapp südlich der auf Schwemmfächern errichteten Stadt Imst mündet es in das größere Oberinntal. Dieses wird in diesem Band mit einigen Touren zwischen Zams und Roppen berücksichtigt –

Landschaft bei Arzl im vorderen Pitztal.

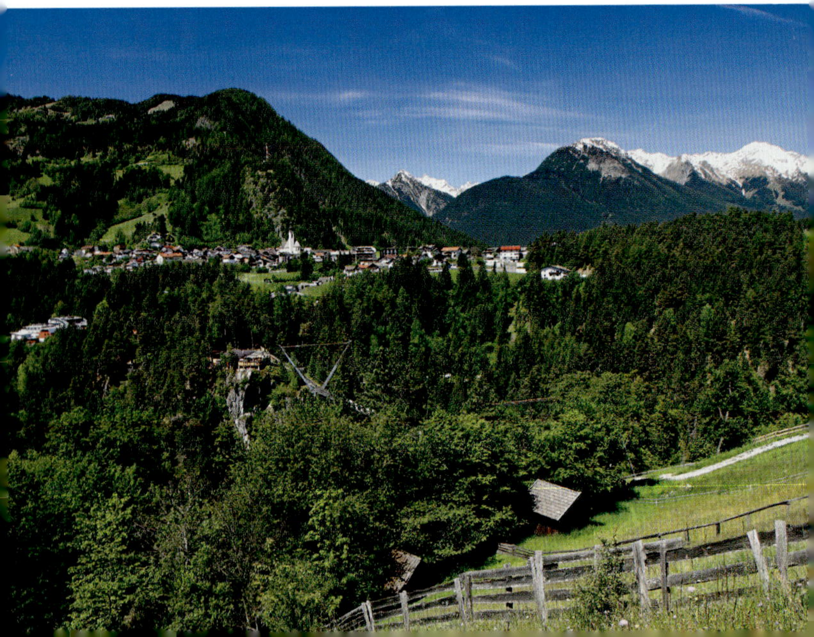

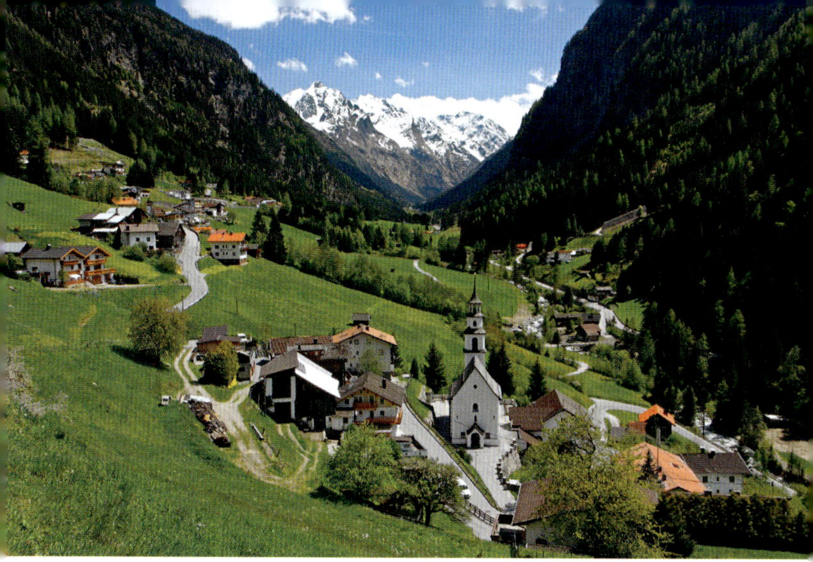

Blick von Zaunhof taleinwärts.

andere Rother-Wanderführer (Kaunertal – Oberinntal einerseits sowie Ötztal andererseits) schließen unmittelbar an.

Region Vorderes Pitztal

Im äußeren Bereich des Pitztals, zwischen Arzl und Wenns bzw. Jerzens und auch ins abzweigende Pillertal hinein, zeigt sich der Landschaftscharakter eher gemäßigt alpin. Die Berglehnen werden zumeist von Wiesen und Wäldern geprägt, geben sich weiträumig und laden vor allem zu beschaulichen Streifzügen ein, obschon sich die Pitze zwischen den beidseitigen Hangterrassen tatsächlich markant eingeschnitten hat. Auf diesen Mittelgebirgsterrassen erstrecken sich in der Regel auch die Siedlungen, durchaus stattliche Orte im Fall von Arzl, Wenns und Jerzens (den drei äußeren Gemeinden), die mit etlichen kleineren Dörfchen und Weilern dazwischen zu einer anmutigen Kulturlandschaft verschmelzen. Zumal Geigenkamm und Kaunergrat erst dahinter so richtig beginnen, kommt dem Venet hier wohl die topografisch größte Bedeutung zu. Das Hochtal von Wenns hinauf nach Piller säumt den klobigen Bergstock an der Südostseite.

Region Mittleres Pitztal

Unterhalb von Jerzens verengt sich das Pitztal in markanter Weise und entfaltet zuweilen sogar eine schluchtartige Wirkung, wenn die beidseitigen Berg-

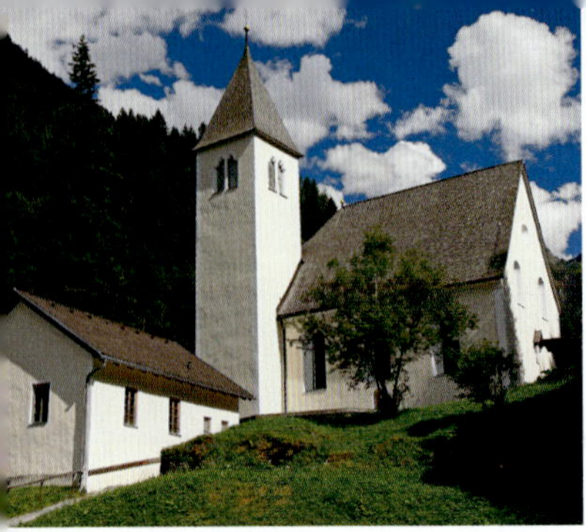

Kirche von St. Leonhard, einer der flächengrößten Gemeinden Tirols.

lehnen zusammenrücken. Mehr oder weniger dicht bewachsene Steilhänge, über die auch der eine oder andere Wasserfall stiebt, schaffen eine urwüchsig unnahbare Szenerie und weisen den oft seengeschmückten Hochkaren abgelegene Geländekammern zu. Die Gipfelflur an Geigenkamm und Kaunergrat scheint weit entrückt und offenbart sich erst in voller Pracht, wenn man auf der jeweils gegenüberliegenden Seite Höhe gewonnen hat. In der Talsohle geben, nicht zuletzt aufgrund zahlreicher Lawinenstriche, nur verhältnismäßig kleine Böden Raum für Siedlungen. So leben im Gemeindegebiet von St. Leonhard, das auf einer Länge von 25 Kilometern den gesamten mittleren und inneren Talbereich umfasst (!), verstreut nur rund 1400 Einwohner. Als erstes etwas ausgeprägtes Dorf empfängt uns Zaunhof am linksseitigen Hang, umgeben auch von einigen exponierten Höfeweilern. Weiter taleinwärts besteht die zentrale Fraktion St. Leonhard aus mehreren Ortsteilen entlang der Pitze.

Region Hinteres Pitztal

Eine scharfe Grenze zum inneren Talabschnitt kann kaum gezogen werden, weder topografisch noch verwaltungspolitisch, zumal bis zuhinterst nach Mittelberg alles zur Gemeinde St. Leonhard gehört. Sinnvoll erscheint mir die Abgrenzung etwa auf Höhe des Weilers Trenkwald via Verpeiljoch und Breitlehnjöchl. Denn Touren im Umkreis der Rüsselsheimer- und Kaunergrathütte wird man gefühlsmäßig schon dem hinteren Pitztal zuordnen. Die Berge werden hier nochmals höher, werfen mit der Hohen Geige und der Watzespitze auch die Hauptgipfel im Geigenkamm und Kaunergrat auf. Nicht zu vergessen der Ötztaler Weißkamm mit seiner ansehnlichen Vergletscherung und der in Nordtirol alles überragenden Wildspitze. Taschach- und Mittelbergferner sind die größten Eisfelder, aber auch am Kaunergrat findet sich so manches wilde Gletscherkar. Während im mittleren Abschnitt viele Touren noch eher unter der Rubrik »Geheimtipp« eingeordnet werden dürfen, sind die wichtigsten Ziele im Talschluss bekannter. Auch der Erschließungsgrad deutet letztlich darauf hin, wobei eines von insgesamt fünf Tiroler Gletscherskigebieten hier die wichtigste touristische Größe darstellt. In den Talorten Plangeross, Mandarfen und Mittelberg dominieren heute moderne Hotels im Erscheinungsbild über das ursprüngliche dörfliche Flair – ein ziemlich offenkundiger Gegensatz zum mittleren Pitztal.

Der Umwelt zuliebe ...

Auch beim Wandern hinterlassen wir einen ökologischen Fußabdruck, aber im Einklang mit der Natur unterwegs zu sein, ist gar nicht so schwer!

VORBEREITUNG UND ANFAHRT

- Sich vorab informieren, worauf in Bezug auf Natur und Umwelt in der jeweiligen Wanderregion besonders zu achten ist.
- Soweit möglich mit Bahn und Bus anreisen, Wander- und Rufbusse nutzen.
- Ist eine Anfahrt mit dem Auto nötig, Fahrgemeinschaften bilden.
- Bei weiten Anfahrten Mehrtagestouren planen oder von einem Quartier vor Ort aus mehrere Touren absolvieren.
- Flugreisen möglichst reduzieren und durch Beiträge zu Klimaschutzprojekten kompensieren.

KLEIDUNG UND AUSRÜSTUNG

- Beim Kauf von Outdoor-Kleidung auf umweltfreundliche und faire Herstellung achten und Kleidungsstücke möglichst viele Jahre nutzen.
- Ausrüstung kann man eventuell auch gebraucht kaufen oder ausleihen.
- Reparieren statt neu kaufen.

VERPFLEGUNG

- Beim Einkauf Bio-Ware, regionale und saisonale Erzeugnisse bevorzugen.
- Hütten und Gasthäuser auswählen, die regionale Produkte verwenden.
- Auf Einwegflaschen und Plastikverpackungen verzichten, stattdessen wiederverwendbare Trinkflaschen und Brotzeitboxen benutzen.

ÜBERNACHTUNG

- Bei lokalen Anbietern buchen, damit Menschen vor Ort profitieren.
- Auf Hütten und in anderen Unterkünften Strom und Wasser sparen.

UNTERWEGS

- Wege benutzen und Abkürzer vermeiden.
- Sperrungen von Wegen und Schutzgebieten respektieren.
- Keine Blumen pflücken und keine Pflanzen entnehmen.
- Waldbrandgefahr beachten.
- Müll wieder mit nach Hause nehmen und dort entsorgen.
- Toilettengänge in freier Natur möglichst vermeiden.
- Lärm vermeiden.
- Hunde an die Leine nehmen.

ROTHER
BERGVERLAG

Zum Gebrauch des Buches

Schwierigkeitseinstufung

Die in diesem Band vorgestellten Touren richten sich hauptsächlich an Bergwanderer und verlaufen zumeist auf markierten, mehr oder weniger gut ausgebauten Wegen und Steigen. Dennoch gibt es aufgrund der Steilheit und Beschaffenheit des Geländes, der Höhenlage und der Länge eine erhebliche Spannbreite in den Anforderungen. Die Farbe der Tourennummer in der Titelzeile vermittelt einen groben Hinweis auf das Schwierigkeitsniveau. Es werden drei Kategorien unterschieden:

Leicht Bergwanderung auf gut ausgebauten und markierten Wegen von meist nur mäßiger Steilheit. Passagen in abschüssigem Gelände sind selten. Ein Grundmaß an Trittsicherheit kann vorteilhaft sein, sonst stellen sich aber keine besonderen Anforderungen. Auch konditionell nicht überdurchschnittlich fordernd.

Mittel Wege und Bergpfade, die solide Trittsicherheit erfordern, in ausgesetztem Gelände auch Schwindelfreiheit. Sie sind in der Regel ebenfalls ausreichend markiert, besitzen aber nicht selten einen schmalen Verlauf und können gesicherte Stellen aufweisen. Im alpinen Gelände nimmt die Abhängigkeit von den herrschenden Verhältnissen zu. Ist bei technisch leichteren Routen allein der konditionelle Anspruch hoch, wird ebenfalls in diese Kategorie eingestuft.

Routinierter Umgang mit abschüssigem Felsgelände.

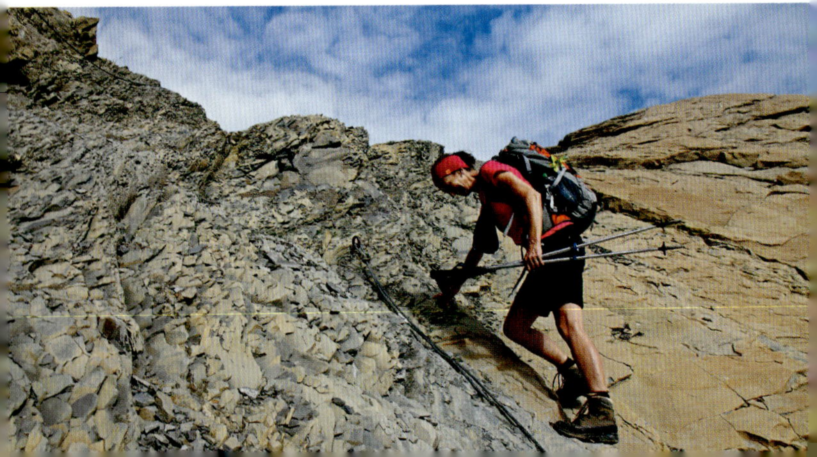

■ **Schwierig** Anspruchsvollere Routen in oft hochalpinem, beschwerlichem Gelände. Eventuell kann eine erkennbare Trasse am Boden fehlen, außerdem ist mit einfachen Kletterstellen zu rechnen. Absolute Trittsicherheit und Schwindelfreiheit sind ebenso unerlässlich wie eine umfassendere alpine Erfahrung. Die Abhängigkeit von Wetter und Verhältnissen ist umso mehr zu beachten.

Hinweis: Die Bewertung auf Wegweisern vor Ort kann zuweilen abweichen. Die »harten Kriterien« kommen dort offenbar nicht immer streng zur Anwendung. Ohnehin wäre allgemein eine differenziertere Bewertungspraxis wünschenswert. Deshalb soll in diesem Führer zusätzlich auf die ursprünglich vom Schweizer Alpenclub entworfene »T-Skala« zurückgegriffen werden. Bis T2 gilt üblicherweise die Einstufung »blau«, spätestens ab T4 »schwarz«. Nachfolgend die maßgeblichen Definitionen in angepasster Form:

Die Schwierigkeitsskala nach Muster des SAC

Grad	Weg, Gelände	Anforderungen
T1 Wandern	Weg gut gebahnt, Gelände flach oder leicht geneigt, keine Absturzgefahr.	Keine Anforderungen, auch mit Turnschuhen geeignet, Orientierung problemlos.
T2 Bergwandern	Weg mit durchgehender Trasse, Gelände teilweise steil, Absturzgefahr nicht völlig ausgeschlossen.	Etwas Trittsicherheit, Trekkingschuhe empfehlenswert, elementares Orientierungsvermögen.
T3 Anspruchsvolles Bergwandern	Weg nicht unbedingt durchgehend, ausgesetzte Stellen evtl. gesichert, ggf. etwas Händeunterstützung, Geröllflächen, einfache Schrofen.	Solide Trittsicherheit, Trekkingschuhe, elementare alpine Erfahrung, durchschnittliches Orientierungsvermögen.
T4 Alpinwandern	Weg nicht zwingend vorhanden, stellenweise leichte Kletterei, Gelände recht exponiert, heikle Grashalden, Schrofen, Firnfelder.	Gute Trittsicherheit, Vertrautheit mit exponiertem Gelände, solide alpine Erfahrung, gutes Orientierungsvermögen.
T5 Anspruchsvolles Alpinwandern	Teils weglos mit Kletterpassagen im I. bis II. Grad, evtl. nicht markiert. Häufig exponiertes bzw. heikles Gelände.	Sehr gute Trittsicherheit, vertiefte alpine Erfahrung und sicheres Beurteilungsvermögen auch im hochalpinen Gelände.
T6 Schwieriges Alpinwandern	Meist weglos und in der Regel nicht markiert. Kletterpassagen bis II bei diffizilen Rahmenbedingungen.	Umfassende alpine Erfahrung inkl. grundlegender Kletterkenntnisse.

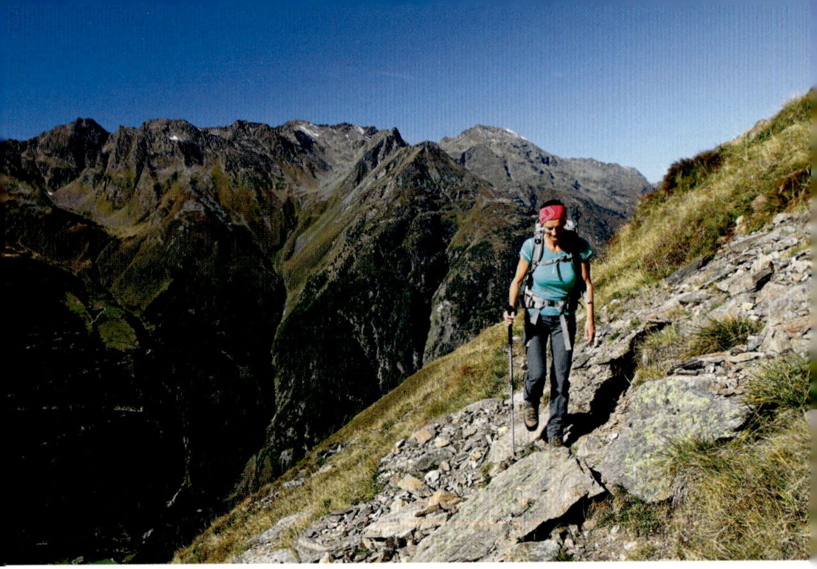

Auch auf den typischen Höhenwegen ist oft Trittsicherheit erforderlich. Diese Passage entspricht T3.

Gehzeiten

Maßgeblich ist immer die reine Gehzeit ohne Pausen, wobei in der Praxis abhängig von diversen Faktoren, besonders natürlich der Leistungsfähigkeit jedes einzelnen, eine breite Streuung auftreten kann. Die Angaben orientieren sich an berggewohnten, ausdauernden Wanderern ohne erhöhten sportlichen Anspruch, die im Aufstieg normalerweise 300 bis maximal 400 Höhenmeter pro Stunde zurücklegen, im Abstieg etwa das 1,5-fache. Bei flachem, hindernisarmem Gelände – das im Hochgebirge freilich selten in Reinkultur zu finden ist – kalkuliert man etwa vier Streckenkilometer pro Stunde, was auf typischen Höhenwegen normalerweise aber schon deutlich zu reduzieren ist, selbst wenn der Steig phasenweise quasi horizontal verlaufen mag. Die Gesamtgehzeit, die mitunter von Wegweisern oder anderswo veröffentlichten Angaben abweichen kann, steht als wichtige Größe sofort erkennbar in der Titelzeile.

Der Tourensteckbrief

In jedem Kapitel wird vorab in einem Prosatext auf Besonderheiten, Hintergründiges und den jeweiligen Grundcharakter eingegangen. Darunter steht der Tourensteckbrief als wichtigstes Werkzeug zur konkreten Planung. Folgende Elemente sind üblicherweise enthalten:

Symbole

🚌	mit Bahn/Bus erreichbar	🚡	Fahrt mit Seilbahn
🍴	Einkehrmöglichkeit unterwegs	†	Gipfel
👨‍👧	für Kinder geeignet	┐ ┌	Abzweig
⛪	Ort mit Einkehrmöglichkeit	)(	Pass, Sattel
⌂	Einkehrmöglichkeit	✝	Kirche, Kapelle, Marterl/Bildstock
⌂	Schutzhaus, Unterstand	▲	Burg, Schloss, Ruine
P	eingerichteter Parkplatz	✺	Aussichtsplatz
🚌	Busanschluss	)(	Brücke

- **Ausgangspunkt:** Hier beginnt die Tour. Gewöhnlich wird eine Parkmöglichkeit empfohlen und explizit hervorgehoben, falls es keine Verbindung mit öffentlichen Verkehrsmitteln gibt (zumindest zu einem vertretbar nahe gelegenen Ort). Sofern der Endpunkt abweicht, wird dieser ebenfalls genannt.
- **Anforderungen:** Es wird über Beschaffenheit der Wege bzw. des Geländes, über besonders relevante Schwierigkeiten sowie an die Begeher gestellte Voraussetzungen Auskunft gegeben. All dies gründet sich allein auf objektive Kriterien und daher immer auf die Annahme günstiger Verhält-

Arzl liegt auf einer Terrasse südlich der Innschlucht, gegenüber Karrösten unterhalb des Tschirgant.

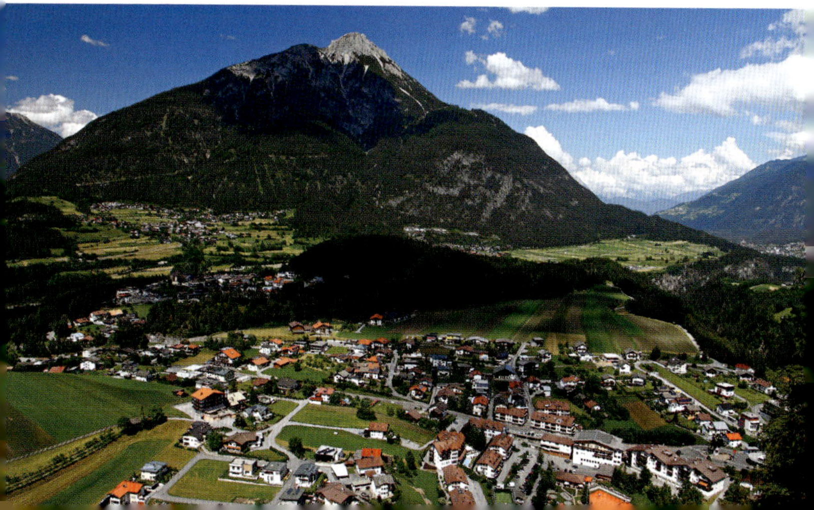

Top-Touren im Pitztal und rund um Imst

Loreakopf

Eine der reizvollsten Gipfeltouren in der Fernpassregion, macht an einem urigen Selbstversorgerhüttchen Station und spannt das Panorama von den östlichen Lechtalern bis zur Zugspitze auf (Tour 1, 8.15 Std.).

Imster Höhenweg

Überaus spannende Kammtour hoch über dem Imster Talbecken, allerdings mit einigem Anspruch (Tour 11, 7 Std.).

Pitzeklamm und Waldeck

Abwechslungsreiche Wanderung in tiefen Gefilden, mit interessanter Schlucht, anheimelnder Mittelgebirgslandschaft und einer spektakulären Hängebrücke (Tour 18, 4.40 Std.).

Hohe Aifnerspitze

Der erste große Gipfel im Norden des Kaunergrats und einer der besten Aussichtspunkte überhaupt im Tiroler Oberland (Tour 22, 7.15 Std.).

Hochzeiger und Sechszeiger

Die große Runde durchs Hochzeigergebiet, mit teils ungeahnten Perspektiven, variabel gestaltbar (Tour 25, 7.30 Std.).

St. Leonharder Höhenweg

Lange, fordernde Wanderung quer durch die Flanken des mittleren Geigenkamms, vis-à-vis steht der gesamte Kaunergrat aufgefächert (Tour 32, 7.45 Std.).

Wilder See

Ein ganz abgelegener Karsee in großer Höhe und ein traumhafter Fleck, den man nie vergisst (Tour 35, 7.40 Std.).

Rappenkopf und Seirlöcherkogel

Gipfel-Duo oberhalb der idyllischen Arzler Alm mit großartigen Tiefblicken – einmal relativ unbeschwert, mit der einsamen Zugabe schon deutlich zünftiger (Tour 38, 6.30 Std.).

Hohe Geige

Höchster Berg im Geigenkamm und ein Alpinziel von Rang mit einer anregenden Blockkletterei am Westgrat und einem Panorama, das seinesgleichen sucht (Tour 41, 6 Std.).

Fuldaer Höhenweg

Unbeschwertes Panoramawandern vor großer Kulisse – Ziel ist das Taschachhaus im Talschluss (Tour 50, 6.10 Std.).

nisse. Dass z.B. Schlechtwetter die Anforderungen spürbar erhöhen kann, muss zusätzlich einkalkuliert werden. Die Summe dieser hier präzisierten Fakten drückt sich letztlich auch in der Farbe der Tourennummer und der Einordnung in die Wanderskala (siehe oben) aus.

- **Höhenunterschied:** Dieser bezieht sich auf die gesamte Tour, gelegentlich auch zusätzlich auf essenzielle Etappenziele. Dabei ist ein zwischenzeitliches Auf und Ab so genau wie möglich und sinnvoll berücksichtigt.
- **Einkehr/Unterkunft:** Aufgeführt werden sämtliche Stationen, die Verpflegung bzw. Übernachtungsmöglichkeit anbieten. Bei Berghütten werden ungefähre Bewirtschaftungszeiten und die Telefonnummer genannt, um ggf. Erkundigungen einholen oder einen Schlafplatz reservieren zu können.
- **Beste Jahreszeit:** Diese Angabe beruht auf Erfahrungswerten und ist als Tendenz zu verstehen. Natürlich geben immer die aktuellen Bedingungen

den Ausschlag für die Durchführbarkeit einer Tour.

- **Varianten:** Viele Unternehmungen bieten Spielraum zur individuellen Gestaltung, z.B. Abkürzungen, lohnende Abstecher, Erweiterungen und Kombinationsmöglichkeiten mit anderen Touren. Darauf wird in knapper Form hingewiesen.

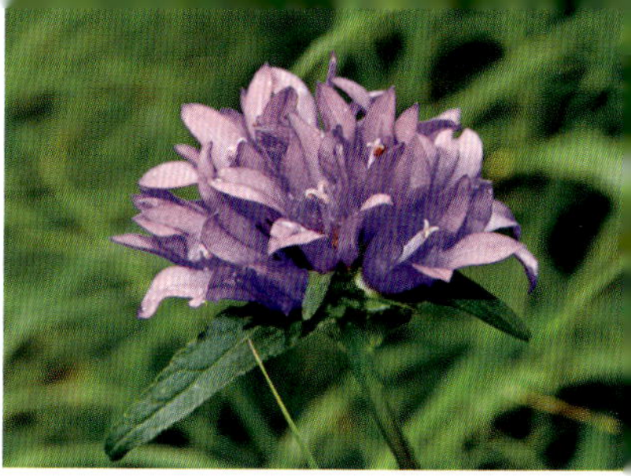

Kleines Schaustück am Wegesrand.

Routenbeschreibungen

Der Autor ist um angemessene Ausführlichkeit bemüht, damit die Route an Zwischenpunkten oder auch an Wechseln der Geländebeschaffenheit gut nachzuvollziehen ist. Jedes denkbare Detail zu erwähnen, würde den Rahmen aber sprengen und auch im Sinne der Übersichtlichkeit eher kontraproduktiv sein. Gleichwohl kann man sagen, dass die Beschreibungen wesentlich akribischer ausfallen als in Broschüren der Tourismuswerbung – ein essenzieller Mehrwert für den Nutzer!

Kartenausschnitte und Profile

Weitere visuelle Planungshilfen sind der Kartenausschnitt sowie das Höhenprofil, das die wesentlichen Steigungsverläufe wiedergibt und den Überblick über die Gehzeiten (einschließlich Zwischenwerte) enthält. Zudem sind jeweils wichtige Wegpunkte, die auch in der Routenbeschreibung kenntlich gemacht werden und mit dem GPS-Track korrespondieren, verortet.

GPS-Tracks und Koordinaten der Ausgangspunkte

Auf **gps.rother.de** stehen zu diesem Wanderführer GPS-Tracks und die Koordinaten der Ausgangspunkte zum kostenlosen Download bereit. Dieser QR-Code führt direkt zum Download.
6. Auflage, Passwort: **450406khp**
Die GPS-Tracks können in die **Rother App** importiert werden. In der App kann man unterwegs stets sehen, wo man gerade ist und wo es langgeht. **Anleitungen dazu: rother.de/gps**
Trotz sorgfältiger Prüfung können wir Fehler und zwischenzeitliche Veränderungen nicht ausschließen. Verlassen Sie sich für die Orientierung niemals einzig und allein auf die GPS-Daten, sondern beurteilen Sie die Verhältnisse vor Ort.

Allgemeine Hinweise

Ausrüstung

Der wichtigste Ausrüstungsgegenstand ist das Schuhwerk, das möglichst robust sein soll, ohne dabei den Tragekomfort zu vernachlässigen. Bei Bergwanderern haben deshalb sogenannte Trekkingschuhe weite Verbreitung gefunden. Bei hochalpinen Touren sollte man Schuhe mit festerem Schaft bevorzugen. Von den Herstellern wird heutzutage eine schier unüberschaubare Auswahl an outdoortauglicher Kleidung angeboten. Prinzipiell gilt Analoges zu den Schuhen, nämlich in Abstimmung auf den Charakter der Tour sowie der Witterung ein zweckmäßiges und gleichzeitig bequemes Material. Die Mitnahme von Regen- und Kälteschutz ist im Hochgebirge Standard, auch wenn ein sonniger, warmer Tag avisiert wird. Freilich hat man dann auch gern einmal die kurze Hose zur Hand, will man nicht über Gebühr schwitzen.

Das Vorhandensein von bewirtschafteten Hütten oder Jausenstationen gibt den Ausschlag über die Bemessung des Proviants. Etwas für zwischendurch sollte zumindest bei tagfüllenden Wanderungen nie fehlen, vor allem sollte immer an ausreichend Flüssigkeit gedacht werden. Sonnenbrille und Sonnenschutzcreme, ein Taschenmesser und eine kleine Notfallapotheke gehören zum wichtigen »Kleinkram«, ebenso wie die Wanderkarte und natürlich dieser Führer. Ein GPS-Gerät kann optional nützlich sein, ist aber si-

Stets aufs Neue gipfelwärts zum Kreuz …

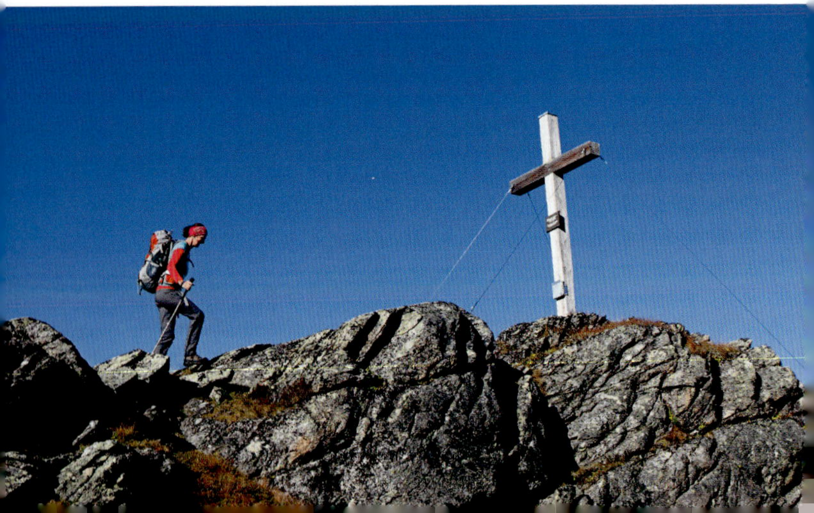

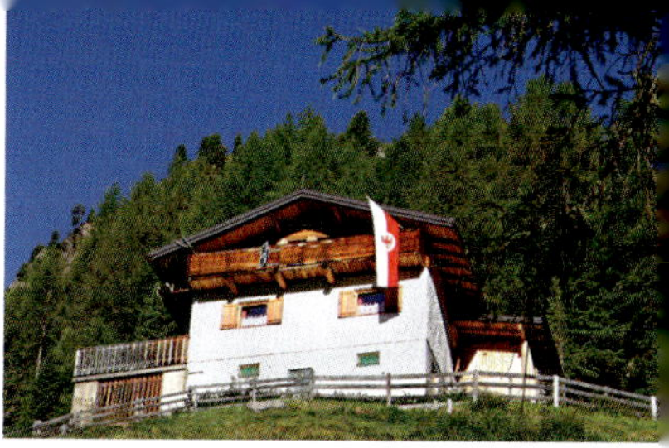

Die Arzler Alm ist eine von zahlreichen bewirtschafteten Jausenstationen.

cher nicht essenziell für Wanderungen auf markierten Wegen. Über die Verwendung von Teleskopstöcken scheiden sich die Geister. Vorteile gewähren sie durch eine Entlastung der Gelenke (vor allem im Abstieg) sowie zur Unterstützung der Balance. In manchem Gelände sind sie allerdings hinderlich und können schlimmstenfalls sogar selbst zur Stolperfalle werden. Man sollte Stöcke deshalb nicht zwanghaft, sondern der Situation angepasst einsetzen. Bei wenigen hochalpinen Touren kann sich – abhängig von den herrschenden Verhältnissen – die Mitnahme von Steigeisen, eventuell auch eines Pickels, bezahlt machen.

Wanderkarten

Die Kartenausschnitte in diesem Führer basieren auf der Wanderkarte von Freytag & Berndt. Sie sind teils im Originalmaßstab 1:50.000 enthalten, aus Platzgründen teils auch auf 1:75.000 verkleinert. Im Wesentlichen sind für das gesamte Gebiet zwei Blätter nötig, nämlich WK 251 »Ötztal – Pitztal – Kaunertal – Wildspitze« und WK 352 »Ehrwald – Lermoos – Reutte – Tannheimer Tal – Zugspitze«.

Wer unterwegs Karten mit präziserer Geländedarstellung und größerem Maßstab schätzt, kann für Teilregionen auf die Alpenvereinskarte zurückgreifen. Im Maßstab 1:25.000 sind folgende Blätter relevant: 3/4 »Lechtaler Alpen – Muttekopf und Heiterwandgebiet«, 4/1 »Wetterstein- und Mieminger Gebirge West«, 30/3 »Ötztaler Alpen – Kaunergrat«, 30/5 »Ötztaler Alpen – Geigenkamm« und 30/6 »Ötztaler Alpen – Wildspitze«.

Wetter

Das grundsätzlich Schöne am Bergwandern ist das Draußensein in der Natur, womit natürlich eine gewisse Abhängigkeit vom Wetter besteht. Denn der berühmte Satz »es gibt kein schlechtes Wetter, sondern nur falsche Kleidung« besitzt für Gebirgstouren angesichts potenzieller Gefahren nur eingeschränkte Gültigkeit. Da sich unser Tourengebiet zentralalpin gegen den Alpenhauptkamm hin erstreckt, gelten die Wetterbedingungen der Alpennordseite, bei Staulagen mitunter in etwas abgeschwächter Form, dafür aber in teils beachtlicher Höhe. Nicht selten treten durch die Abschirmung hoher Bergketten auch regionale Föhneffekte auf. Die jährliche Niederschlagsmenge für Imst beträgt gut 900 mm, was für alpine Verhältnisse relativ wenig ist. Es gehört also zum Elementaren, sich mit der Wetterprognose gründlich auseinanderzusetzen. Diverse Medien überfluten uns mittler-

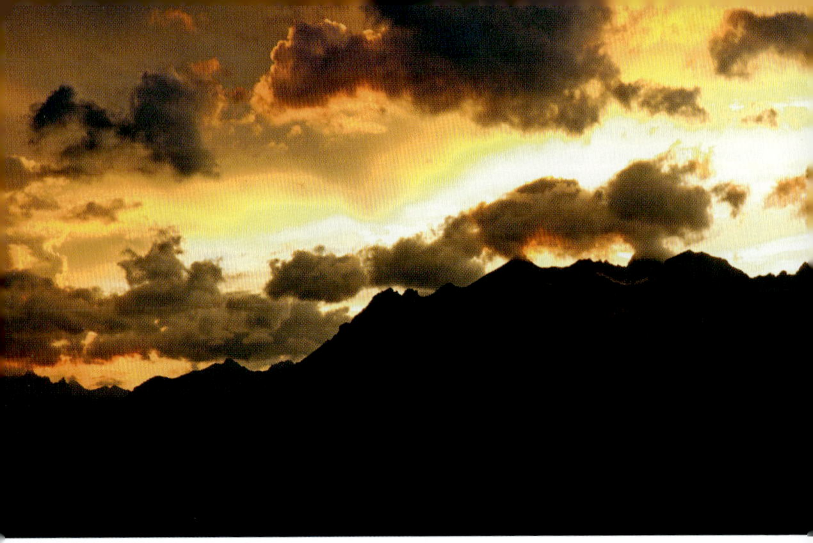

Abendliche Wolkenstimmung nach einem Gewitter.

weile mit derartigen Informationen – leider nicht immer in hoher Qualität –, doch die schlechteste aller Varianten wäre, gar keine Information zu haben und aufs Geratewohl loszulaufen. Die Standard-Website für das Wetter in Tirol lautet: wetter.orf.at/tirol/prognose. Auch unter zamg.ac.at, alpenverein.at bzw. alpenverein.de gibt es gute, professionelle Vorhersagen.

Gefahren

Auch wenn man die alpinen Gefahren in einem Wanderführer wie diesem keinesfalls hochstilisieren muss, so gilt es doch daran zu erinnern, dass jedwedes Unterwegssein im Gebirge mit einem Restrisiko verbunden ist. Eine der häufigsten Ursachen für eine Notsituation oder gewisse Unannehmlichkeiten liegt bei Bergwanderungen wohl in der Selbstüberschätzung. Diese kann sich sowohl auf den geländebedingten als auch auf den konditionellen Anspruch beziehen, ist aber durch eine sorgfältige Vorbereitung und umsichtige Durchführung der Tour vermeidbar. Mit reifender Erfahrung tut man sich diesbezüglich leichter. Nicht zu vernachlässigen ist der Einfluss einer etwaigen Gruppendynamik mit ihren (scheinbaren) Zwängen. Daneben gibt es aber auch objektive Gefahren, die das Gebirge an sich mitbringt, vor allem im Zusammenspiel mit dem Wetter. Dazu eine kurze Auflistung:

- **Absturzgefahr:** In ausgesetztem Gelände müssen Trittsicherheit und Schwindelfreiheit entsprechend ausgelegt sein, was eine verantwortungsvolle Selbsteinschätzung erfordert. Konzentrierte Fortbewegung und erhöhte Vorsicht speziell bei brüchigem Fels, instabilen Geröllhalden und nassen Grashängen sind angezeigt.

- **Schneefelder:** Diese treten hauptsächlich im Frühsommer auf und können – falls hartgefroren – sehr tückisch sein. Teleskopstöcke bieten nur in mäßig steilem Gelände eine gewisse Hilfe, andernfalls muss mit Pickel und Steigeisen vorgesorgt werden. Im Falle eines Sturzes sofort in die bremsende Liegestützhaltung gehen, bevor der Körper beschleunigt. Besser man unternimmt die Tour erst, sobald der Altschnee vom letzten Winter weithin abgeschmolzen ist. Im Fall eines Kaltlufteinbruchs mit Neuschnee ist besonders kritisches Beurteilungsvermögen gefragt, je nach Intensität bleibt manchmal nur ein Verzicht bzw. Abbruch.
- **Wildbäche:** Ohne Brücken oder Stege können diese je nach Wasseraufkommen ein erhebliches Hindernis bedeuten. Man sucht geduldig eine geeignete Stelle zum Queren (bei Blöcken auf deren Stabilität achten!) und setzt mit Vorteil Stöcke zum Abstützen ein.
- **Steinschlag:** Dieser tritt vor allem in steilen, brüchigen Fels- und Schrofenzonen, besonders im Bereich von Rinnen, auf und wird von Wanderern nicht selten selbst ausgelöst. Die gefährdeten Passagen sind rasch, aber konzentriert hinter sich zu bringen.
- **Gewitter:** Es besteht unmittelbare Lebensgefahr durch Blitzschlag, daher sind exponierte Punkte und Gerinne unverzüglich zu verlassen. Am besten deutet man die Warnsignale (zunehmende Quellbewölkung, schwüle Luft, Fallen des Luftdrucks) und sucht rechtzeitig Schutz auf. Lokalen Wärmegewittern, die bevorzugt in der zweiten Tageshälfte auftreten, lässt sich recht effektiv durch frühen Aufbruch begegnen. Frontgewitter werden indes in der Regel gut vorhergesagt, sodass wir Gelegenheit haben, unsere Taktik danach auszurichten. Man bedenke stets auch die mittelbaren Gefahren wie Nässe, Abkühlung und mögliche Vermurungen bei Starkregen.
- **Schlechte Sicht:** Dadurch verkompliziert sich speziell auf weni-

Wildbäche können in den Ötztaler Alpen groß und reißend werden.

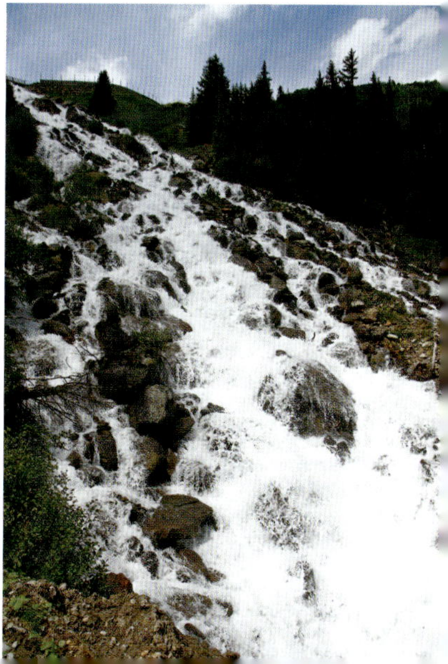

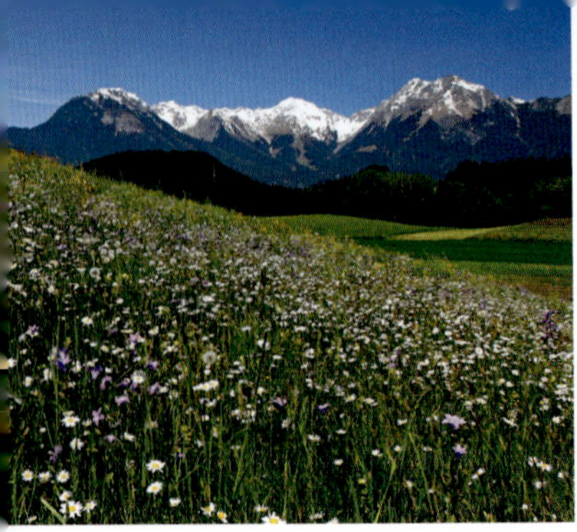

Eine Frühlingswiese macht Lust auf die Wandersaison.

ger gut markierten Routen die Orientierung. Hilfsmittel wie Kompass, Höhenmesser oder GPS können nützlich werden. Wegloses Gelände sollte bei anhaltend dichtem Nebel tabu sein. Bei Verlust der Markierung gehe man zurück bis zum letzten bekannten Punkt.

Notsituationen

Falls man in eine Notlage gerät oder sich sogar ein ernsthafter Unfall ereignet hat, gilt es zunächst Ruhe zu bewahren und Verletzten Erste Hilfe zu leisten. Mit einem Mobiltelefon lässt sich direkt die Rettung verständigen: In Tirol lautet die Nummer für die Bergrettung 140 (ohne Vorwahl). Die allgemeine Notrufnummer ist die 112. Sollte dies nicht möglich sein, muss das alpine Notsignal abgegeben werden: 6-mal pro Minute ein optisches oder akustisches Zeichen. Mit je einer Minute Pause dazwischen so lange wiederholen, bis man Antwort erhält. Diese besteht aus 3-maligem Zeichen innerhalb einer Minute.

Anreise und öffentliche Verkehrsmittel

Über die Inntal-Autobahn bis Ausfahrt Imst-Pitztal, von Deutschland aus auch mautfrei über den Fernpass Richtung Imst. Dort setzt die Hahntennjochstraße ins Lechtal an. Die Pitztaler Landesstraße führt unmittelbar südlich des Imster Beckens taleinwärts bis zum Endpunkt bei Mittelberg. In Arzl zweigt eine Verbindung nach Wald, Leins und Jerzens ab, in Wenns die Straße nach Piller (auch Überfahrt ins Kaunertal möglich). Weiter taleinwärts gibt es im Wesentlichen nur noch Abzweigungen zu höher gelegenen Weilern.
Eine Bahnstrecke verläuft lediglich im Inntal, ansonsten sind für den öffentlichen Nahverkehr die Postbuslinien relevant. Am wichtigsten für unser Gebiet ist zweifellos die Linie von Imst durchs Pitztal bis Mittelberg. Auch das Pillertal und die Ortschaften auf der östlichen Hangterrasse sind angeschlossen, von Jerzens bedienen Kleinbusse die Hochzeiger-Talstation, wie auch Hoch-Imst, Karrösten etc. aus dem Stadtzentrum von Imst angefahren werden.

Touristische Informationen

- Imst Tourismus, Johannesplatz 4, 6460 Imst, Tel. +43 5412 6910, Fax -69108, imst.at.
- Tourismusverband Pitztal, Unterdorf 18, 6473 Wenns, Tel. +43 5414 86999, Fax -8699988, pitztal.com (mit weiteren Ortsbüros in Arzl, Jerzens und Mandarfen).

Seilbahnen mit Sommerbetrieb

- Imster Bergbahnen in Hoch-Imst, Tel. +43 5412 66322, imster-bergbahnen.at. Erste Sektion (Sesselbahn Untermarkter Alm) Ende Mai bis Anfang Oktober täglich, ab Anfang Mai bis Anfang November Do.–So., 9 bis 17 Uhr. Zweite Sektion (Sesselbahn Alpjoch) Anfang Juni bis Anfang Oktober täglich, 9.15 bis 16.45 Uhr.
- Venetbahn in Zams, Tel. +43 5442 62663, venet.at. Mai/Oktober an Wochenenden, Ende Mai bis Ende September täglich, 8 bis 17 Uhr.
- Hochzeigerbahn in Jerzens, Ortsteil Liss, Tel. +43 5414 87000, hochzeiger.com. Erste Sektion (Gondelbahn) Ende Mai bis Mitte Oktober, 9 bis 17 Uhr. Zweite und dritte Sektion (Sesselbahnen Sechszeiger bzw. Hochzeiger) Mitte Juni bis Mitte September, 9.10 bis 16.30 Uhr.
- Riffelseebahn in Mandarfen, Tel. +43 5413 86288, pitztaler-gletscher.at. Ende Juni bis Anfang Oktober, 8.30 bis 16.30 Uhr.
- Pitztaler Gletscherbahnen in Mittelberg mit zwei Sektionen (Stollenbahn Gletscherexpress und Gondelbahn zum Hinteren Brunnenkogel), Tel. +43 5413 86288, pitztaler-gletscher.at. Ab Ende Juni/Anfang Juli (die Wintersaison schließt im Herbst normalerweise nahtlos an), 8.30 bis 16.20, letzte Talfahrt vom Hinteren Brunnenkogel 15.45 Uhr, Freitag Frühfahrt um 7 Uhr.

Der Riffelsee ist per Seilbahn erreichbar.

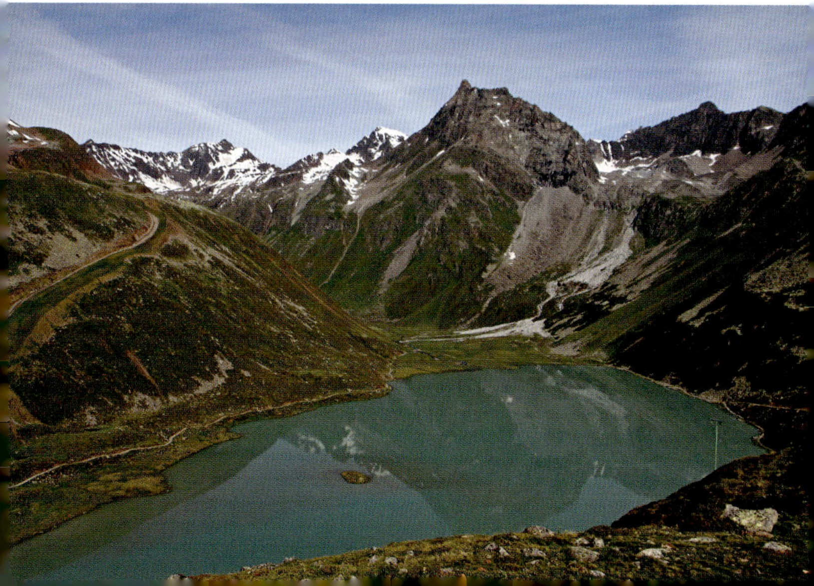

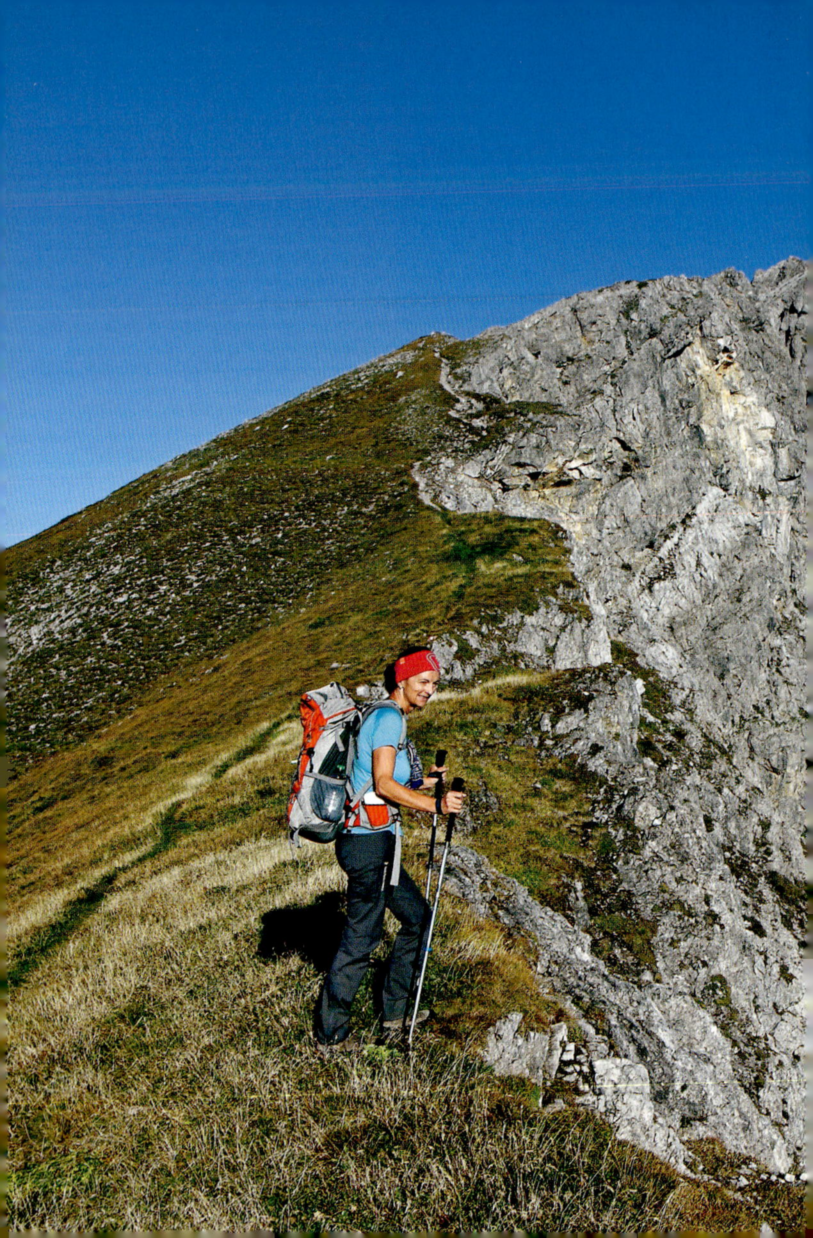

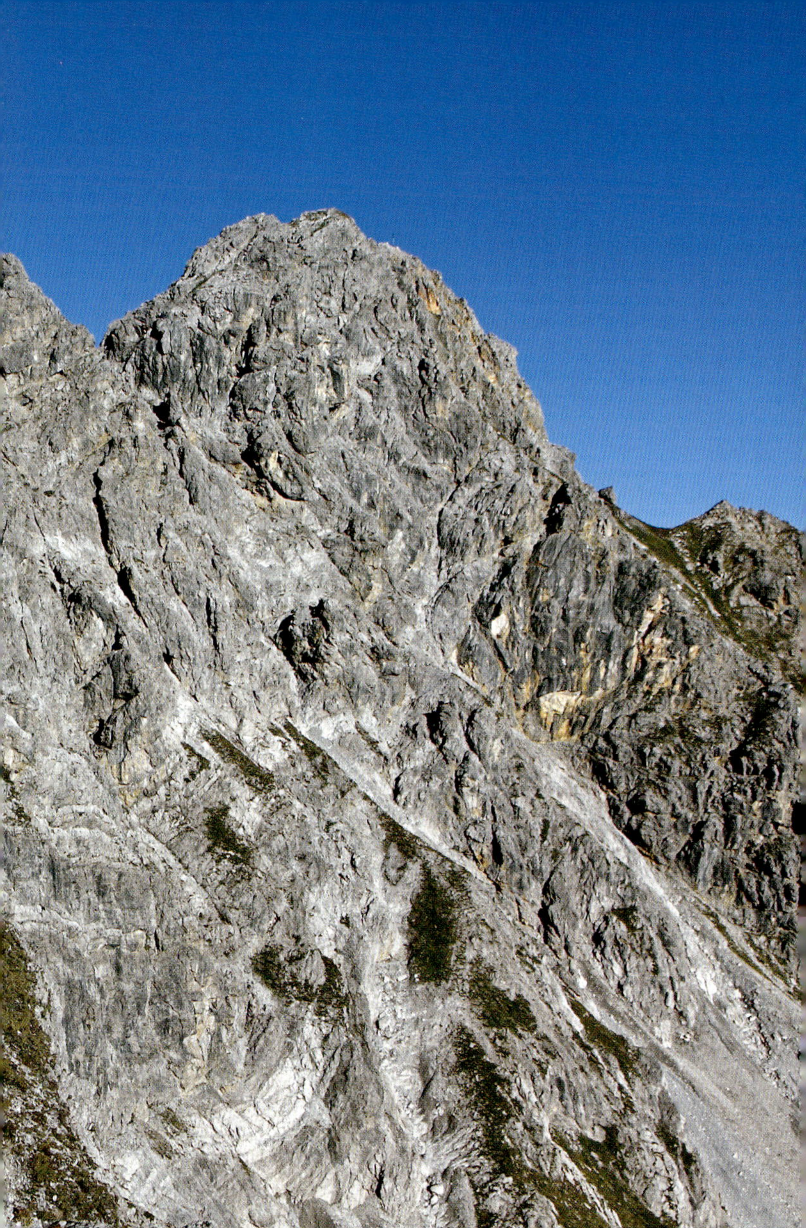

TOP **1**

Loreakopf, 2471 m

8.15 Std.

Ursprünglichkeit genießen, wo andere im Stau stehen

Auf einer der wichtigsten Reiserouten in die Alpen präsentiert sich der Fernpass oft als staugeplagtes Nadelöhr. Dass man direkt nebenan prima Berggehen kann, ist vielen gar nicht bewusst, denn Ziele wie der Loreakopf besitzen keinen großen Namen. Selbst bewirtschaftete Hütten sind hier in den östlichen Lechtaler Alpen auf weiter Flur Mangelware. So passt das schnuckelige Selbstversorger-Refugium der Loreahütte (Otto-Reinhardt-Hütte) bestens zum stillen Tourenambiente, wenn man sich dort mit ein paar Leckereien einquartiert. Damit eröffnet sich auch die Chance, am nächsten Morgen bereits früh am Gipfel zu stehen und sich mit besonderen Stimmungen belohnen zu lassen. Wer indes eine Tagestour plant, muss konditionell schon gut drauf sein, insbesondere, wenn im Bergab die wirklich einsame Route ins Tegestal einbezogen werden soll.

Ausgangspunkt: Schloss Fernstein, Parkmöglichkeit unterhalb der Bundesstraße, an der Zufahrt zum Campingplatz, ca. 945 m.
Anforderungen: T3–4. Bis über die Hütte hinaus angenehmer Bergweg ohne Hindernisse, zum Gipfel abschüssige felsige Passagen, die Händeunterstützung verlangen, aber noch keine echte Kletterei. Abstiegsroute auf kleinem Pfad spärlicher markiert, doch allenfalls bei Vermurungen im Bereich des Heimbachs etwaige Problemstellen. Sehr lange Tagestour für Ausdauernde oder ggf. mit Übernachtung.
Höhenmeter: Insgesamt 1600 Hm, bis Loreahütte 1070 Hm.

Der Gratkamm zum Loreakopf verspricht ein berauschendes Finale.

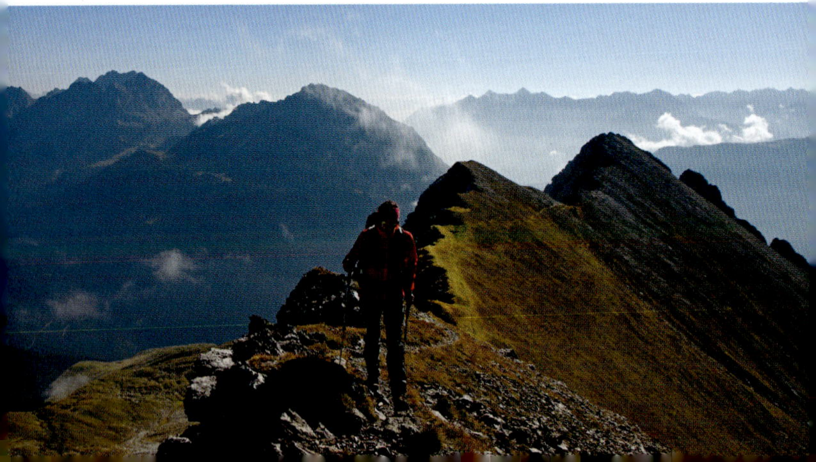

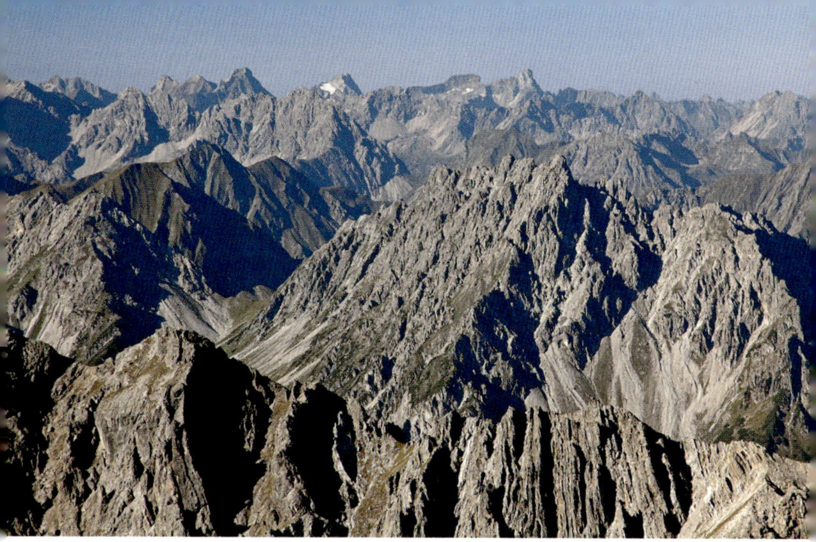

Fantastischer Blick über die Gipfelflur der Lechtaler Alpen.

Unterkunft: Loreahütte (Selbstversorgerhütte, zugänglich mit AV-Schlüssel zwischen Juni und September, übrige Zeit geschlossen).

Beste Jahreszeit: Mitte Juni bis Oktober.
Variante: Bei Rückweg auf der gleichen Route reduziert sich die Gehzeit auf 7.30 Std.

Vom **Parkplatz (1)** unterhalb des Schlosses gehen wir kurz Richtung Campingplatz, biegen rechts auf die Forststraße und sofort danach auf den ausgeschilderten Steig ab. Die Route schraubt sich an der Berglehne des Brandwaldes empor, wobei die anfänglich kräftige Steigung bald gemäßigter wird. Man reiht Schleife an Schleife, passiert zwischendurch eine Jagd-

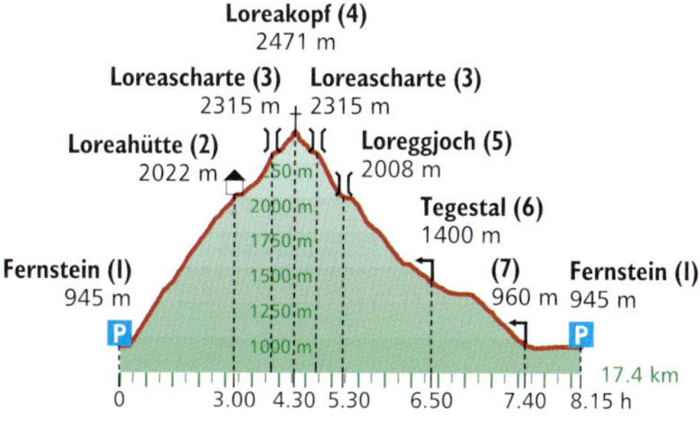

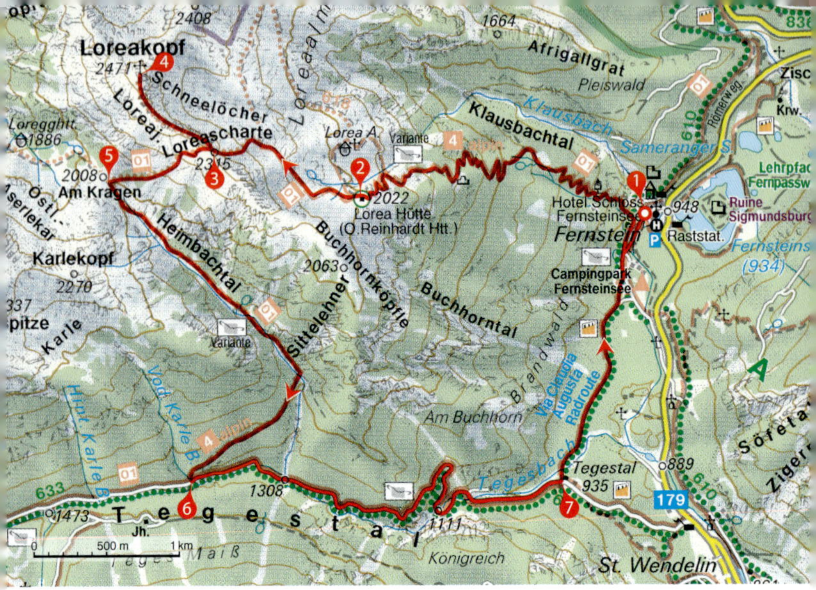

hütte sowie eine Quelle und kommt auf ca. 1700 m an einem kleinen Denkmal vorbei. Anschließend über freiere Schafweiden in Kehren hinauf zur **Loreahütte (2)**, 2022 m, die als Stützpunkt für die lange Tour durchaus willkommen ist. Die Verpflegung muss man freilich selbst dabei haben.

Auf den Weideböden von Alpeil geht es mit Nr. 601 west- bis nordwestwärts weiter. Man lässt eine Route zum Östlichen Kreuzjoch abziehen, wendet sich dem aufsteilenden Hang zur **Loreascharte (3)**, 2315 m, zu und erreicht diese am Schluss über etwas rutschigen Schotter. Gipfelwärts wird zuerst ein grasiger Kamm begangen, ehe man zum Ausweichen in die abschüssige Flanke gezwungen wird. Durch eine felsige Rinne zurück auf den Grat und über ein letztes Hindernis zum Kreuz auf dem **Loreakopf (4)**, 2471 m.

Zurück an der **Loreascharte (3)** folgen wir dem 601er schräg hinab zum **Loreggjoch (5)**, 2008 m, in manchen Karten auch »Am Kragen« genannt, und schwenken dort scharf nach links. Hinter einem Boden nimmt uns das Heimbachtal auf, wobei wir zweimal die Seite wechseln, um vor der Steilstufe ins größere Tegestal durch lichten Wald schließlich nach rechts abzurücken. Im **Tegestal (6)**, ca. 1400 m, stoßen wir auf eine teilweise aus dem Fels gefräste Forststraße, die rechts von einem grimmigen Schluchtabfall begleitet wird. Damit ein gutes Stück abwärts, zwischendurch über die Bachbrücke, bis die Verbindung Richtung Fernstein nach links ausgewiesen wird **(7)**. Eine gute halbe Stunde verbleibt letztlich noch auf talnahen Wegen zurück zum Campingplatz bzw. zum Ausgangspunkt **(1)**.

8.30 Std.

Wannig, 2493 m

2

Von Nassereith auf den westlichen Eckpfeiler der Mieminger Kette

In der Fernpassgegend zeigt der Wannig, mitunter auch Hochwannig genannt, eine ziemlich massige, ausladende Gestalt und kann damit als erster Hausberg des Dorfes Nassereith gelten. Von dieser Seite gibt es zwei Zustiege, die sich auf halber Höhe verbinden und durch die Grüne Wanne gipfelwärts ziehen. Ein gerüttelt Maß an Ausdauer und Beharrlichkeit ist die wichtigste Voraussetzung für einen Erfolg. Gemäßigtere Wanderer können es auch gemütlicher angehen und stattdessen die Nassereither Alm zum Hauptziel erklären.

Ausgangspunkt: Nassereith, 838 m. Parkplatz und Bushaltestelle im Ortszentrum.
Anforderungen: T3–4. Normale kalkalpine Bergsteige, phasenweise recht steil und nach oben hin viel Schutt, aber keine wirklich schwierigen Stellen. Trittsicherheit obligatorisch; die Einstufung »schwarz« gilt allerdings hauptsächlich wegen des hohen konditionellen Anspruchs.
Höhenmeter: Insgesamt 1750 Hm.
Einkehr: Nassereither Alm.
Beste Jahreszeit: Ende Juni bis Mitte Oktober.
Varianten: 1. Spannende Überschreitungsmöglichkeit via Handschuhspitzen Richtung Marienbergjoch; der Rückweg wird damit jedoch lang und umständlich. 2. Fasst man eine gipfellose Rundtour ins Auge, so bleibt die Wanderung mit gut 5 Std. im durchschnittlichen Rahmen (Schwierigkeit »rot«).

Nach der Gipfelbesteigung kehren wir in der Nassereither Alm ein.

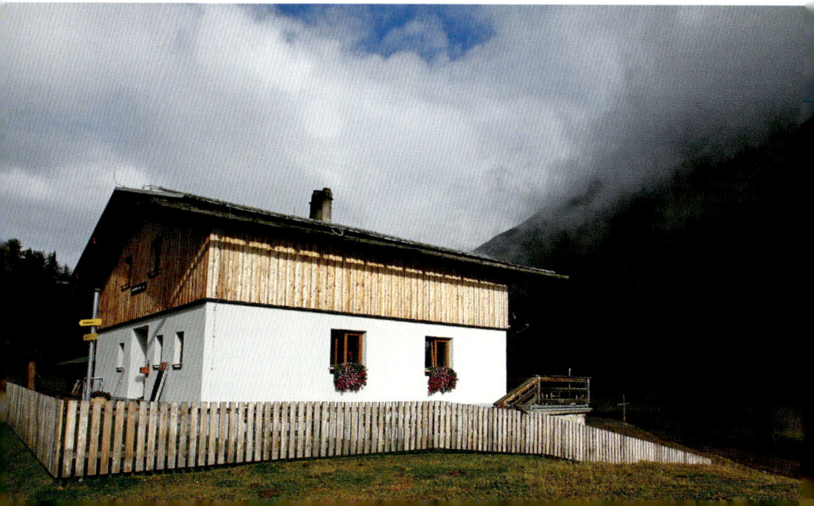

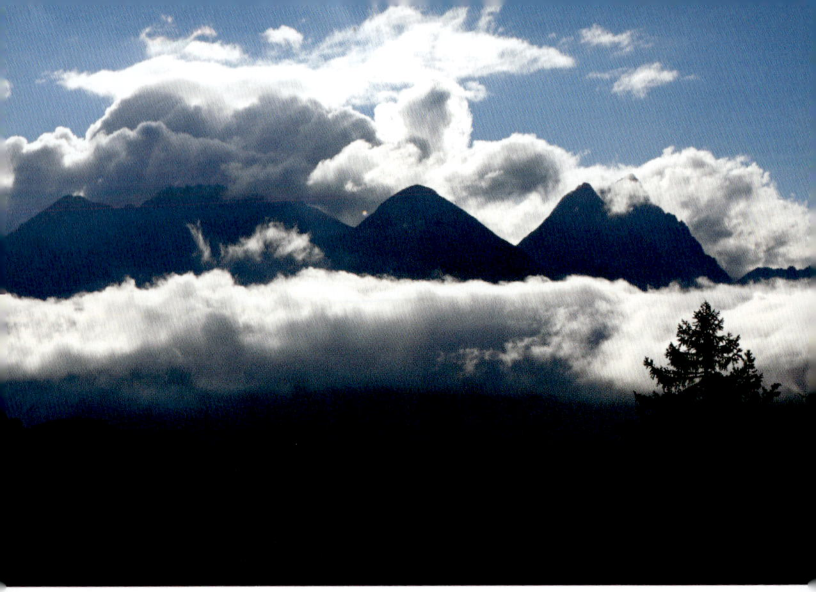

Wolkenstimmung über der Heiterwandgruppe.

Vom Ortskern in **Nassereith (1)** zunächst Richtung Dormitz. Bevor wir diesen Ortsteil erreichen, weist die Beschilderung (»Wannig, Adlerhorst«) nach links auf einen Fahrweg und kurz darauf wieder links auf den Bergweg. Mit einigen Schleifen am Waldhang wird der Stich zum Aussichtspunkt **Adlerhorst (2)**, 1011 m, erreicht (wenige Minuten abwärts). Anschließend weiter zu einem Forstweg, den wir horizontal gut 100 m nach rechts verfolgen. An der bewaldeten Südflanke bergauf, wobei man sich allmählich links hält und ab und zu eine Geröllzunge quert. Bevor die Route ins kleine Riffeltal ein-

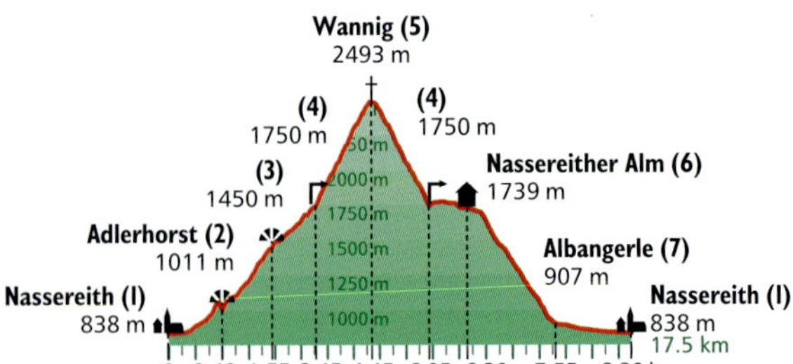

schwenkt, wird ein weiterer Aussichtspunkt mit Rastbank **(3)** passiert. Durch Waldareale gelangt man etwas verschlungen auf eine Forststraße und folgt dieser über eine Linkskehre bis zu jener Stelle, wo die Gipfelroute rechts abzweigt **(4)**, ca. 1750 m. Kräftig steigend vorerst noch durch Gehölz, das bald von der Krummholzzone abgelöst wird. Dabei dreht der Steig nach rechts ab und kommt ins Schrofen- und Schottergelände voran. Durch die sogenannte »Grüne Wanne« nähern wir uns von Westen her dem Gipfelbereich. Zumeist im Schutt führt die Route an einigen Felsen vorbei und letztlich ohne besondere Schwierigkeiten zum Kreuz auf dem **Wannig (5)**, 2493 m.
Durch die Grüne Wanne und den Westhang wieder retour zum breiten Wirtschaftsweg. In nördlicher Richtung verlässt man diesen gleich wieder, um mit etwas Auf und Ab über Waldweiden abzukürzen. Wir gelangen ins Wiesentälchen der **Nassereither Alm** bzw. Muthenaualm und dort zur Jausenstation **(6)**, 1739 m, die normalerweise bis Mitte Oktober geöffnet ist. Bei der kleinen Hütte unterhalb setzt der Talabstieg an. Neben dem Bachlauf über eine Geländeschwelle in den Maißwald, wo der Bach und kurz darauf ein Forstweg nach links gequert werden. Teilweise erdig windet sich der Steig bergab, kreuzt nochmals eine breite Forststraße und kommt in der Talsohle beim **Albangerle (7)** heraus. Zuletzt sind noch rund 2,7 km parallel zur Fernpassstraße Richtung Greite und zurück ins Zentrum von **Nassereith (1)** zu absolvieren.

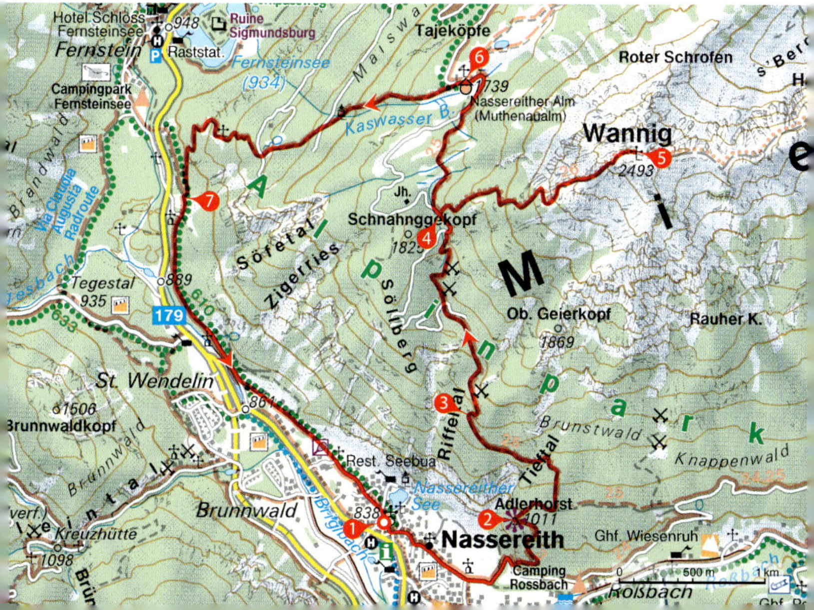

3

Simmering, 2096 m

6.15 Std.

Am Nordostausläufer des Tschirgant

Zwischen Inntal, Gurgltal und Mieminger Plateau erhebt sich mit dem Tschirgant-Massiv ein isolierter Bergstock, der nordostwärts einen langen Plateaurücken bildet und dort noch den Simmering als nennenswert eigenständigen Gupf aufwirft. Aufgrund der freien Position ist die Aussicht natürlich exzellent. Meist kommen die Wanderer von Obsteig Richtung Simmeringalm herauf, während es um den Zugang von Dormitz ziemlich still bleibt. Gleichwohl finden wir dort einen passablen Pfad in der hohen Waldflanke, die wir binnen zweieinhalb Stunden unter uns lassen, um für eine Weile in der Almregion zu schwelgen.

Ausgangspunkt: Bushaltestelle beim Abzweig Dormitz an der Bundesstraße 189 zwischen Nassereith und Obsteig. Parkmöglichkeit an der Ausfahrt, ca. 920 m.
Anforderungen: T3. Recht langwieriger Anstieg auf eher kleinem Steig durch steile Waldflanken (etwas Trittsicherheit angezeigt), im oberen Bereich harmloses Wiesengelände mit einigen Latschen. Die weglose Strecke ist bei guter Sicht orientierungsmäßig wenig kritisch, bei Nebel halte man sich hingegen an den markierten Weg über die Simmeringalm. Tagfüllende Tour.
Höhenmeter: In Summe ca. 1250 Hm.
Einkehr: Simmeringalm.
Beste Jahreszeit: Juni bis Oktober.
Tipp: Abstecher zur Aussichtsplattform am Simmeringhorn, ca. 15 Min.
Variante: Überschreitung des Simmering südwestwärts über den Zunderkopf Richtung Haiminger Alm, 1786 m (Jausenstation). Von dort kann über eine Forststraße recht langwierig ins Gurgltal abgestiegen werden. Man kommt bei der Siedlung Dollinger (Buslinie zwischen Imst und Nassereith) heraus. Gehzeit ab Gipfel 3.15 Std.

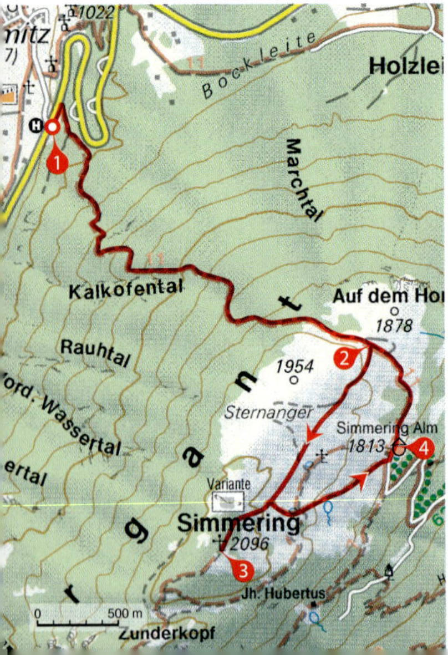

Von der **Ausfahrt nach Dormitz (1)** etwa drei Minuten auf dem Grünstreifen neben der Bundesstraße aufwärts, ehe man durch ein Gatter in den Wald entschwinden kann. Nach einer kurzen ebenen Passage setzt der eigentliche Steig ein und schraubt sich an ziemlich steilen Hängen geschickt aufwärts. Besonderheiten gibt es kaum. Ab halber

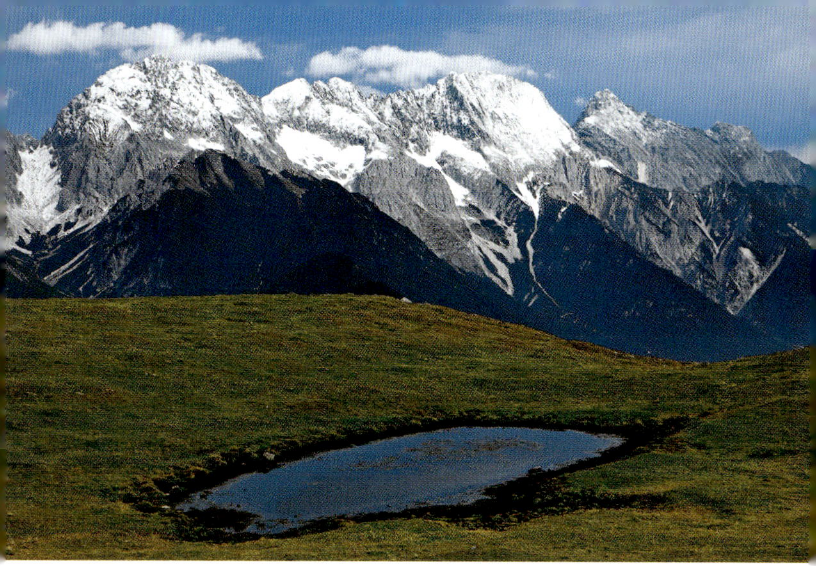

Die Mieminger Kette von den Hochweiden am Simmering gesehen.

Höhe begleitet uns zur Rechten der Graben des Kalkofentals. Erst viel weiter oben lichtet sich der Bergwald und das Gelände flacht allmählich ab. Wir gelangen auf weitläufige Plateauflächen und können uns hier für einen Abstecher zu einem Aussichtspunkt, für die Verbindung zur Simmeringalm oder für die direkte Fortsetzung gipfelwärts entscheiden **(2)**. Dafür wendet man sich mit einem Karrenweg nach rechts, verlässt die Trasse am Sternanger jedoch bald und wandert in Grundrichtung Südwest weglos über die Wiesenböden, zwischendurch an einem Tümpel vorbei. Nach einem sehr flachen Abschnitt wird der markierte Pfad von der Simmeringalm aufgenommen. Damit durch einige Krummholzbereiche und zum Gipfelkreuz bzw. wenige Schritte weiter zum höchsten Punkt am **Simmering (3)**, 2096 m.

Der Abstieg verläuft prinzipiell auf der gleichen Route. Freilich wird man die Einkehrmöglichkeit in der **Simmeringalm (4)**, 1813 m, wahrnehmen wollen und deshalb dem Wiesenpfad dorthin folgen. Später gelangen wir mit einer kleinen Gegensteigung zurück auf den Hinweg.

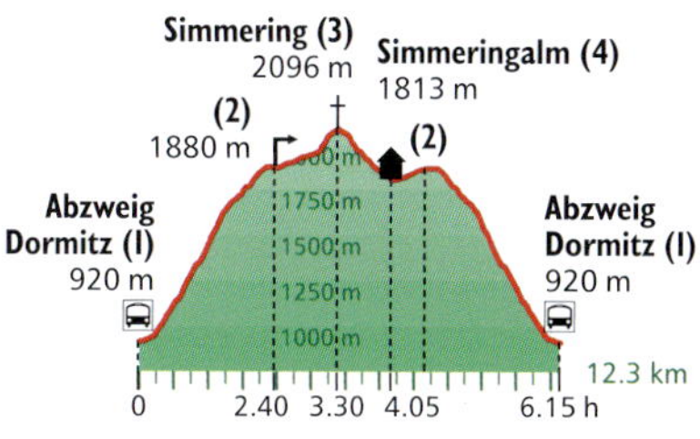

4 Sinnesbrunn, 1520 m

4.00 Std.

Schleichweg zwischen Nassereith und Tarrenz

Es muss ja nicht immer ein stattlicher Gipfel oder eine typische Alm- bzw. Hüttenwanderung sein. Erlebnisse können sich auch in einer unspektakulären Kiefernwaldflanke verbergen, etwa auf dem verschlungenen Pfad von Nassereith nach Sinnesbrunn. Die Lichtung mit der kleinen, 1777 erbauten Kapelle ist ein nachgerade besinnlicher Fleck auf halber Höhe über dem Gurgltal, angelehnt an ein altes Quellheiligtum. Am besten wandert man dann gemütlich weiter bis Tarrenz.

Ausgangspunkt: Nassereith, am besten nahe dem Feuerwehrhaus, 827 m, parken (auch Bushaltestelle).
Endpunkt: Bushaltestelle Tarrenz, ca. 810 m. Linienbus von Imst nach Nassereith.
Anforderungen: T3. Zuerst schmaler Waldpfad, streckenweise in durchaus steilem Gelände, das elementare Trittsicherheit erfordert. Später deutlich leichter auf breiteren Wegen und Forststraßen. Wegen mangelhafter Beschilderung etwas Orientierungsvermögen nötig; Farbmarkierungen sind aber zuverlässig. Konditionell moderat.
Höhenmeter: 700 Hm Aufstieg, 720 Hm Abstieg.
Einkehr: Keine am Weg.
Beste Jahreszeit: Ab Mai bis zum Wintereinbruch.

Sinnesbrunn geht auf ein altes Quellheiligtum zurück.

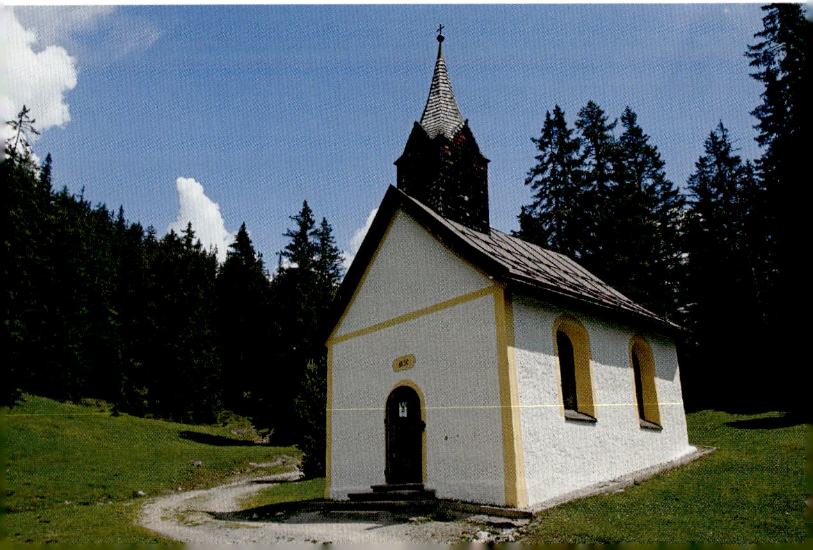

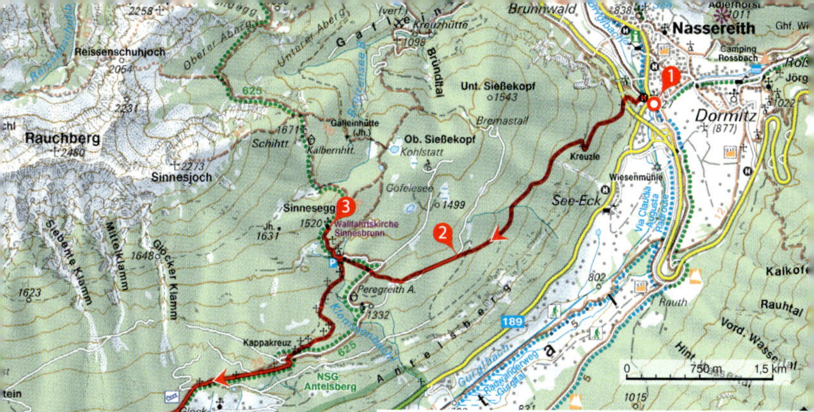

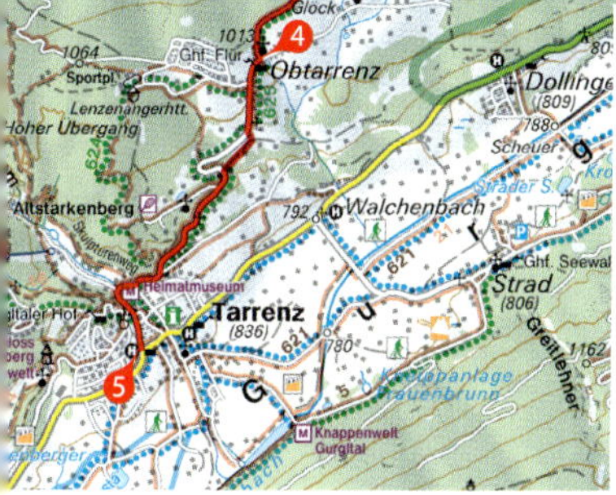

Im südlichen Teil von **Nassereith (1)**, bei der Briglbachbrücke gegenüber dem Feuerwehrhaus, beginnt die Tour. Wir folgen aber nicht den Wegweisern Richtung Fernstein, sondern gehen zum letzten Haus hoch und spüren dort den unbeschilderten, blassrot markierten Pfad auf. Dieser leitet gleich ziemlich steil am Waldsockel empor und geht später in eine nur noch leicht ansteigende Traverse über. Man passiert zwei Bildstöcke und achtet stets auf die relativ dichten roten Punkte, denn es zweigen auch wilde Pfadspuren ab. Mitunter muss vielleicht ein umgestürzter Baum überstiegen werden; die Querung einer Rinne verlangt etwas Vorsicht. Hinter einem zweiten Graben stößt man auf eine Forststraße **(2)** und biegt noch vor der Peregreithalm rechts ab. Unser Weg führt zum Waldparkplatz Sinnesbrunn, von wo es nur noch wenige Minuten bis zur Kapelle **Sinnesbrunn (3)**, 1520 m, sind.

Zurück beim nahen Parkplatz wählt man den Kreuzweg (Nr. 615) im lichten Wald bergab. Wir kommen beim Kappakreuz zum verwaisten Gasthaus Waldrast und folgen von nun an der langen Forststraße nach **Obtarrenz (4)**, 1013 m. Eventuell fährt dort zeitnah ein Bus, ansonsten sind wir bis zum Endpunkt in **Tarrenz (5)** weitgehend auf die Verkehrswege angewiesen – nur eine Straßenschleife kann abgeschnitten werden.

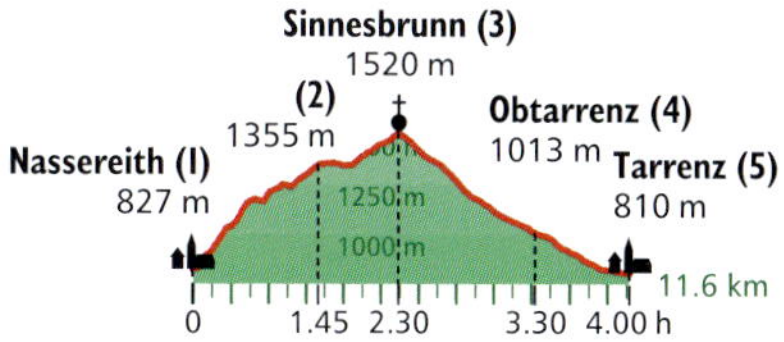

5 Sinnesjoch, 2273 m

4.45 Std.

Stumpfer Gipfel oberhalb von Sinnesbrunn

Das Gurgltal hinaus zum Imster Becken, Tschirgant und Mieminger Kette, die mächtige Gruppe der Heiterwand, der breit gelagerte Venet und dahinter das Gipfelmeer der Zentralalpen … die Aussicht vom Sinnesjoch ist aller Ehren wert und zweifellos der große Reiz für dessen Besteigung. Bei Anfahrt bis kurz vor Sinnesbrunn halten sich die Mühen in Grenzen.

Ausgangspunkt: Parkplatz Sinnesbrunn, ca. 1470 m. Zufahrt von Obtarrenz über eine etwa 4,5 km lange Forststraße. Busanschluss von Tarrenz nach Obtarrenz.
Anforderungen: T3. Bis Sinnesgatter breit trassiert, anschließend kleinerer Bergweg. Ein gutes Stück durch gerölliges Latschenterrain, nach oben hin eher wieder angenehmer mit der schrofigen Schlüsselstelle kurz vor dem Kamm. Etwas Trittsicherheit und Ausdauer für eine normale Tagestour nötig.
Höhenmeter: 800 Hm bis Gipfel plus 50 Hm bei der Schleife am Rückweg.
Einkehr: Keine am Weg.
Beste Jahreszeit: Juni bis Oktober.
Varianten: 1. Wer in Obtarrenz startet, muss hin und zurück rund 7 Std. veranschlagen.
2. Aufgrund des gleichen Zustiegs bietet sich für Ausdauernde eine Kombination mit dem Alpleskopf (Tour 6) an.

In knapp 10 Minuten haben wir vom **Parkplatz (1)** bereits die Kapelle **Sinnesbrunn (2)**, 1520 m, auf einer Lichtung erreicht. Weiter auf breitem Weg gemächlich ansteigend, am Abzweig nach Nassereith vorbei und zum nächsten Wiesenboden, wo man einen Rechtsknick vollzieht. Hinter einer Skihütte der Bergwacht kommt man zur Kreuzung beim **Sinnesgatter (3)**, 1671 m (schöner Rastpunkt). Die hier ansetzende Gipfelroute leitet durch passable Latschengassen, teils auch mal steiler, auf geröllbedecktem Untergrund höher. Im Bereich der 2000-Meter-Marke lichtet sich das Krummholz in den Grashängen der Südostflanke. Schrofig aufsteilend zum Gipfelrücken und dort über zwei vorgelagerte Kuppen hinweg, ehe hinter der Signalstange das Gipfelkreuz am **Sinnesjoch (4)**, 2273 m, auftaucht. Der Abstieg verläuft größtenteils auf

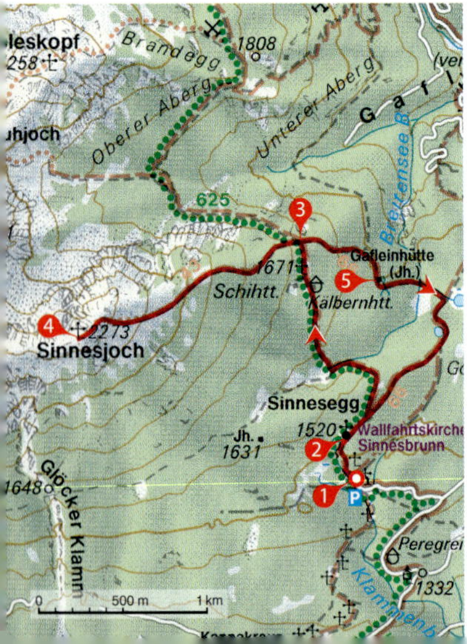

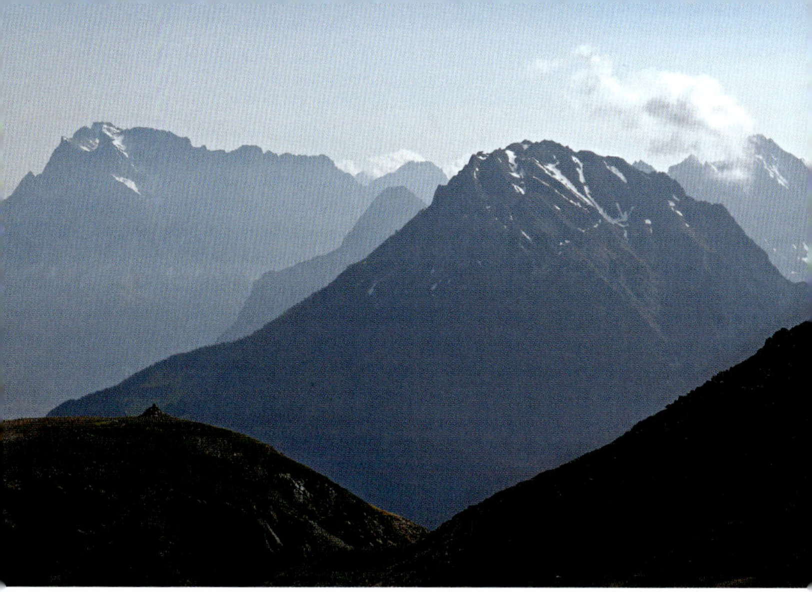

Im Nordosten beeindrucken die Zugspitze (links) und der Wannig als Eckposten der Mieminger Kette.

der gleichen Route. Ab **Sinnesgatter (3)** können wir abwechslungshalber über einen kleinen Waldpfad zur **Gafleinhütte (5)**, ca. 1520 m, absteigen (normalerweise 20 Minuten, nicht 1 Std. wie am Wegweiser verlautbart), um später durch Waldweidengelände an einzelnen Weihern vorbei mit etwas Gegenanstieg den Kreis zum Hinweg zu schließen.

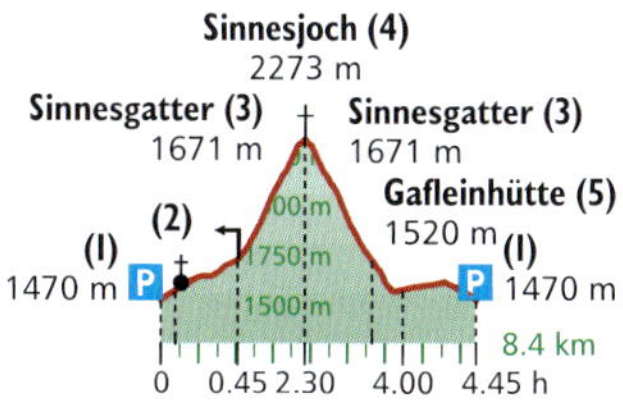

Bei der Gafleinhütte kommen wir auf der Abstiegsvariante vorbei.

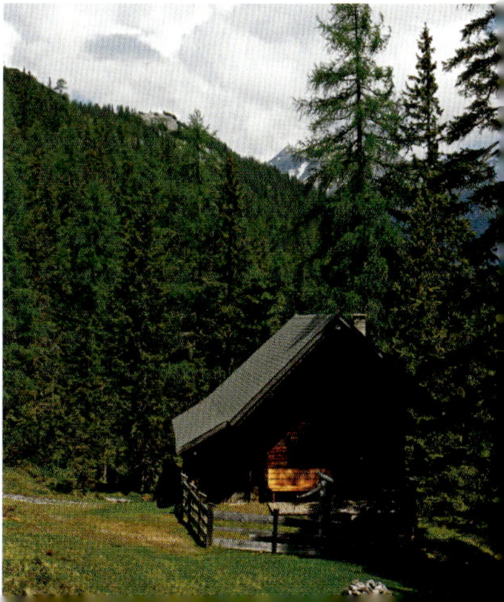

6 Alpleskopf, 2258 m, und Heiterwandhütte

8.00 Std.

Ausschweifende Rundtour um den Rauchberg bei Tarrenz

Die hier vorgestellte Runde im Gebiet der imposanten Heiterwand ist sicher alles andere als eine Standardtour. Dazu ist das Gebiet tendenziell zu rau und zu wenig erschlossen, fehlen renommierte Namen und erscheinen die Mühen unverhältnismäßig hoch. Wer allerdings ein Faible für urtümliche Gefilde besitzt, kommt interessanten Geländekammern wie dem wilden Alpeiltal auf die Spur und wird sich den ganzen Tag lang in ziemlicher Einsamkeit wähnen. Das Reißenschuhjoch vermittelt den topografisch logischen Übergang bei der Umrundung des zerklüfteten Rauchbergs. Mit dem Alpleskopf als i-Tüpfelchen sind auch passionierte Gipfelstürmer angesprochen.

Ausgangspunkt: Obtarrenz, 1013 m. Parken im kleinen Ort nach Augenschein, etwas Platz ist beim Feuerwehrhaus (hier auch Bushaltestelle).
Anforderungen: T3–4. Bergwege unterschiedlicher Beschaffenheit, streckenweise gut ausgebaut, am Alpleskopf und hinter der Heiterwandhütte schmaler, u. U. etwas vermurt. Schwierigste Passage ist der Abstieg vom Reißenschuhjoch in sehr steilem Bröselgelände (Kettenhilfe, Trittsicherheit unerlässlich!). Die lange Runde verlangt als Tagestour gute Kondition, damit schon fast »schwarz«.
Höhenmeter: Insgesamt etwa 1500 Hm.
Unterkunft: Heiterwandhütte (Selbstver-

Abgerundeter Schrofengupf im Fernpass-Gebiet: der Alpleskopf.

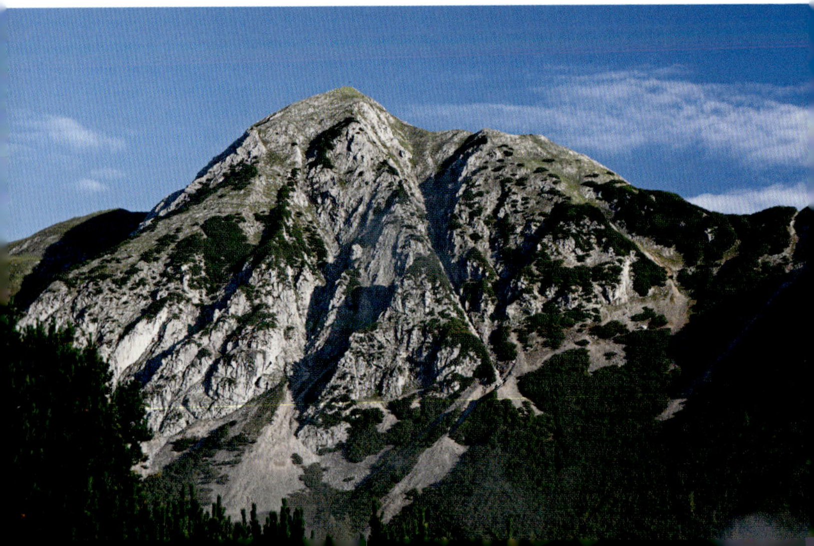

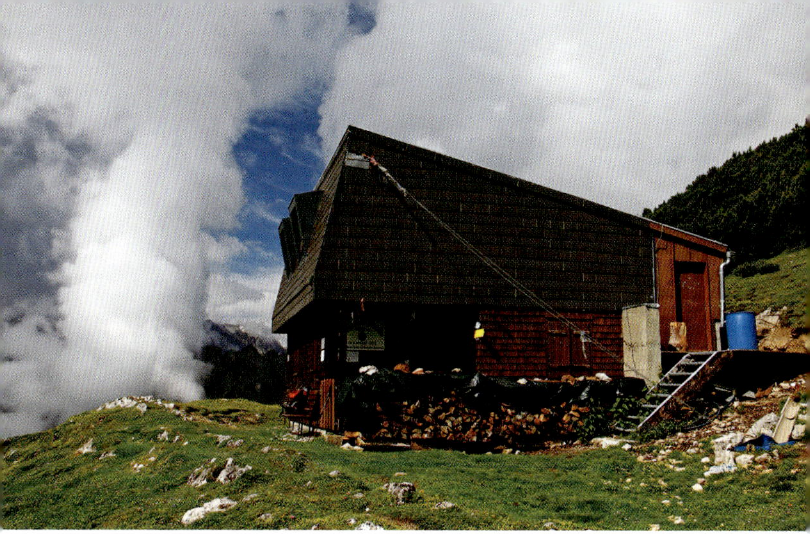

Die Heiterwandhütte ist für Selbstversorger eingerichtet.

sorgerhütte, zugänglich mit AV-Schlüssel).
Beste Jahreszeit: Ende Juni bis Mitte Oktober.
Varianten: 1. Die Abkürzung zum Reißenschuhjoch ohne Alpleskopf spart 1 Std. und 200 Hm.
2. Besteigt man hingegen nur den Alpleskopf und kehrt wieder zum Ausgangspunkt zurück (in diesem Fall vorteilhaft ab Parkplatz Sinnesbrunn, siehe Kapitel 5), dauert die Tour rund 5 Std.

In **Obtarrenz (1)** begeben wir uns zur kleinen Kirche und folgen der Straße links aufwärts. Sie geht bald in einen geschotterten Forstweg über, der öffentlich befahrbar ist. Beim geschlossenen Gasthaus Waldrast zweigt man auf den abkürzenden Steig ab, passiert im weiteren Verlauf etliche Bildstö-

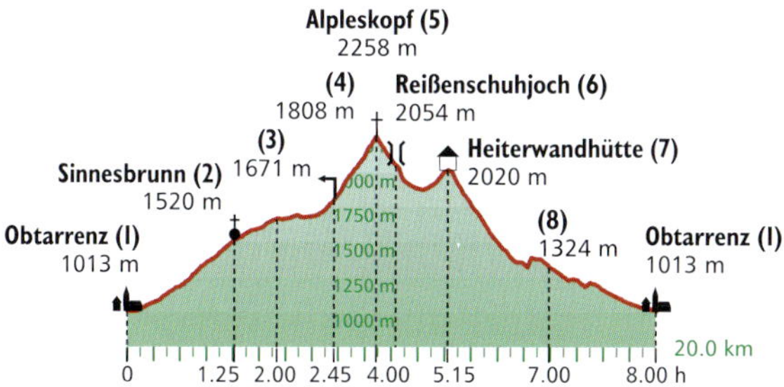

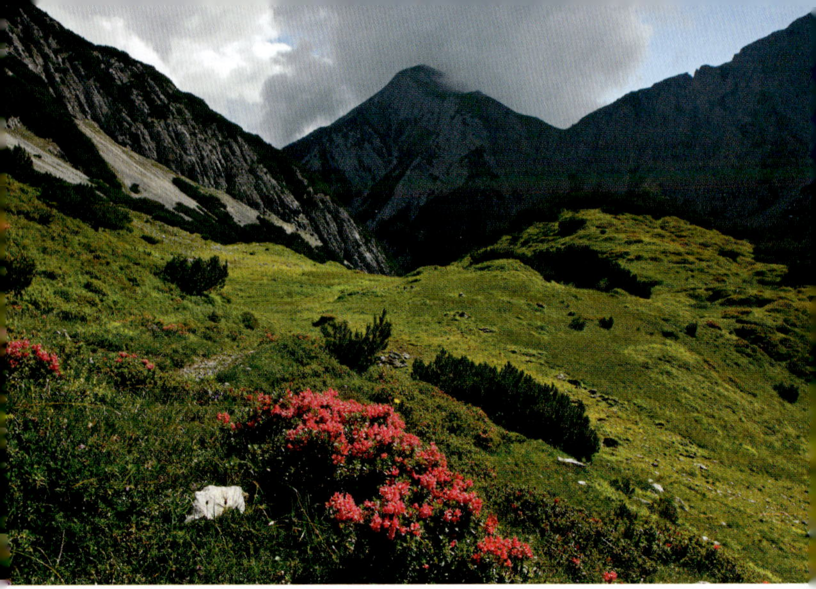

Alpenrosen im oberen Reißenschuhtal mit Rückblick zum Alpleskopf.

cke (Kreuzweg) und kommt durch Kiefernwälder zu einem Parkplatz. Etwas oberhalb befindet sich die Kapelle **Sinnesbrunn (2)**, 1520 m, auf einer Wiesenlichtung. Am nächsten Boden knickt die Route rechts ab und führt an einer Bergwachthütte vorbei zum **Sinnesgatter (3)**, 1671 m, mit dem Abzweig zum Sinnesjoch (siehe Tour 5). Mit wenig Höhenverlust schwenken wir auf gutem Weg in den Abergkessel ein, queren einige Rinnen und lassen dann die direkte Route zum Reißenschuhjoch links abziehen, um den vor uns liegenden Alpleskopf einzubeziehen. Nach Ausgehen des Kessels kommt man auf dessen Ostabdachung und zum Gipfelabzweig **(4)** auf gut 1800 m. Hier schlagen wir einen kleinen Bergpfad ein, der sich rechts vom stumpfen, mit einigen Felsblößen durchsetzten Rücken aufwärtswindet. Durch Latschengassen auf die Verflachung am Brandegg und weiter über freie, mäßig steile Schrofenhänge ohne Schwierigkeiten auf den **Alpleskopf (5)**, 2258 m, der gern von Schafen besucht wird.
Im Abstieg folgen wir dem meist grasigen Südwestrücken über mehrere Absätze hinab zum **Reißenschuhjoch (6)**, 2054 m, wo auch die mögliche Abkürzung durch die Hangmulde dazustößt. Wesentlich grimmiger präsentiert sich die Westseite. Unsere Spur führt dort in sehr abschüssige, zum Abrutschen neigende Feinschutthänge hinein. Mittels Eisenketten und unter Einsatz von Stöcken tasten wir uns vorsichtig tiefer und queren später nach

links heraus auf gutmütigeres Terrain im Reißenschuhtal. Zwischen Latschenbewuchs hinüber zum Hauptweg und mit einer Gegensteigung von rund 170 Höhenmetern – zwischendurch etwas rechts ausbiegend – zur **Heiterwandhütte (7)**, 2020 m, nahe dem Tarrenzer Grubigjöchl.
Von der unbewirtschafteten Unterkunft geht es etwas undeutlich direkt in den Sattel hinab (aufpassen, dass man nicht den Heiterwand-Südweg erwischt!) und weiter in den trichterförmigen Geländeeinschnitt. Knapp rechts von einer großen Schuttreiße zieht der Pfad (Nr. 615) in relativ gerader Linie gegen das Alpeiltal hinunter. Es werden einige Seitengräben gekreuzt, da und dort zeigen sich zerklüftete Felsgebilde nebenan. Unten tritt man auf die Schotterströme über und dreht links ins Vordere Alpeiltal ein, wobei mit Vermurungen zu rechnen ist. Eine Jagdhütte bleibt knapp oberhalb zurück, während wir den Alpeilbach ein Stück weit begleiten. Bei der sogenannten »Stiege« gilt es in felsdurchsetztem Gelände nochmals eine kleine, aber steile Gegensteigung zu bewältigen, bevor ein harmloser Waldweg um den Hang zieht und von einer Forststraße **(8)** abgelöst wird. Diese führt ganz allmählich bergab, quert dabei noch einige Gräben und läuft schließlich Richtung **Obtarrenz (1)** aus.

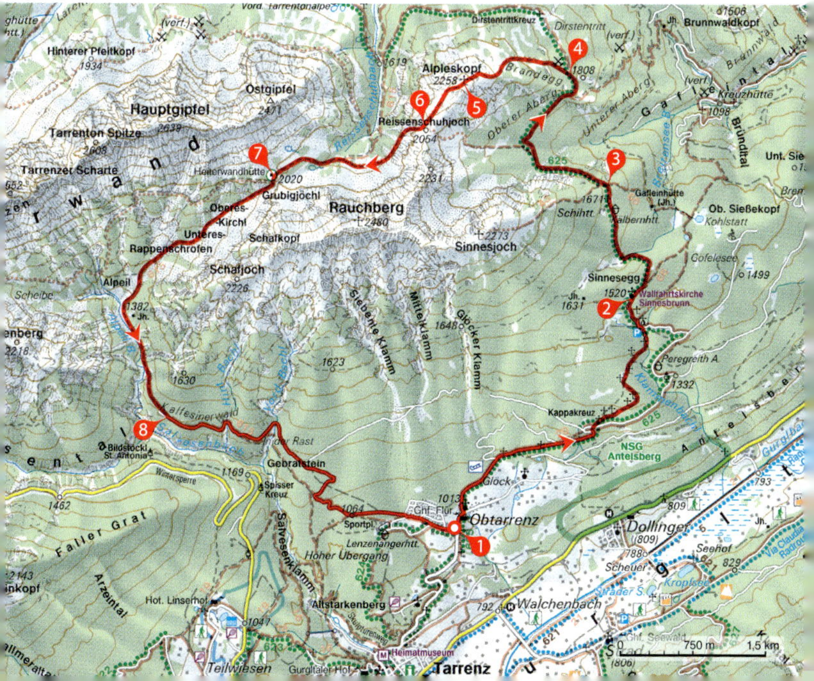

7 Salvesenklamm und Teilwiese

2.30 Std.

Naturjuwele im Umkreis von Tarrenz

Eine Tour für Kurzentschlossene, Familien oder einfach für Wanderer, die weniger auf große Bergziele erpicht sind, vielleicht auch an einem Tag mit zweifelhaftem Wetter. Die Salvesenklamm, eher ein schluchtartiges Tal denn eine wirklich enge Klamm, lockt direkt oberhalb des Ortes Tarrenz. Nach diesen durchaus wildromantischen Eindrücken ist im Bereich der Teilwiese Beschaulichkeit angesagt. Später schließen wir die Runde via Schloss Starkenberg, wo eine regional bekannte Biersorte gebraut wird (und natürlich auch verkostet werden kann).

Ausgangspunkt: Tarrenz, 836 m, Parkplatz bei der Pfarrkirche. Bushalt an der Hauptstraße.
Anforderungen: T2. Leichte, talnahe Kurzwanderung. Der Klammsteig ist bestens abgesichert, auch sonst überwiegen Wanderwege, nur zwischendurch mal Fahrtrassen. Lockeres Halbtagesprogramm.

Höhenmeter: Etwa 300 Hm.
Einkehr: Hotel Linserhof, Schloss-Stube auf Starkenberg.
Beste Jahreszeit: Frühjahr bis Spätherbst.
Variante: Man kann hinter dem Hohen Übergang auch auf kürzestem Weg wieder nach Tarrenz zurückkehren.

Unmittelbar oberhalb der Kirche in **Tarrenz (1)** folgen wir dem Hinweis zur Salvesenklamm. Es geht am Waldrand entlang und über eine Wiese, dann über eine Brücke auf die rechte Seite, wo man ein Stück ausholt, um weiter oben wieder gegen die Schlucht zurückzukehren. Der gut ausgebaute, mit Geländer abgesicherte Weg schlängelt sich zwar durch abschüssige Flan-

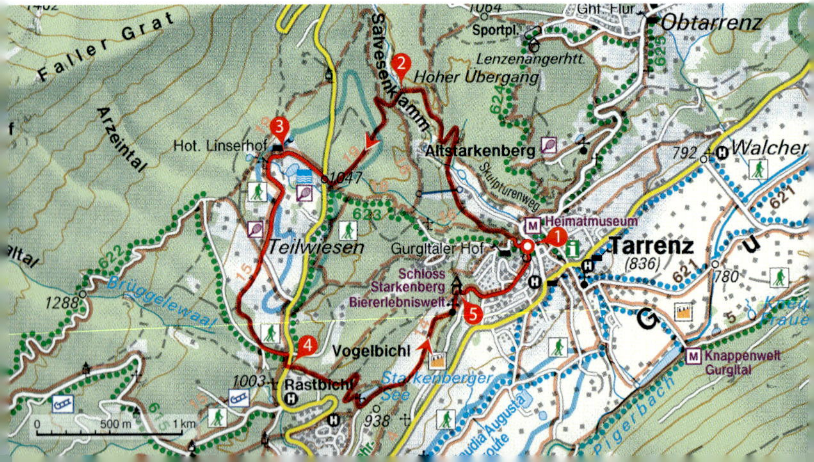

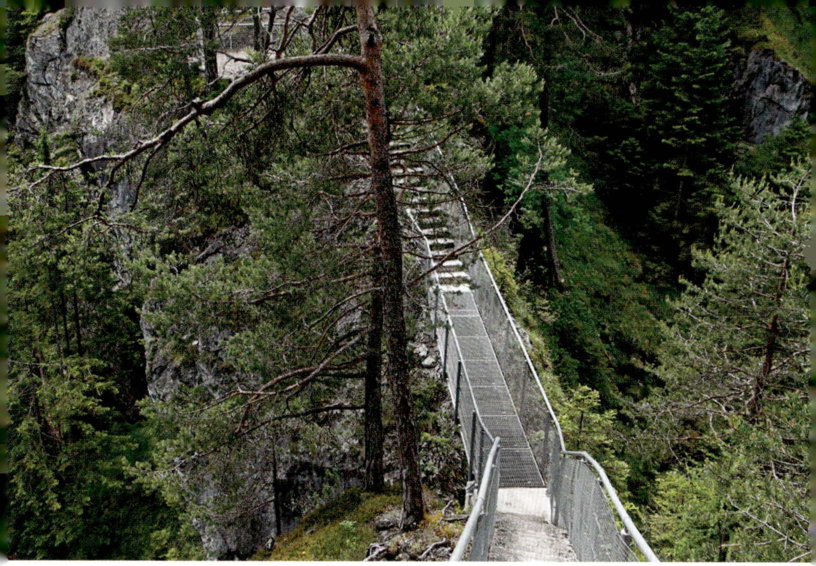

Die eindrücklichste Passage der Wanderung heißt »Hoher Übergang«.

ken, ist an sich aber komplikationsfrei. Am **»Hohen Übergang« (2)** wechseln wir wieder die Seite und halten uns etwas höher bei der nächsten Gabelung rechts. Anschließend mittels Linksknick auf einen Fahrweg, der die Hahntennjochstraße (P. 1047) ansteuert. Knapp rechts versetzt wandert man weiter zum Hotel **Linserhof (3)**, ca. 1080 m, und passiert davor einen Naturbadesee. Im Bereich der Teilwiese geht es am Landhaus sowie am Hotel Belmont vorbei. Wo die Zufahrt abknickt, noch ein Stück geradeaus (es folgt ein schmaler Durchgang zwischen Wiesen) und im Wald absteigend zur Hahntennjochstraße knapp oberhalb des **Rastbichl (4)**. Ein Hinweis lotst uns auf recht steilem Pfad hinab zum Starkenberger See. Nächste Station ist **Schloss Starkenberg (5)** mit seiner Brauerei, ideal für eine Schlusseinkehr. Unter der Brücke hindurch beginnt das finale Bergab nach **Tarrenz (1)**, wo man nach Querung eines Grabens in Kürze einläuft.

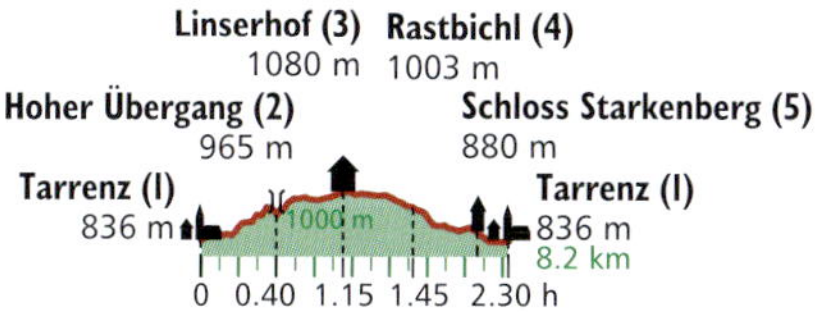

8 Falschkogel, 2388 m, und Anhalter Hütte, 2038 m

4.00 Std.

Gipfel- und Hüttenwanderung vom Hahntennjoch

Als Motorradstrecke ist sie populär, die Bergtouren über der kurvenreichen Hahntennjochstraße führen hingegen eher ein Schattendasein, obwohl schon immer auch ein paar Wanderer unterwegs sind. Die meisten nehmen sich die Anhalter Hütte zum Ziel, die jenseits der westlichsten Heiterwand-Ausläufer in einer beeindruckenden Umgebung ihren Platz hat. Zu diesen Ausläufern gehört der Falschkogel, ein rasch erreichbarer Schrofengupf mit feiner Aussicht.

Ausgangspunkt: Hahntennjoch, 1894 m, Scheitelhöhe der Straße zwischen Imst und dem Lechtal, die sommers auch von Bussen bedient wird.

Anforderungen: T3 zum Gipfel, T2 zur Hütte. Über das Steinjöchl zur Anhalter Hütte guter Bergweg, auf der abschüssigen Nordseite des Jochs solide abgesichert. Zum Falschkogel kleiner Schrofensteig, der Trittsicherheit und etwas Händeunterstützung, aber keine eigentliche Kletterei verlangt. Auch im Verbund eine lockere Tagestour.

Höhenmeter: Insgesamt 750 Hm, Gipfel bzw. Hütte für sich 500 bzw. 550 Hm.

Einkehr/Unterkunft: Anhalter Hütte (Mitte Juni bis Ende September, Tel. +43 660 6647428).

Beste Jahreszeit: Während der Hüttenöffnungszeit, zum Gipfel auch noch im Oktober.

Variante: Etwas anspruchsvoller ist die Besteigung des Maldongrates, 2544 m, auf der anderen Seite des Steinjöchl, von dort 1 Std. Aufstieg, ebenfalls markiert, kurze Stellen I (»schwarz«).

Der felsige Falschkogel von der Anhalter Hütte gesehen.

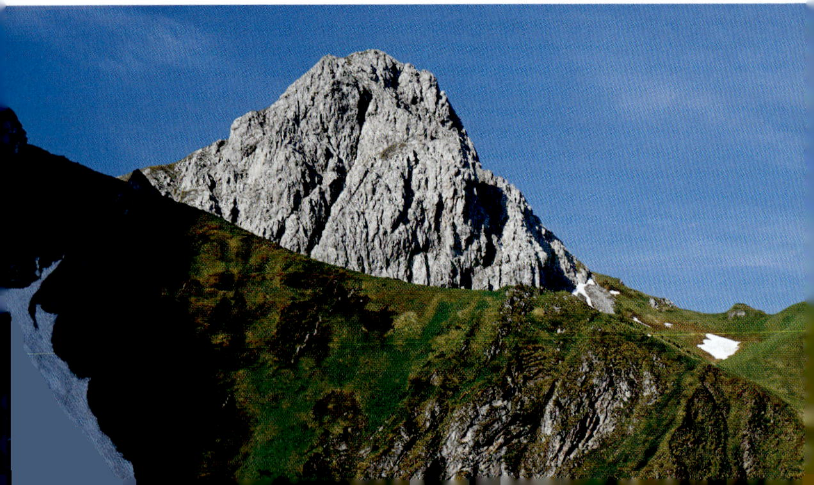

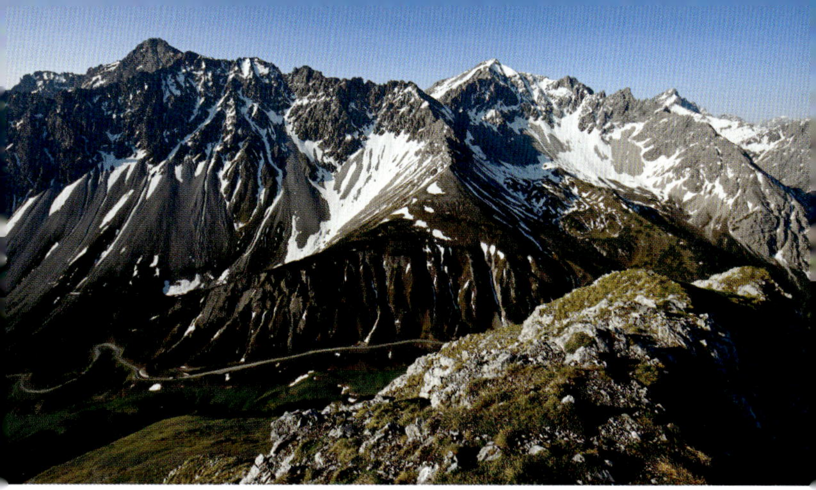

Blick vom Falschkogel auf die Nordfront der Muttekopfgruppe.

Vom **Hahntennjoch (1)** anfangs durch die Senke und auf dem sachte ansteigenden Weg Nr. 601 durch Latschenfelder schräg nach rechts. An einem felsigen Sporn vorbei und mit einer Schleife in die grasige Hangmulde, die zum **Steinjöchl (2)**, 2198 m, aufschließt. Hier zweigen beidseitig Gipfelrouten ab, zum Falschkogel nach links. Das vorerst noch üppig bewachsene Gelände steilt bald schrofig auf, wobei man mitunter auch ein wenig die Hände einsetzt. Man gelangt aus der Südostflanke auf den oberen Ostgrat und kurz darauf bereits zum Gipfel des **Falschkogels (3)**, 2388 m.

Zurück am **Steinjöchl (2)** wenden wir uns auf die Nordseite, wo der Steig in einer steilen Geländestufe bestens angelegt ist (Seilgeländer). Weiter unten geht es auf die Wiesen hinaus, um ein markantes Eck bei der Oberen Plötzigalm nach rechts und nochmals ein paar Höhenmeter aufwärts zur **Anhalter Hütte (4)**, 2038 m. Für den Rückweg zum **Hahntennjoch (1)** bleibt nur der gleiche Weg.

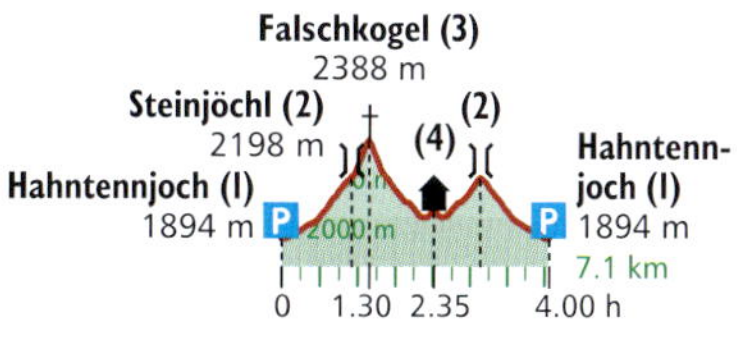

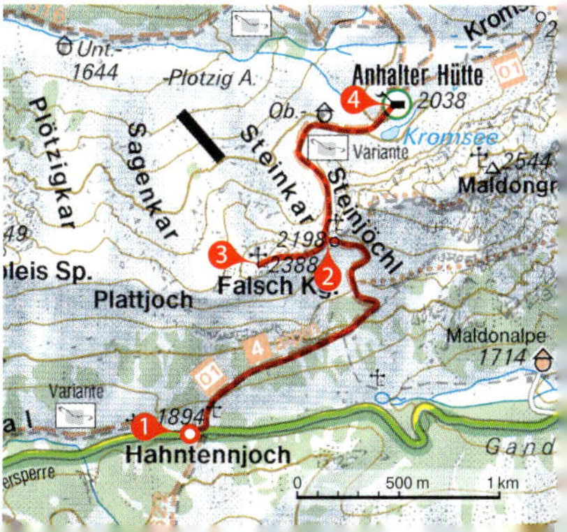

9 Muttekopfhütte, 1934 m, und Platteiner Aussichtskreuz

4.30 Std.

Schnuppertour am Fuße des Muttekopfes

Das Imster Muttekopfgebiet am Ostrand der Lechtaler Alpen erfreut sich bei Bergfreunden unterschiedlicher Couleur großer Beliebtheit. Für viele ist natürlich die Seilbahn willkommen, diverse Einkehrmöglichkeiten sowieso. Wir unternehmen eine überschaubare Runde auf halber Höhe, mit dem Plattigsteig als Kernstück. Rastplätze gibt es auch stillerer Art, etwa am Platteiner Aussichtskreuz. Der Name ist Programm!

Ausgangspunkt: Mittelstation der Imster Bergbahnen bei der Untermarkter Alm, 1491 m. Betriebszeiten zwischen 9 und 17 Uhr, von Ende Mai bis Anfang Oktober täglich, außerhalb der Hauptsaison Do.–So. Große, gebührenfreie Parkplätze in Hoch-Imst, auch per Bus von Imst erreichbar.
Endpunkt: Talstation in Hoch-Imst, 1050 m.
Anforderungen: T2. Gut ausgebaute Bergwege quer durch mitunter abschüssige Flanken, die allenfalls bei Rinnenquerungen einzelne Hindernisse aufwerfen. Mit elementarer Trittsicherheit beherrschbar, durchschnittliches Tagesprogramm.
Höhenmeter: 700 Hm Aufstieg, 1150 Hm Abstieg.
Einkehr/Unterkunft: Untermarkter Alm, Muttekopfhütte (Anfang Juni bis Anfang Oktober, Tel. +43 664 1236928), Latschenhütte.
Beste Jahreszeit: Juni bis Oktober.
Variante: Man kann die Muttekopfhütte auch von der Bergstation am Alpjoch binnen 30 Min. über den Drischlsteig ansteuern (siehe Tour 10). Wer auf die Seilbahn ganz verzichtet, kalkuliert hingegen 1.20 Std. zusätzlich.

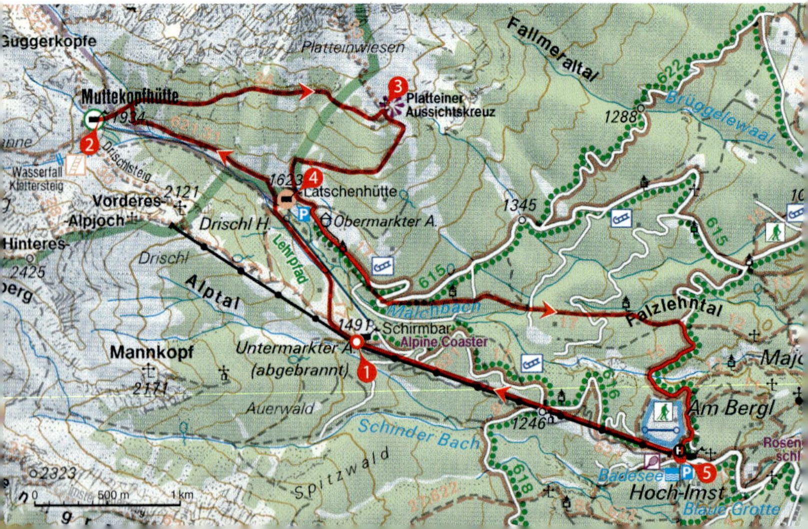

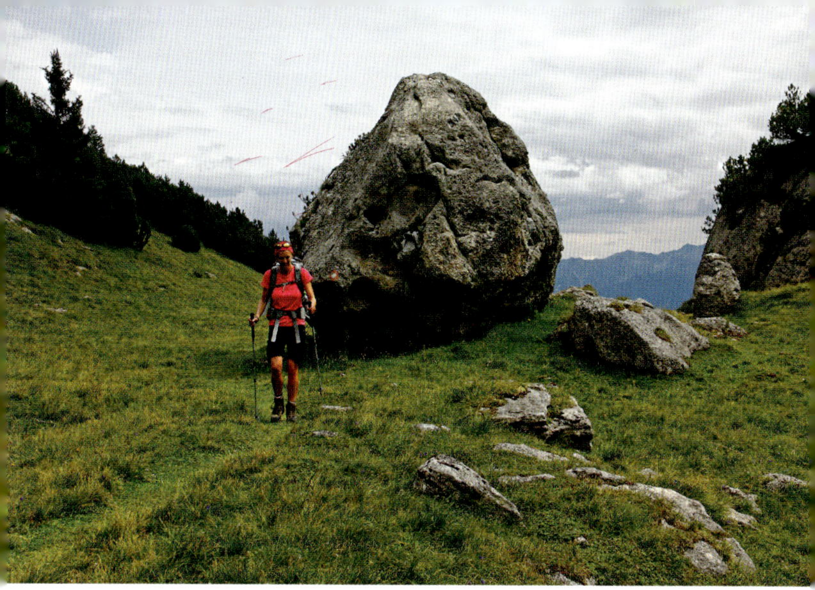

Oben: Wiesenboden mit großem Felsblock am Plattigsteig.
Unten: Stimmungsvoller Morgen bei der Muttekopfhütte.

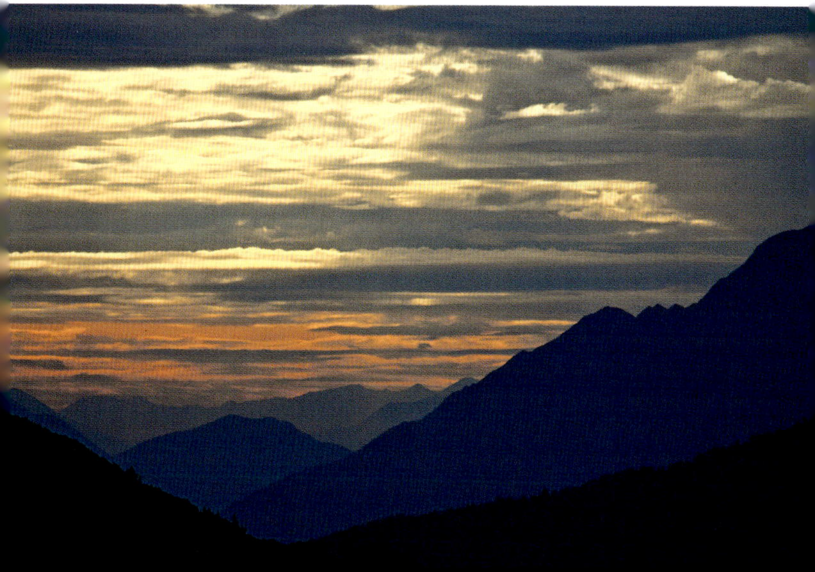

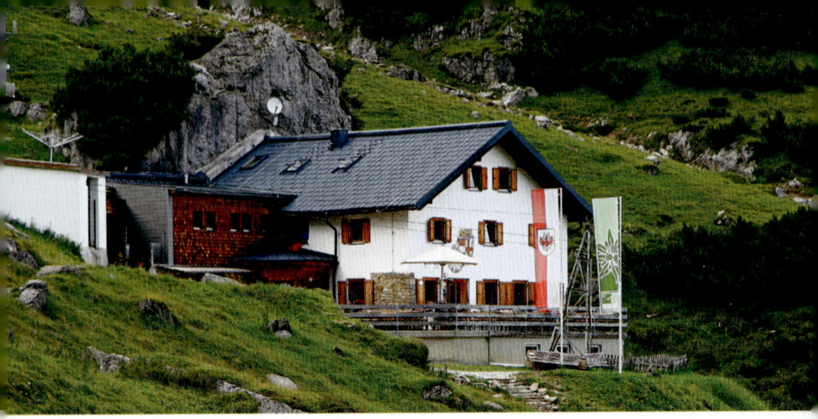

Die Muttekopfhütte ist das Ziel einer leichten Seilbahnwanderung.

Nach einer Fahrt mit der Sesselbahn zur **Untermarkter Alm (1)** wandern wir anfangs durch Pistengelände und wechseln entweder über den Jägersteig auf die andere Seite des Grabens zur Latschenhütte oder etwas effektiver noch ein Stück weiter am Ende einer Lifttrasse. Drüben stößt man auf den breiten Weg Nr. 621 taleinwärts, kommt bald an der Materialseilbahn vorbei und holt etwas nach rechts aus, um dem steileren Riegel unterhalb der **Muttekopfhütte (2)**, 1934 m, auszuweichen. Vom Haus wieder einige Minuten zurück und bei der Gabelung links haltend auf den Plattigsteig, der im weiteren Verlauf die latschenbewachsenen, von einzelnen Rinnen durchbrochenen Steilflanken quert. Man gewinnt dabei etwas an Höhe und erreicht kurz hinter einer Jagdhütte das **Platteiner Aussichtskreuz (3)**, ca. 2015 m. Am südseitigen Grashang leiten wir den Abstieg ein. Unser Weg dreht markant nach rechts ein und zieht durch lichten Wald schräg abwärts zur beliebten **Latschenhütte (4)**, 1623 m. Von dort folgen wir dem breiten Fahrweg und seinen Abkürzungen ins bewaldete Falzlehntal. Später rechts haltend zur Schluchtmündung des Malchbachs und mit einer kleinen Gegensteigung nach **Hoch-Imst (5)**.

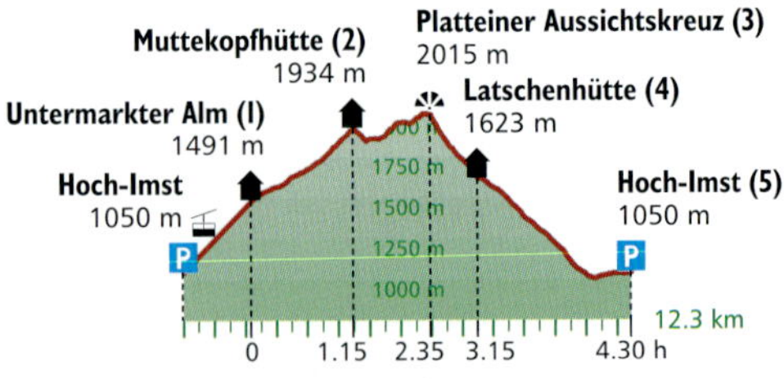

5.15 Std.

Muttekopf, 2774 m 10

Der höchste Imster Hausberg

Die bekanntesten Gipfel rund um Imst heißen Tschirgant, Laggers und – nicht zuletzt – Muttekopf. Als veritabler grauer Koloss ist dessen Erscheinung stets massig imposant und damit eine typische Visitenkarte der Lechtaler Alpen. Die Besteigung verspricht schon eine ernsthafte Bergtour, von einem bezeichneten Steig jedoch auch über geländebedingte Hindernisse zuverlässig geleitet. Aus der oberen Etage bietet sich ein herrliches Panorama, wobei ich nicht weiß, was ich mehr bewundern soll: die vielgestaltige Kalkalpenwelt oder die gleißenden Gletscherberge am südlichen Horizont, die hauptsächlich den Ötztaler Alpen angehören.

Ausgangspunkt: Bergstation der Imster Bergbahnen (2. Sektion zum Alpjoch), ca. 2030 m. In Betrieb zwischen Anfang Juni und Anfang Oktober täglich ab 9 Uhr. Große, gebührenfreie Parkplätze bei der Talstation in Hoch-Imst, mit Busanschluss von Imst.

Anforderungen: T3–4. Bergwege wechselnder Beschaffenheit, am gut trassierten Drischlsteig quer durch abschüssige Flanken, oberhalb der Hütte Mattengelände, gipfelwärts häufig Schutt mit kurzen gesicherten Plattenpassagen vor der Scharte (Schlüsselstelle). Da keine echte Kletterei vorkommt, wird Kategorie »schwarz« noch knapp verfehlt, gute Trittsicherheit gleichwohl unerlässlich. Mit Seilbahnhilfe normale Tagestour.

Höhenmeter: Ab Bergstation hin und zurück 960 Hm, ab Muttekopfhütte 840 Hm.

Einkehr/Unterkunft: Muttekopfhütte (Anfang Juni bis Anfang Oktober, Tel. +43 664 1236928).

Beste Jahreszeit: Juli bis September, im Oktober evtl. noch von der Untermarkter Alm aus.

In der Schlüsselpassage unterhalb der Muttekopfscharte.

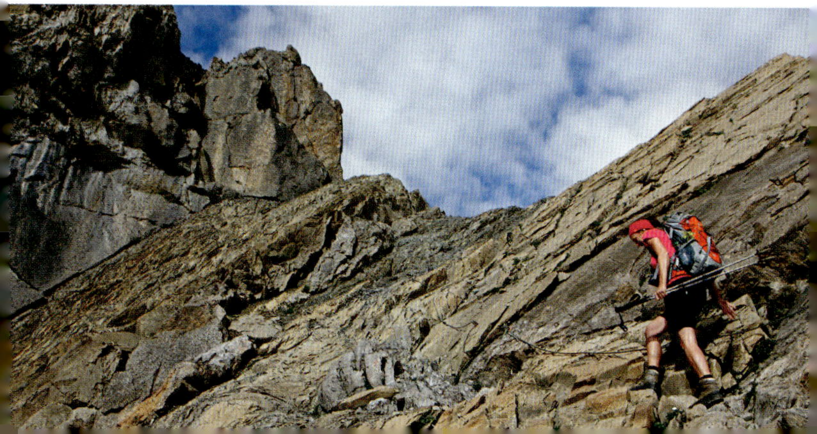

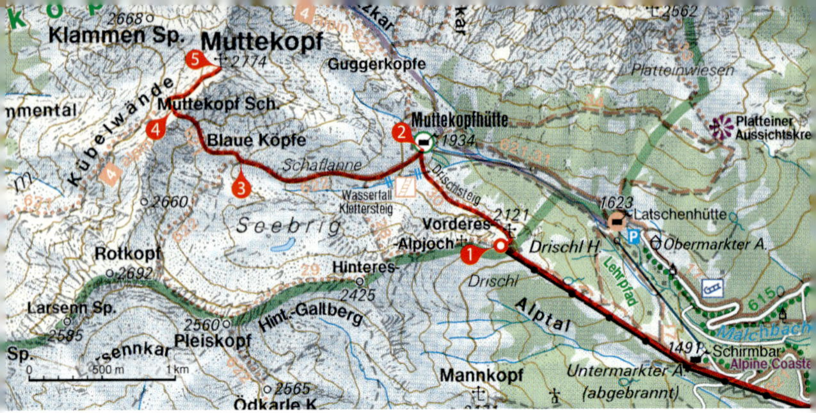

Von der Bergstation am **Alpjoch (1)** geht es um die Hangkante herum auf den **Drischlsteig**, zur nahen Aussichtsplattform und weiter auf dem aufwendig angelegten Weg quer durch die morschen, felsigen Abhänge. Nach einer Bachquerung trifft man bereits bei der **Muttekopfhütte (2)**, 1934 m, ein. Hier nehmen wir Route Nr. 621/622 westwärts auf und wandern eine Weile durch das harmlose begrünte Gelände der **Schaflanne**, ehe es nach der Gabelung **(3)**, 2309 m, deutlich steiniger wird. Wir halten uns rechts, geraten in den Bereich einer Schuttreiße, wo der Weg teils vermurt ist, und kämpfen uns am Steilhang auf deutlichen Steigspuren höher. Vor dem Ausstieg in die **Muttekopfscharte (4)**, 2630 m, helfen Drahtseile über brüchige, abwärts geschichtete Platten hinweg. Schließlich kammnah gegen den Gipfel hinan, den Abzweig zur Hanauer Hütte ignorierend und am breiten Schuttrücken ohne weitere Hürden bis auf den **Muttekopf (5)**, 2774 m.

Der Rückweg erfolgt auf der gleichen Route, mit etwas Gegenanstieg am Drischlsteig. Alternativ kann ab Hütte zur Mittelstation Untermarkter Alm abgestiegen werden.

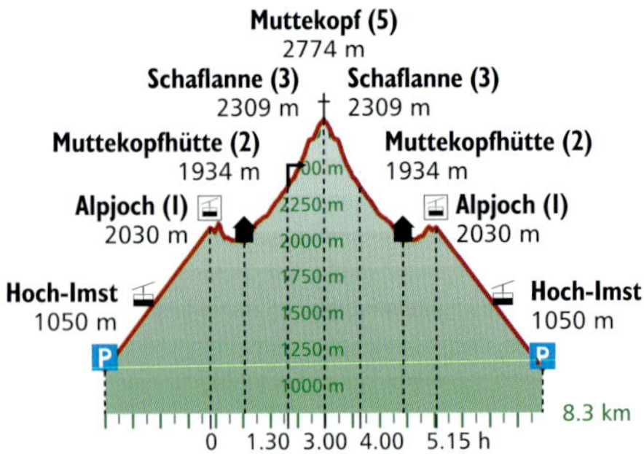

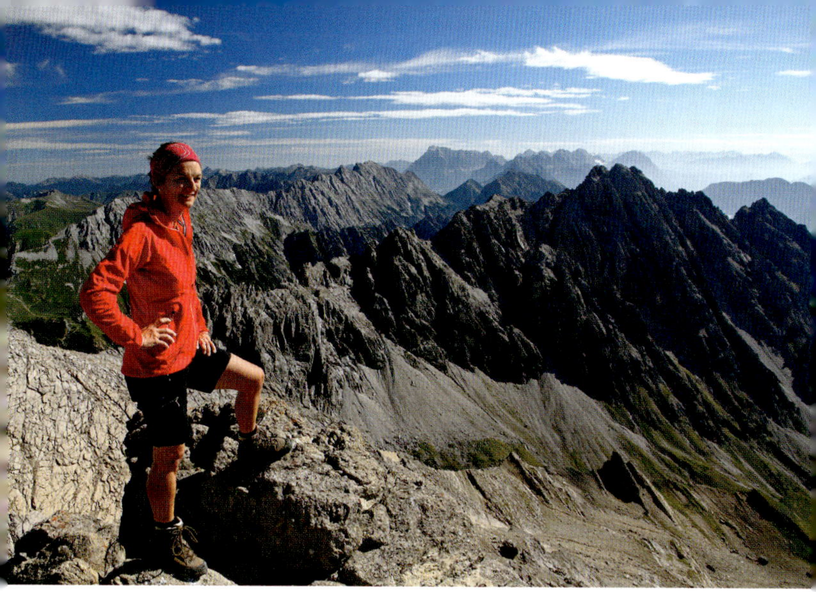

Oben: Fernschau über die Gipfel und Grate der Kalkalpen, hier Richtung Osten.
Unten: Von Süden erscheint der Muttekopf geradezu pyramidal.

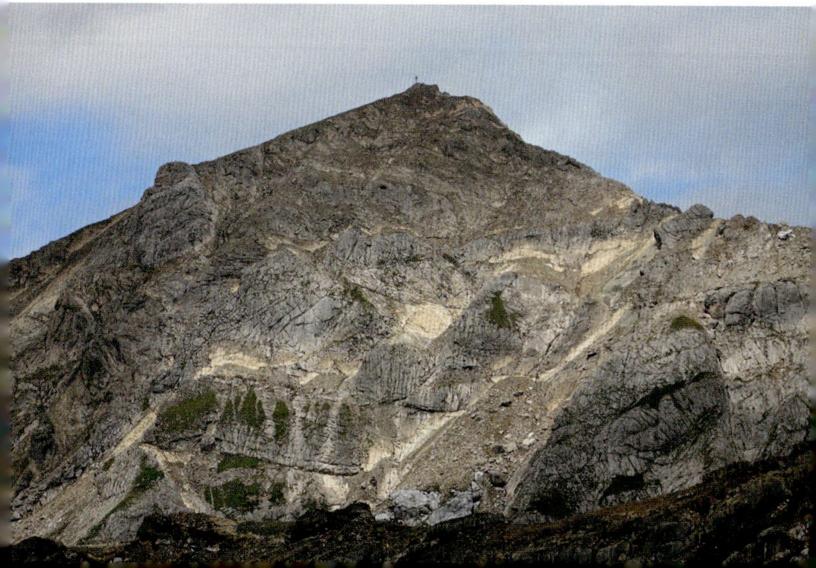

TOP **11**

Imster Höhenweg zum Laggers, 2328 m

7.00 Std.

Zünftige Überschreitung am Larsenngrat

Wer sich unter dem Begriff »Höhenweg« ein schwelgerisches Wandervergnügen in herrlicher Berglandschaft vorstellt, sieht sich am »Imster« womöglich auf eine harte Probe gestellt. Mit fulminanten Ausblicken wird zwar keineswegs gegeizt, doch für dieses Erlebnis muss hier auch verhältnismäßig viel Einsatz geleistet werden, und das trotz Seilbahnzubringer. Über Pleiskopf und Ödkarlekopf bis hinüber zum Laggers, dem massigen südlichen Vorposten des Larsenngrates, steht ein respektabler Marschtag in streckenweise kniffligem Gelände bevor. Brüchige Schrofen gehören hier zum Inventar und auch mit einer gewissen Exponiertheit müssen Anwärter umzugehen verstehen. Eigentlich mehr noch als der Muttekopf handelt es sich um die wahre »Königstour« im Umkreis von Imst, das sich quasi aus der Vogelperspektive betrachtet malerisch in den Talkessel bettet.

Ausgangspunkt: Bergstation der Imster Bergbahnen (2. Sektion zum Alpjoch), ca. 2030 m. In Betrieb zwischen Anfang Juni und Anfang Oktober täglich ab 9 Uhr. Große, gebührenfreie Parkplätze in Hoch-Imst, mit Busanschluss von Imst.
Endpunkt: Talstation in Hoch-Imst, 1050 m.
Anforderungen: T4. Lange, anspruchs-

Am Ödkarlekopf nehmen wir den Weiterweg zum Laggers ins Visier.

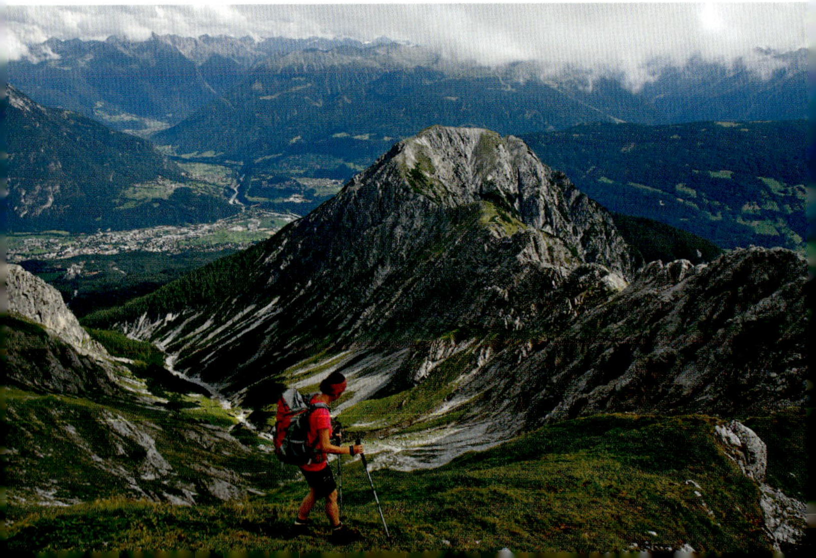

volle Überschreitung, die zwar auf markierten Steigen verläuft (bis zum Pleiskopf durch Erosion mitunter undeutlich), aber in felsdurchsetztem, häufig auch brüchigem Gelände oder steilen Graspleisen immer wieder ausgeprägte Trittsicherheit verlangt. Einzelne Passagen gesichert, am Hinteren Alpjoch mit Leiter. Gute Kondition wichtig, in umgekehrter Richtung noch strammer, doch könnte man in diesem Fall früher starten.
Höhenmeter: Etwa 800 Hm Aufstieg, 1800 Hm Abstieg.
Einkehr/Unterkunft: Keine am Weg, aber evtl. die Muttekopfhütte (siehe Tour 9). Ansonsten nur in Hoch-Imst.
Beste Jahreszeit: Juli bis September.
Variante: Zuerst am Drischlsteig zur Muttekopfhütte, dann weiter auf der Muttekopf-Route ins Kar (siehe Tour 10) und dort mit Nr. 622 links haltend zum Grat zwischen Rotkopf und Pleiskopf hinauf. Empfehlenswert, falls in der Hütte genächtigt wird, um den Vorteil eines frühen Aufbruchs auszunutzen.

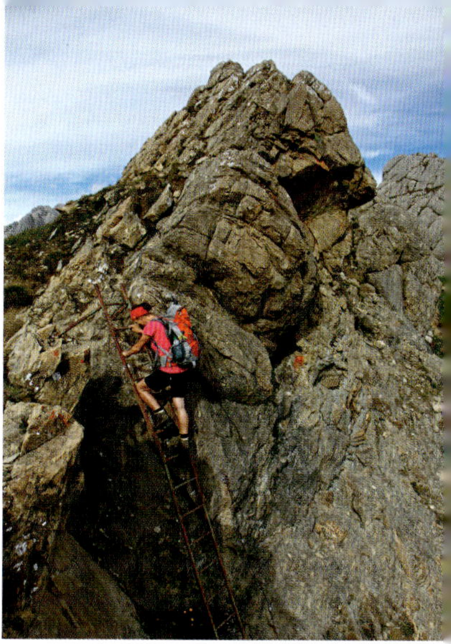

Die Leiter am Hinteren Alpjoch.

Mit zwei Sektionen der Sesselbahn schweben wir Richtung **Alpjoch (1)** hinauf und starten die lange Tour auf einem Wiesenpfad, der den Vorsprung des Vorderen Alpjochs tangiert und sich anschließend dem **Hinteren Alpjoch (2)**, 2425 m, nähert. Jenseits der Kuppe zu einer felsigen Barriere, wo eine kurze Drahtseiltraverse sowie eine zweigeteilte Leiter auftreten. Oberhalb der Steilstufe setzt sich der Steig gratnah fort, bis weitere felsige Aufschwünge zum Ausweichen nach links zwingen. Dort lavieren wir etwas verschlungen über Schichtbänder, Rinnen und Absätze höher, vielfach auf hei-

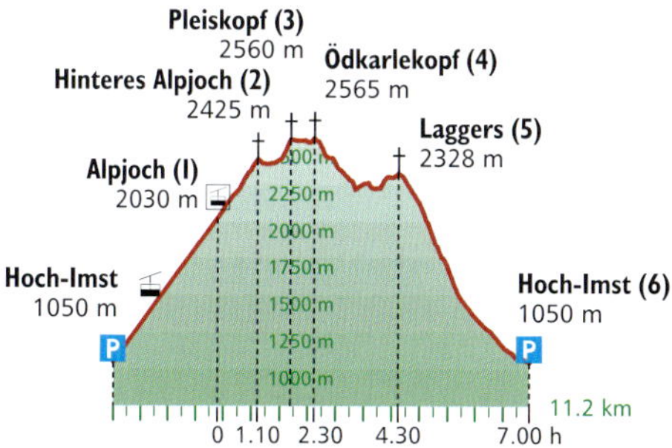

kel bröseligem, mitunter auch vermurtem Untergrund. Man kommt wieder zurück auf die Gratkante, wo es noch einige ausgewitterte Rippen aus sogenannten Gosauschichten zu übersteigen gilt, und schließlich auf die flache Kuppe des **Pleiskopfes (3)**, 2560 m.
Nun links haltend weiter dem **Ödkarlekopf (4)**, 2565 m, entgegen. Die Markierung zieht mit etwas Zwischenabstieg rechts daran vorbei. Auch wer den Gipfel »mitnehmen« möchte, steigt nicht frontal hinan, sondern nutzt besser die unschwierige Steigspur von der Rückseite. Südseitig werden nach und nach wechselweise in Gras- und Schuttgelände etliche Höhenmeter eingebüßt. Schroffen Abschnitten am Larsenngrat weichen wir wiederholt rechtsseitig aus, kreuzen dabei einige brüchige Rinnen, balancieren über abschüssige Bänder und müssen im typischen Hauptdolomit-Geschröf stellenweise auch mal hinlangen. Mit einer Gegensteigung schmiegt sich der Pfad wieder der Kammhöhe an, die jetzt deutlich gutmütiger wird und sich über P. 2316 hinweg Richtung **Laggers (5)**, 2328 m, verfolgen lässt. Ein letzter Anstieg bringt uns auf die geräumige Gipfelkuppe, die zu den besten Aussichtspunkten der Imster Gegend zählt.
Das finale Bergab wird sich freilich noch zweieinhalb Stunden ziehen. Wir leiten es am Grasrücken in südlicher Richtung ein, drehen aber bald in die oft schrofige Ostflanke ab. Sukzessive tauchen wir durch die Latschenzone in den Waldbereich ein, wo der erdige Steig (Nr. 622) immer noch einige Zeit ziemlich steil verläuft. Erst gegen Ende nimmt das Gefälle merklich ab. Wir scheren zuletzt nach links aus, queren den Schinderbach und kommen damit zurück zur Talstation in **Hoch-Imst (6)**.

Der Imster Höhenweg erweist sich als Panoramatour par excellence.

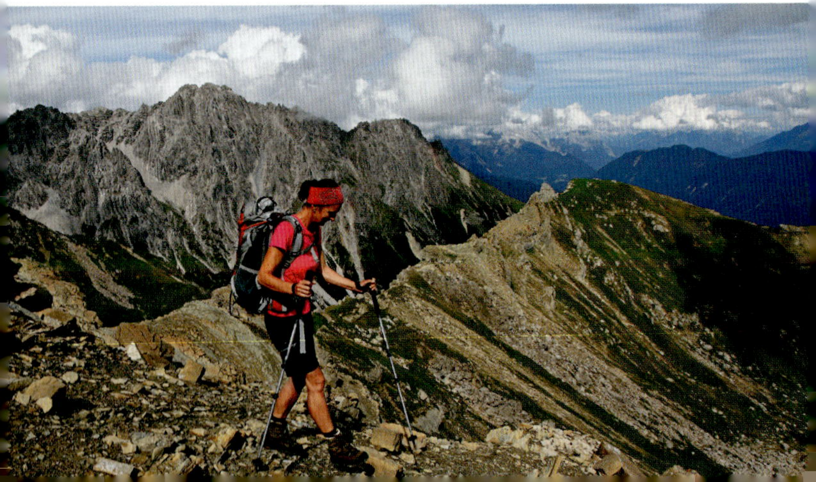

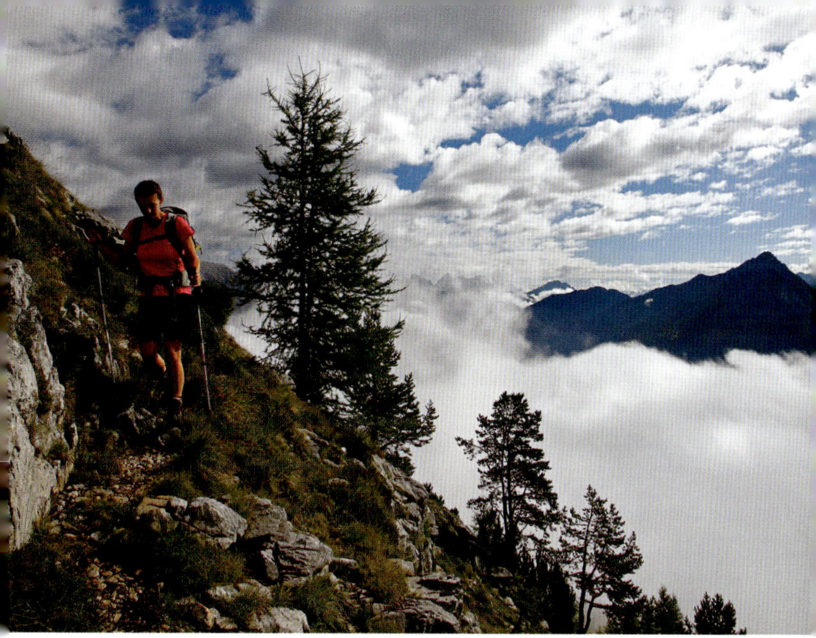

Wolkenstimmung beim Abstieg vom Laggers.

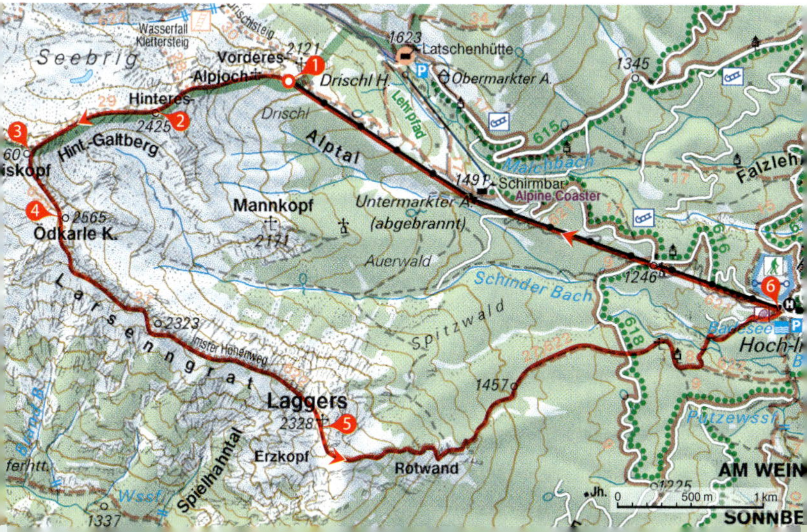

12

Rosengartenschlucht und Gunglgrün

3.00 Std.

Mit wenigen Schritten aus der Stadt in die wilde Natur

Durch die Rosengartenschlucht bietet sich sicherlich die reizvollste Spritztour im Nahbereich der Stadt Imst. Der tiefe Einriss am Fuß der Berge ist von wilden Wassern und starken erosiven Kräften gezeichnet. Einziger Wermutstropfen mag sein, dass dieses Naturschauspiel allzu schnell hinter uns liegt – es sind nur 150 Höhenmeter bis zum Ausstieg. So wird man gern noch eine kleine Wanderung auf der Mittelgebirgsterrasse von Hoch-Imst anschließen, am schönsten vielleicht zum idyllischen Weiler Gunglgrün, der eine freie Aussicht über das Inntal gewährt.

Ausgangspunkt: Bei der Johanneskirche in Imst, ca. 800 m. Vorwiegend gebührenpflichtige Parkplätze im Stadtzentrum. Bushaltestelle Gasthaus Sonne.
Anforderungen: Mindestens T2–3 in der Schlucht, sonst T1. Gut ausgebauter Schluchtsteig, für den etwas Trittsicherheit vorteilhaft ist. Davon abgesehen, ganz leichte Waldwege und teilweise auch Straßen.
Höhenmeter: Knapp 350 Hm.
Einkehr: Hoch-Imst, Gunglgrün.
Beste Jahreszeit: Vom Frühjahr bis zum Wintereinbruch.
Variante: Zahlreiche Wegverzweigungen, vor allem im Bereich von Hoch-Imst, erlauben individuellen Gestaltungsspielraum.

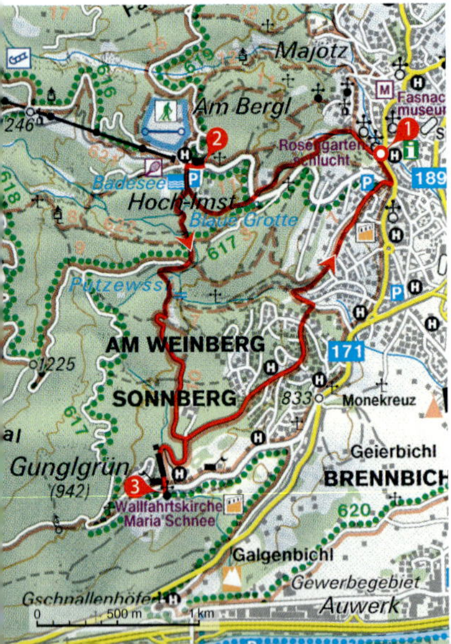

Von der **Johanneskirche in Imst (1)** erreicht man in wenigen Minuten den Beginn der Rosengartenschlucht (Nr. 11). In dem klammartig verengten Schlund windet sich der Steig teilweise steil aufwärts, wobei er zahlreiche Holzbrücken nutzt und immer wieder mit Geländern oder Stahlseilen abgesichert ist. Manchmal geht es sogar über felsigen Untergrund bzw. unter einer überhängenden Felsbarriere entlang. Am Ende des Schluchtweges wird der nahe Scheibenbichl ausgewiesen, während wir uns Richtung Hoch-Imst halten und dabei eventuell noch den kleinen Schlenker über die **Blaue Grotte** (ehemaliger Erzabbau) unternehmen. An einem malerischen Weiher

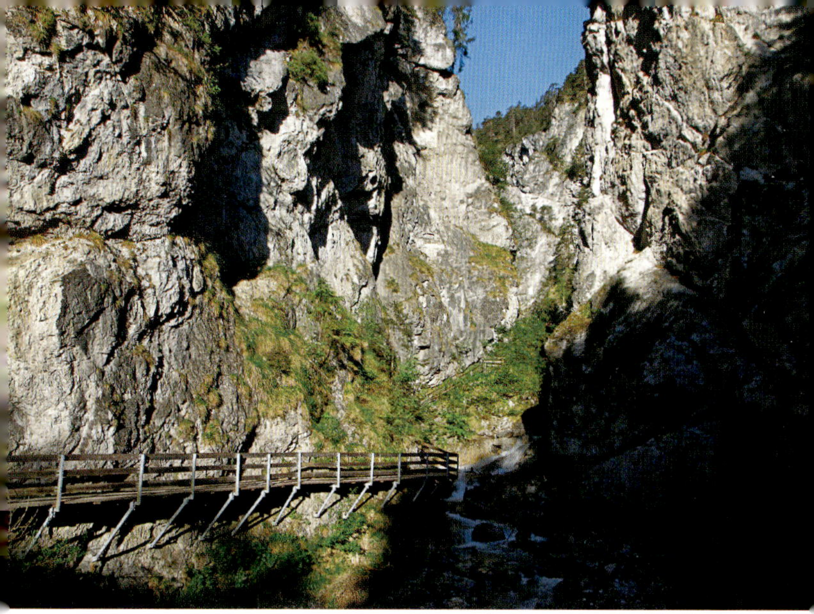

Imposanter Eintritt in die Rosengartenschlucht bei Imst.

vorbei läuft man in der touristischen Siedlung **Hoch-Imst (2)**, 1050 m, ein oder schlägt wahlweise bereits 5 Minuten vorher die Verbindung nach Gunglgrün ein. Bequeme Spazierwege führen südwärts durch ausgedehnte Kiefernwälder und mit einigen Kurven allmählich leicht abwärts bis in die Nähe der Sonnberg-Siedlung. Man trifft auf eine Straße und kann damit dem Weiler **Gunglgrün (3)**, 942 m, mit Kirchlein und Gasthaus einen Besuch abstatten. Anschließend kurz zurück zur letzten Abzweigung und jetzt nach Beschilderung »Imst« entlang der Sonnbergstraße bergab. Wir achten auf einen abkürzenden Waldweg (Nr. 2), der die Siedlungen kurzzeitig unterbricht, und gelangen allmählich wieder ins Stadtzentrum von Imst. Dort linker Hand zurück zur **Johanneskirche (1)**.

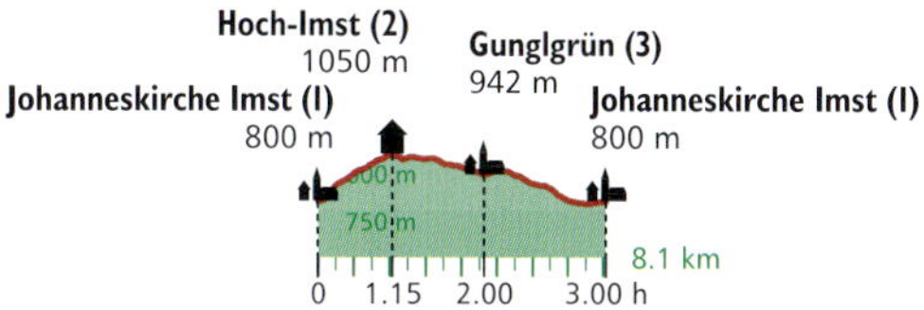

13 Steinseehütte, 2061 m

4.30 Std.

Zuhinterst im wilden Starkenbachtal

Die Steinseehütte liegt ziemlich versteckt inmitten einer für die Lechtaler Alpen typischen Landschaft. Vorn im Oberinntal ist dieser wilde Gebirgswinkel kaum zu erahnen, und man muss auch erst einmal den »Einstieg« ins enge Starkenbachtal, sprich die aufgrund der Beschaffenheit etwas heikle Zufahrt bis zum Hüttenparkplatz, finden. Die Wanderung selbst vollzieht sich dann erstaunlich leicht, trotz der strengen kalkalpinen Umgebung. Tipp: Wer oben übernachtet, kann auf dem Lechtaler Höhenweg zum Württemberger Haus wechseln und später wieder ins Starkenbachtal absteigen.

Ausgangspunkt: Parkplatz, ca. 1290 m, bei der Alfutzalm im Starkenbachtal. Zufahrt über eine 4 km lange Forststraße mit Abzweig an der B171 zwischen den Anschlussstellen Zams und Knoten Oberinntal (Hinweis bei der Schottergrube). Achtung, die Zufahrt ist u.U. eine Herausforderung für wenig geländegängige Fahrzeuge! Mit öffentlichen Verkehrsmitteln erheblicher Mehraufwand.

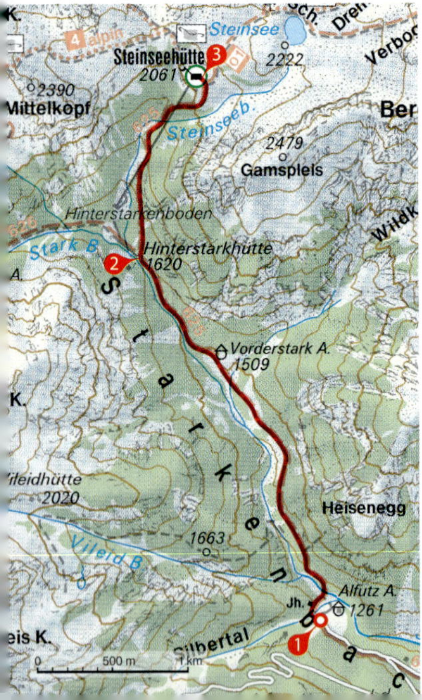

Anforderungen: T2. Leichte Bergwanderung, im ersten Teil auf breitem Karrenweg taleinwärts, später auf gutem Steig bis zur Hütte. Auch konditionell moderat, sofern nicht zu heiß.

Höhenmeter: Hin und zurück ca. 900 Hm.

Einkehr/Unterkunft: Steinseehütte (Anfang/Mitte Juni bis Mitte/Ende September, Tel. +43 660 4917124).

Beste Jahreszeit: Wie Hüttenöffnungszeit.

Variante: Ein lohnendes Zusatzziel ist der Steinsee, 2222 m, ab Hütte in 30 Min. zu erreichen.

Vom Parkplatz bei der **Alfutzalm (1)** kurz zum Bach hinab und auf die andere Seite, wo nun ein breiter Weg weit taleinwärts verfolgt wird. Im Wechsel mit Flachpassagen steigt dieser ab und zu merklich an. Nach einer Weile passiert man die Mündung des Wildkarles sowie die etwas abseits gelegene Vordere Starkhütte (Jagdhütte), ehe sich bei

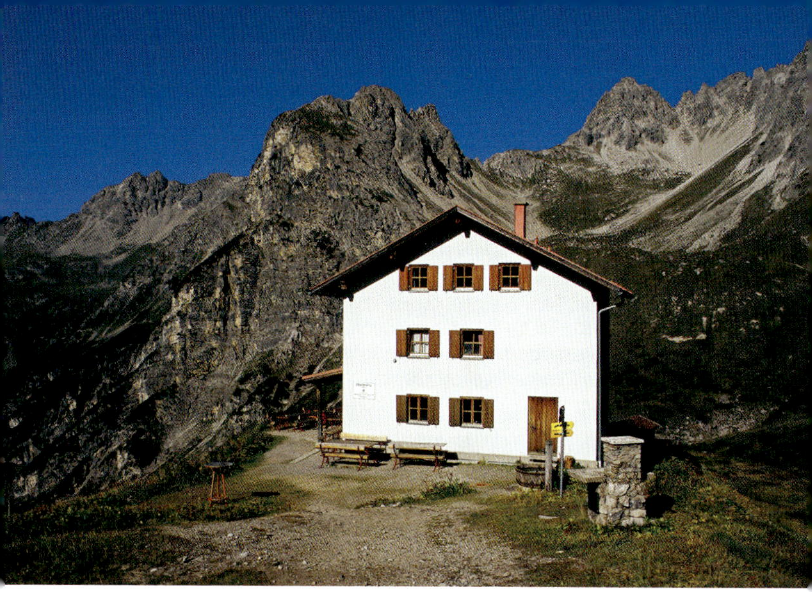

Die Steinseehütte ist auch Etappenstützpunkt am großartigen Lechtaler Höhenweg.

Hinterstark (2), 1620 m, die Routen Richtung Württemberger Haus und Steinseehütte verzweigen. Wir halten uns rechts und begehen den gut angelegten Steig an der latschenbestandenen Flanke eines Geländeeinschnitts. Zahlreiche Windungen werden absolviert, bis man bei der **Steinseehütte (3)**, 2061 m, eintrifft. Der Abstieg verläuft auf der gleichen Strecke.

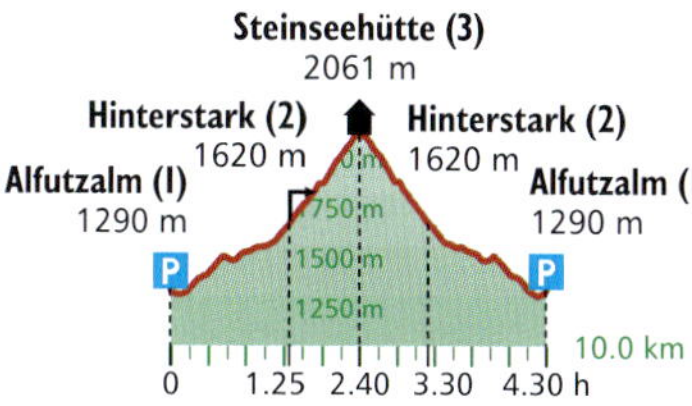

Die kleine Alfutzalm in der Nähe des Startpunktes.

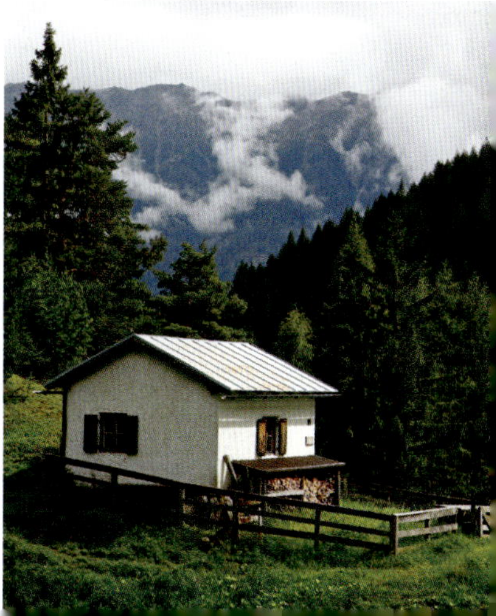

14 Kronburg und Falterschein, 1288 m

4.00 Std.

Von Zams über den Zammerberg nach Schönwies

Das Oberinntal zwischen Imst und Landeck, wo in der engen Talsohle all die Verkehrswege kaum genügend Platz finden, erscheint für Wanderungen vorderhand nicht sonderlich attraktiv. Und doch gibt es an den Hängen ein paar Kleinode zu entdecken, beispielsweise die friedlichen Weiler Kronburg und Falterschein. In Kronburg empfängt uns eine Wallfahrtskirche, ein stilvolles Gasthaus und direkt oberhalb eine Burgruine, von der man das Inntal aus einer interessanten Perspektive überblickt.

Ausgangspunkt: Zams, 775 m, Bushaltestelle Parkanlage, am Beginn der Innstraße.
Endpunkt: Schönwies, Bushaltestelle im Ortsteil Saurs, 734 m. Die Linie führt über Zams nach Landeck.
Anforderungen: T2. Es wechseln breite Forstwege, einige Steigabschnitte sowie am Anfang und Ende Straßen. Die Aufstiege zur Ruine und nach Falterschein sind teils recht steil; dafür elementare Trittsicherheit angenehm. Konditionell moderate talnahe Wanderung.
Höhenmeter: 630 Hm Aufstieg, 670 Hm Abstieg.
Einkehr: Gasthof Kronburg.
Beste Jahreszeit: Fast ganzjährig, außer bei viel Schnee.
Varianten: Über Rifenal nach Kronburg (anfangs steilerer Waldweg) und ab Kronburg direkter Abstieg nach Schönwies möglich.

Ruine Kronburg als Wächter über dem Inntal; links im Hintergrund die Rodung von Falterschein.

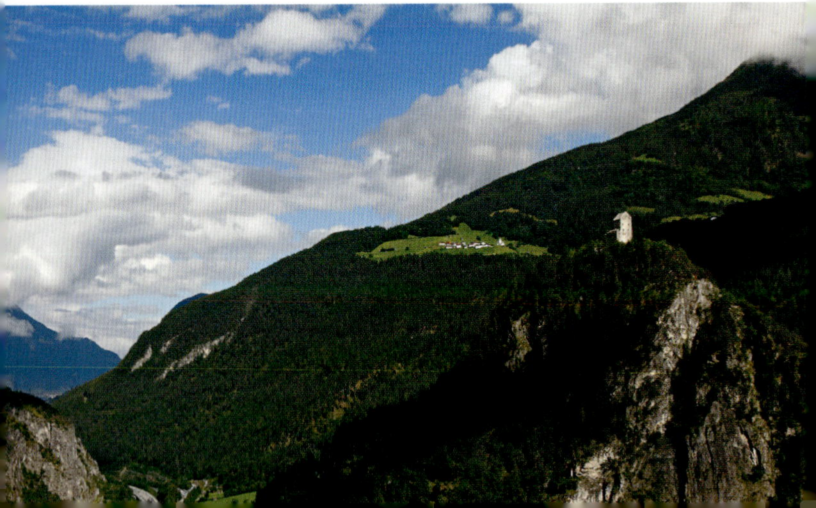

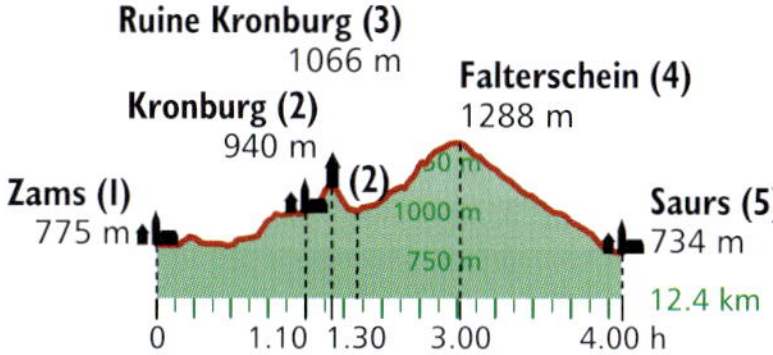

In **Zams (1)** schlagen wir die Innstraße ein und marschieren an Kloster, Krankenhaus und diversen Gewerbebetrieben vorbei – auch der Zugang zum Klettersteig Galugg zweigt zwischendurch ab. Wir folgen stets der Beschilderung »Kronburg« und beachten den Abzweig unmittelbar vor der Straßenbrücke am Landecker Tunnel. Nach einem Wiesenabschnitt führt eine Aufwärtsdiagonale im Wald zu einem breiten Kreuzweg, der uns in den Weiler **Kronburg (2)**, 940 m, bringt. Dort beginnt auch der steilere Aufstieg zur **Ruine Kronburg (3)**, 1066 m.

Zurück beim Gasthaus nehmen wir den breiten Weg Richtung Falterschein auf. Hinter dem Kronburg-Tobel, dessen Klamm auf massiver Brücke überschritten wird, verschmälert sich die Trasse und windet sich an der Waldlehne kräftig bergwärts. Nach einer Weile stößt man auf den breiten Weg von Grist und befindet sich nun im Bereich der großen Wiesenlichtung von **Falterschein (4)**, 1288 m. Der Weiler selbst kann wahlweise knapp unterhalb passiert werden, ehe wir auf einer Forststraße in längerem, gleichmäßigem Gefälle nach Obsaurs gelangen. Von dort mit einigen Biegungen vollends hinunter in die Talsohle und im Schönwieser Ortsteil **Saurs (5)** – gleich hinter der Eisenbahnunterführung – zur Bushaltestelle.

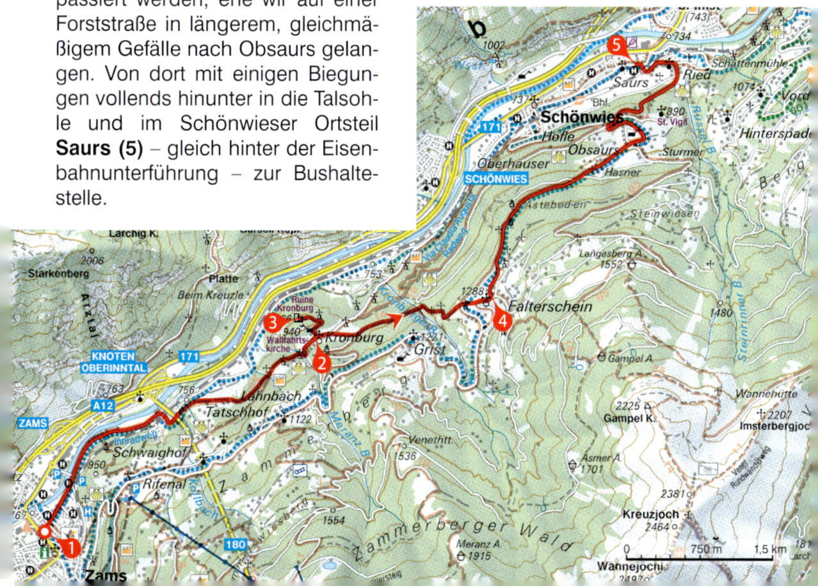

15 Venet (Glanderspitze), 2512 m

4.00 Std.

Rundwanderung am Inselberg zwischen Landeck und Pitztal

Aufgrund seiner isolierten Lage, vom Inn in weitem Bogen umflossen, zählt der Venet zweifelsohne zu den großen Panoramalogen im Tiroler Oberland. Wobei mit Venet eigentlich der ganze Bergstock gemeint ist, der höchste Punkt indes den Namen Glanderspitze trägt. Oft herrscht bunte Betriebsamkeit. Schon die erste Gondel der für diese Tour quasi unerlässlichen Venetbahn ist morgens regelmäßig voll besetzt mit E5-Wanderern, die hinüber ins Pitztal wollen. Wir haben nur eine relativ gemütliche Rundwanderung im Sinn – einen Bergausflug zum Genießen.

Ausgangspunkt: Bergstation der Venetbahn am Krahberg, 2202 m. In Betrieb von Ende Mai bis Ende September täglich von 8 bis 17 Uhr, danach noch tageweise. Kostenfreie Parkplätze an der Talstation in Zams.
Anforderungen: T2–3. Weitgehend problemlose Bergwege, allerdings in einem der Höhenlage entsprechenden Ambiente, deshalb elementare Trittsicherheit vorteilhaft. Mit Seilbahnhilfe eine aussichtsreiche Genusstour.
Höhenmeter: 650 Hm.
Einkehr: Panoramarestaurant in der Bergstation, Goglesalm.
Beste Jahreszeit: Entspricht den Seilbahnbetriebszeiten.
Variante: Direktabstieg von der Glanderspitze über den Südrücken zum Flankenweg, damit insgesamt nur knapp 3 Std.

Die Venetbahn überwindet die stattliche Höhendifferenz von 1400 Metern hinauf zum **Krahberg (1)**, wo wir mit einem leichten Abstieg in die östlich gelegene Senke starten. Danach am stumpfen, lang gestreckten Westrücken meist nur mäßig steil bergauf. Nach reichlich einer Stunde erreichen wir das Kreuz, wo meist die Gipfelrast abgehalten wird, doch befindet sich der nominell höchste Punkt am Venet, die **Glanderspitze (2)**, 2512 m, noch

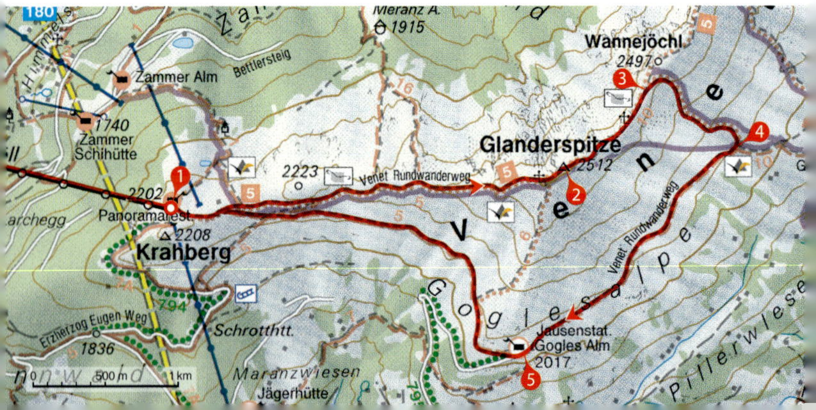

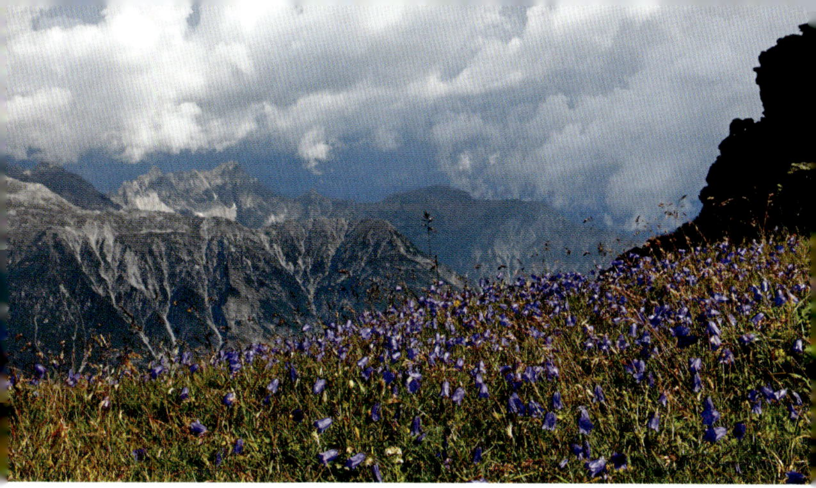

Glockenblumen trotzen der nächsten Schlechtwetterfront, die von den Lechtaler Alpen her aufzieht.

rund 5 Minuten entfernt. Bei der Überschreitung tangieren wir eine weitere kreuzgeschmückte Kuppe und scheren im dahinterliegenden Sattel **(3)** rechts in die südseitige Flanke aus. Die Route leitet Richtung Galflunalm, doch achten wir bereits vorher auf den Abzweig des Flankenweges scharf rechts **(4)**, ca. 2100 m. Dieser schneidet nun auf weiter Front die hindernisarmen Hanglagen in entgegengesetzter Richtung, steigt zwischendurch ein wenig an und senkt sich dann zur bewirtschafteten **Goglesalm (5)**, 2017 m. Dort schlagen wir die Verbindung zum Krahberg ein – ebenfalls in Querung ausgedehnter Flanken. Es wird eine große Hangbucht ausgegangen und schließlich der letzte Gegenanstieg zur Bergstation **(1)** absolviert.

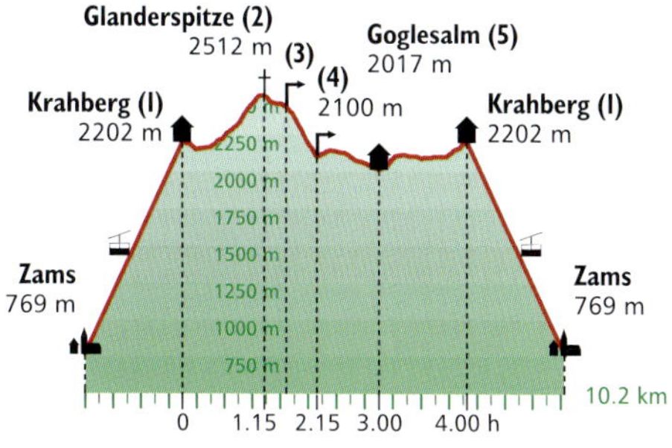

16 Tschirgant, 2370 m

7.00 Std.

Rundtour über die Karröster und Karrer Alm

Je nach Perspektive zeigt sich der Tschirgant als breit gelagerter Bergstock oder als markantes Horn. Weniger die absolute Höhe stempelt ihn zu einem auffälligen Paradeberg im Tiroler Oberland, als vielmehr seine eigenständige Position. Sämtliche Nachbarn gehen auf Distanz. In dieser Hinsicht lassen sich durchaus Vergleiche zum Venet ziehen. Doch eine Tschirgant-Tour erscheint mir noch eine Nummer zünftiger, nicht nur, weil man den Aufstieg komplett aus eigener Kraft bewältigen muss. Die Gegebenheiten verlangen auch ein wenig mehr bergsteigerisches Geschick, ohne allerdings wirkliche Schwierigkeiten aufzuwerfen. Loben muss man natürlich die Fern- und Tiefblicke, die zu den vielfältigsten weit und breit zählen, aber auch den spannenden Rundkurs selbst mit den Idyllen zweier bewirtschafteter Almen.

Ausgangspunkt: Wanderparkplatz, ca. 1030 m, oberhalb von Karrösten. Mit öffentlichen Verkehrsmitteln (Buslinie von Imst) muss man im Dorf starten und braucht 20 Min. zusätzlich.

Anforderungen: T3 oder T3–4 auf beiden Routen. Zumeist gute Bergwege, im Gipfelbereich sowie beim Abstieg zur Karrer Alm ziemlich raues Gepräge. Vereinzelt Sicherungen, am schwierigsten ist die Rampe zum Westgrat. Trittsicherheit sowie Ausdauer für eine lange Tagestour erforderlich.

Höhenmeter: Knapp 1500 Hm inklusive Gegensteigungen.

Einkehr: Karröster Alm, Karrer Alm.

Der Tschirgant gehört zu den Charakterbergen der Region Imst.

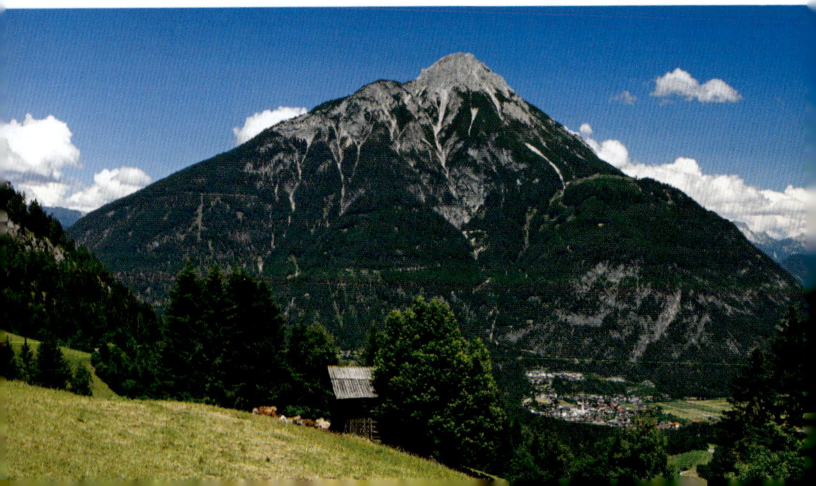

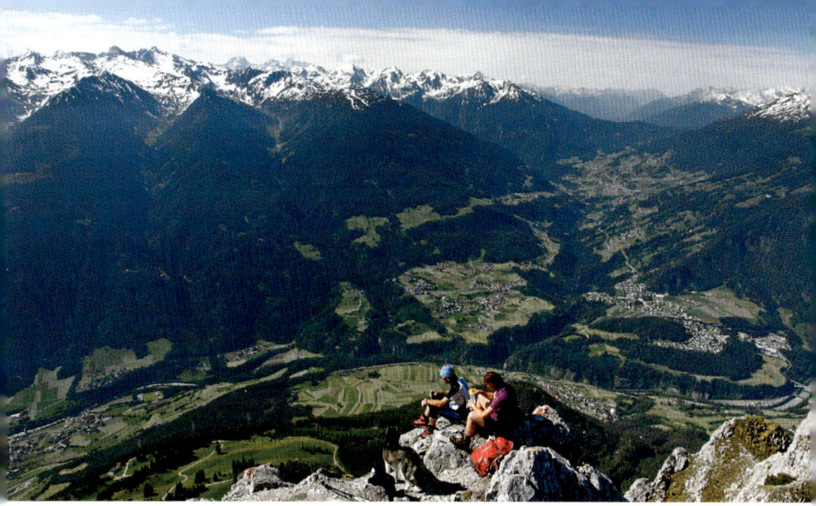

Logenplatz Tschirgant: die Augen schweifen über weite Teile des Tiroler Oberlandes.

Beste Jahreszeit: Mitte Juni bis Mitte Oktober.
Variante: Außer dem Tschirgantsteig kann man via Karröster Alm auch Schmitten- oder Bergsteig wählen, ggf. als Abstiegsvariante.

Vom **Parkplatz (1)** folgen wir dem Hinweis zur Karröster Alm und werden entlang der Forststraße gleich mit einem Geo-Lehrweg bedient. Parallel können wir bald einen Steig (Nr. 22) nutzen. Es geht an einer Aussichtsplattform mit Blick auf Imst vorbei und immer schräg durch die Waldflanke bergauf. Auf einer Lichtung empfängt uns die **Karröster Alm (2)**, 1467 m, wo der Schmittensteig rechts abzieht. Wir wählen hingegen Tschirgant- bzw. Bergsteig (Nr. 24/25) und wandern über die Wiesen gegen Osten hinauf, bald wieder in Gehölz eintretend. Bei einem Rastplatz auf knapp 1900 m gabelt

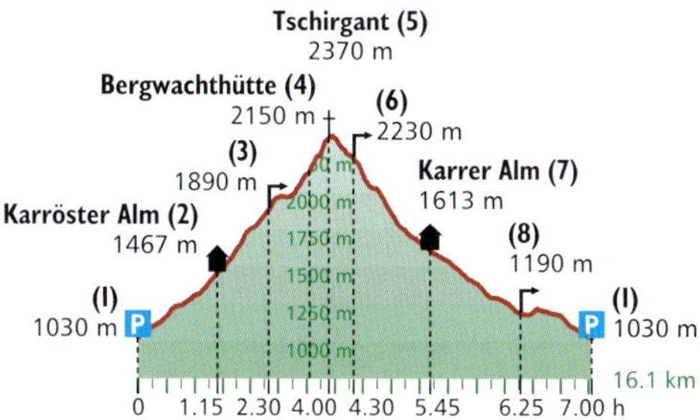

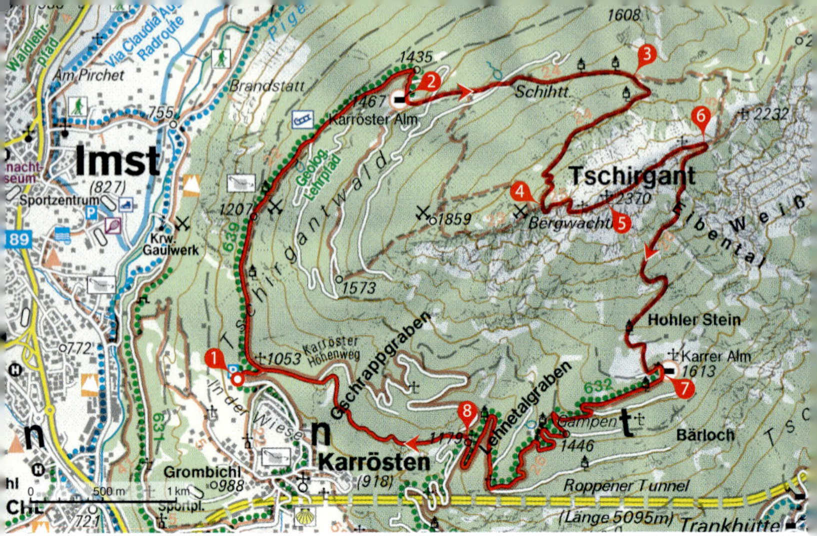

sich die Route erneut **(3)**. Während der Bergsteig die bisherige Richtung vorerst beibehält, orientieren wir uns mit dem Tschirgantsteig markant nach rechts hoch. In Latschenflanken quert man zwischendurch ein gutes Stück fast horizontal, ehe die Route kräftig anzieht und sich knapp unterhalb der **Bergwachthütte (4)**, ca. 2160 m, wieder mit dem Schmittensteig verbindet. Nun befinden wir uns im Bereich des Westrückens, der sich mit einer felsigen Steilstufe aufbäumt. Nach nordseitiger Traverse wird über eine gesicherte Rampe (Schlüsselstelle) eine Gratschulter erklommen. Weiterhin felsdurchsetzt am ersten Kreuz vorbei (Blick auf Imst) und schließlich bis zum nominellen Gipfelkreuz des **Tschirgant (5)**, 2370 m, das jedoch nicht ganz den höchsten Punkt markiert. Dort steht nur eine Signalstange.
Die Fortsetzung Richtung Osten weicht diesem Felsgrat links aus und schmiegt sich im weiteren Verlauf immer wieder mal der Kammlinie an. Wir erreichen einen Rastplatz mit Bildstock **(6)** und drehen an dieser Stelle markant in die abschüssige, weithin latschenbestandene Südflanke ab. Unser Steig muss hier des Öfteren Rinnen und Reißen queren, erscheint aber gut in Schuss. Nach der größten, dem Eibental, schiebt sich auch mal eine kurze Aufwärtstraverse dazwischen. Später läuft die Route sachte ins Weidegelände aus. Auf einem Fahrweg steuern wir die **Karrer Alm (7)**, 1613 m, an und freuen uns auf die verdiente Jause. Die Schleifen einer Forststraße leiten danach talwärts. Im Lehnetalgraben ergibt sich dann die Möglichkeit, rechts auszuscheren **(8)**. Zwar muss man auf einer neuen Forststraße nochmals einige Höhenmeter gewinnen, kommt damit jedoch recht elegant direkt zurück zum **Parkplatz (1)**.

6.40 Std.

Maisalm und Mutkopf, 1990 m 17

Von Roppen zu einer tollen Aussicht

»Der Weg ist das Ziel« – dieses bekannte Bonmot mag in den Bergen oft Gültigkeit besitzen, doch hier verhält es sich wohl anders. Weniger der relativ eintönige Waldaufstieg als vielmehr die gemütliche Almeinkehr und ein zwar gipfelloser, aber verblüffender Aussichtspunkt oberhalb sind die Verlockungen, wenn wir uns von Roppen aus zur Maisalm aufmachen. Sie liegt auf einer großen Lichtung an der äußersten Nordabdachung des Geigenkamms. Wer die Zugabe bis zum Vorsprung am Mutkopf – immerhin 1300 Meter über dem Inntal – noch packt, kann dort auf anatomisch geformten Riesenbänken vor großem Panorama relaxen.

Ausgangspunkt: Bahnhof Roppen, 724 m.
Anforderungen: T2, bis Maisalm nur T1. Bis zur Alm bzw. etwas darüber hinaus ausschließlich harmlose Forstwege, zum Mutkopf zuletzt unschwieriger Steig durch Wiesengelände. Die Hauptanforderung ist eindeutig konditioneller Natur.
Höhenmeter: Bis Maisalm gut 900 Hm, bis Mutkopf 1270 Hm.
Einkehr: Maisalm.
Beste Jahreszeit: Juni bis Oktober.

Vom **Bahnhof Roppen (1)** kurz Richtung Ortszentrum, dann dem Wegweiser »Maisalm« entsprechend auf eine Forststraße, die am Bergsockel rechts haltend ansteigt. Nach zwei Kehren folgen wir dem Hinweis »Fußweg«, der allerdings ebenfalls breit trassiert ist und sich im Wald emporschraubt. Zwischendurch kreuzen wir noch zweimal den Wirtschaftsweg, holen an einer

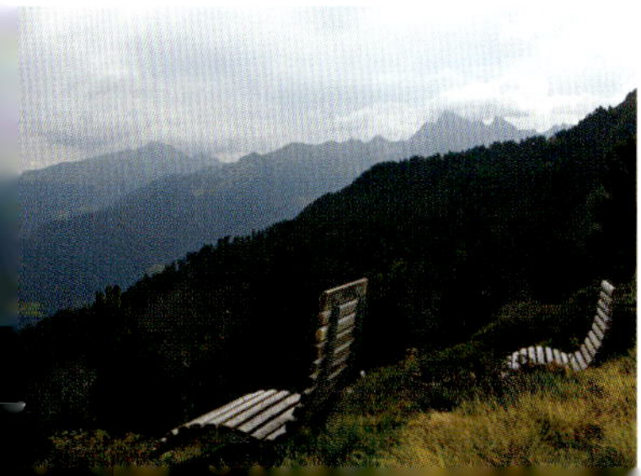

Einladung zum Fernsehen am Mutkopf.

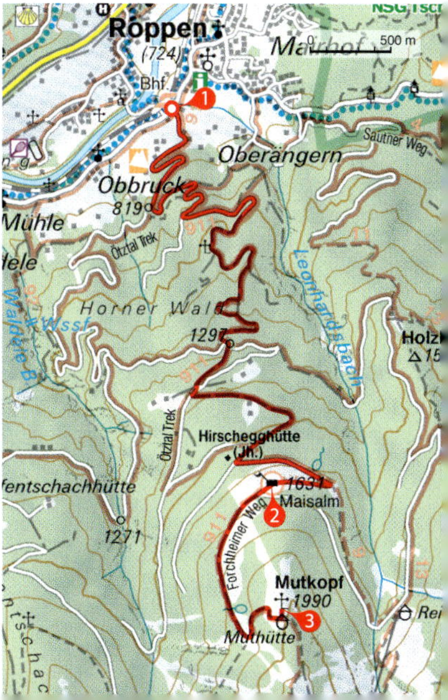

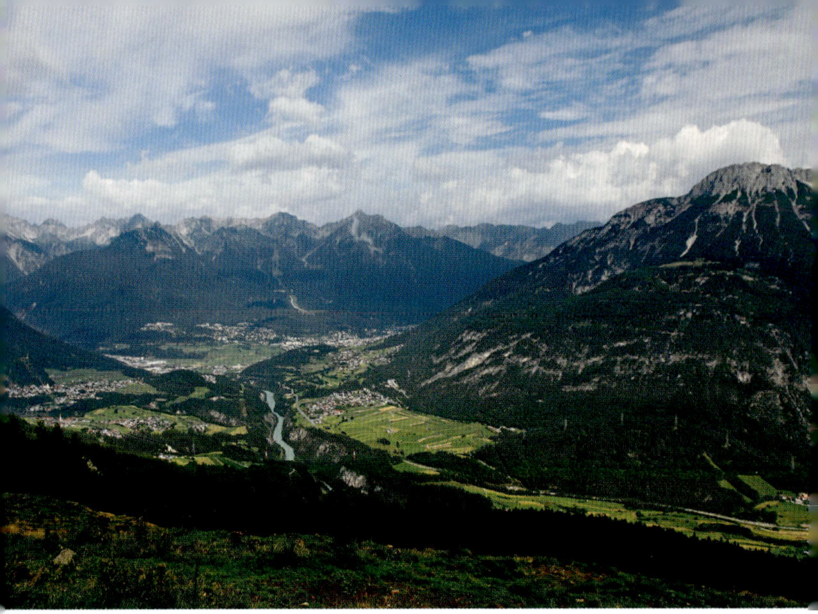

Die Maisalm gewährt eine schöne Perspektive ins Oberinntal.

Lichtung vorbei weit nach links aus und begehen letztlich wieder die Zufahrt mit ihren ausschweifenden Serpentinen bis zur **Maisalm (2)**, 1631 m. Eine Abkürzung fehlt hier leider. Hinter der Jausenstation im Aufwärtsbogen in die Westflanke des Mutkopfes, wo der breite Karrenweg nach einer Weile in einen Steig übergeht. Wald und Weiden prägen den Aufstieg zur verschlossenen **Muthütte**. Von dort sind es nur noch wenige Minuten fast eben gen Norden bis zum Aussichts- und Rastpunkt am **Mutkopf (3)**, 1990 m. Der Abstieg erfolgt auf der gleichen Strecke.

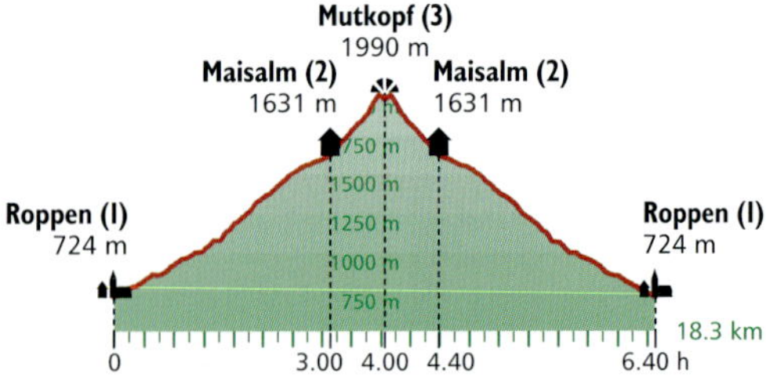

4.40 Std.

Pitzeklamm und Waldeck, 1200 m

18 TOP

Landschaftskontraste rund um Arzl und Wald

Tiefe Schluchtwinkel und sonnige Hangterrassen mit idyllischen Dörfchen, würzige Bergwälder sowie als abschließender Clou eine spektakuläre Hängebrücke – das sind die wichtigsten Zutaten für diese Wanderung im vordersten Pitztal, die damit viel Abwechslung auf relativ engem Raum bietet. Einmal geht es richtig wild und urwüchsig zu, dann herrschen wieder liebliche Szenerien vor. Das verzweigte Wegenetz eröffnet auch individuellen Gestaltungsspielraum. Die Pitzeklamm ist als Naturwaldreservat von der EU zum Natura-2000-Habitat erklärt worden.

Ausgangspunkt: Arzl, 883 m, entweder bei der Bushaltestelle Gemeindeamt oder beim Parkplatz für die Benni-Raich-Brücke (dafür von der Jerzener Straße nach links abzweigend in die Pitzenebene), dann etwas kürzer.
Anforderungen: T2. Teilweise recht urwüchsige Steige, streckenweise Straßen bzw. breite Forstwege. Elementare Trittsicherheit schadet nicht. Insgesamt lockeres Tagespensum.
Höhenmeter: Etwa 680 Hm.
Einkehr: Jausenstation Waldeck, Wald, Restaurant Bungy-Stüberl.
Beste Jahreszeit: Von April bis zum Wintereinbruch.
Variante: Man kann auch zwei getrennte Kurztouren daraus basteln, zumal sich die Schleifen in Wald fast berühren. Pitze-Runde von Arzl und Waldeck-Runde von Wald aus jeweils 2.30 Std.
Tipp: Erdpyramiden-Runde von Wald via Hohenegg (Schaukanzeln).

In **Arzl (1)** zuerst entlang der Jerzener Straße ein Stück abwärts und dann nach Hinweis auf die Benni-Raich-Brücke links in die Pitzenebene, wo ein Parkplatz ausgewiesen ist. Wir gehen aber zunächst nicht zum touristischen Anziehungspunkt, sondern steigen über einen Kehrenweg in den Schluchtgrund der Pitze ab. Dort auf dem oft schmalen **Luis-Trenker-Steig** nur wenige Meter über dem Bachufer entlang (einzelne Drahtseile). Gen Norden kommt man zur **Brücke (2)** bei P. 711, kurz bevor die Pitze in

Frühlingsgrün in der naturgeschützten Pitzeklamm.

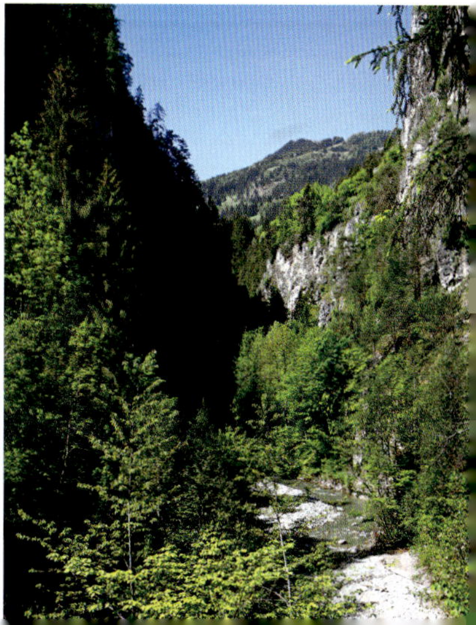

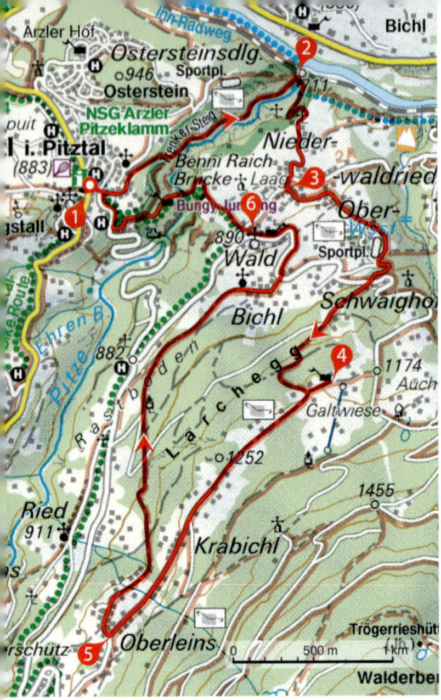

den Inn mündet. Nebenan die Eisenbahnbrücke. Auf einem Radweg über eine Anhöhe hinweg und dann rechts ausscherend auf die Fortsetzung des Luis-Trenker-Steigs (Walder Ausstieg), womit es ein gutes Stück recht steil im Wald bergauf geht. Man gelangt auf die Freiflächen bei Nieder- und **Oberwaldried (3)**, ca. 875 m.

Dort schlagen wir die Straße Richtung Sportplatz ein. Gleich oberhalb am Ausgangspunkt für die Erdpyramiden-Tour vorbei und zu einer Gabelung (Forstweg/Wandersteig). Wir gehen rechts weiter, vorerst noch auf breiter Trasse, später dann auf kleinerem Pfad steil hoch auf einen Waldrücken. Hier links haltend etwas abwärts in die Wiesensenke mit der Jausenstation **Waldeck (4)**, 1200 m. Durch die breite Schneise, welche einen markanten Absatz in den Berglehnen bildet, zieht ein Wirtschaftsweg an der Kuppe P. 1252 zu den Höfen von Krabichl. Kurz davor taucht ein privates Schild »Durchgang verboten« auf, das man getrost ignorieren darf (ansonsten Umgehung der Galtwiese im Wald oberhalb). Mit dem abfallenden Anrainersträßchen weiter nach **Oberleins (5)**, ca. 1130 m, dort scharf rechts und nun auf einem Wiesenweg nordwärts ins Gehölz, wo eine schmale, abschüssige Passage wartet, ehe der Weg komfortabler schräg bergab führt. Später auf Güterwegen nahezu horizontal um den Hang nach Bichl und anschließend die Straße hinunter zum Kirchplatz in **Wald (6)**, 890 m. Man achtet auf den Hinweis Richtung **Benni-Raich-Brücke**, die leicht absteigend durch Wald- und Wiesengelände erreicht wird. Sie überspannt die Pitze in fast 100 Meter Höhe. Auf der anderen Seite wird am Bungy-Stüberl vorbei der Kreis zum Parkplatz bzw. ins Ortszentrum von **Arzl (1)** geschlossen.

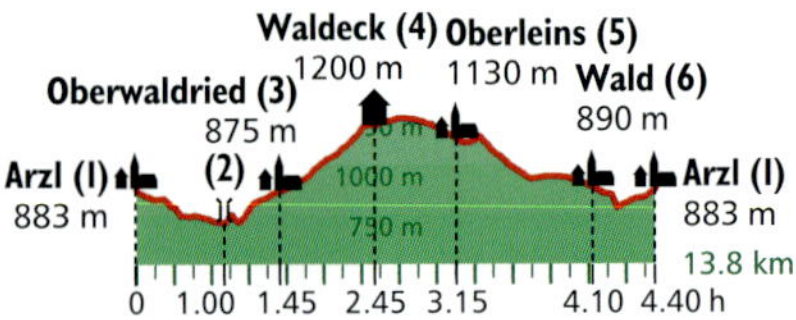

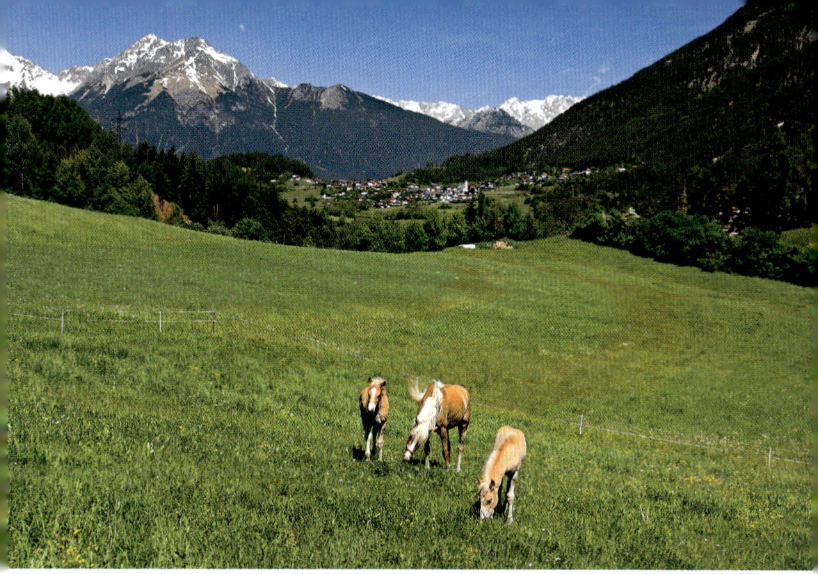

Oben: Ländliche Idylle auf den Mittelgebirgsterrassen bei Waldried.
Unten: Die Benni-Raich-Brücke überspannt die Pitzeklamm.

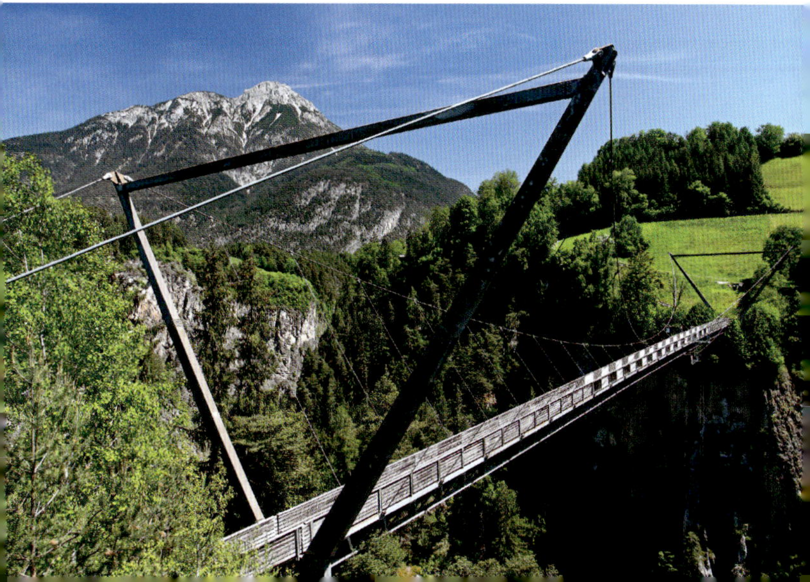

19 Von Wenns nach Arzl

2.15 Std.

Bäuerliches Idyll im vorderen Pitztal

Kleine, beschauliche Wanderungen stecken als Teilbegehungen in vielen Tourenkapiteln – diese Unternehmung ist bereits von vornherein so angelegt. Man bewegt sich nämlich in den unteren Hanglagen und lernt dabei eine bäuerlich geprägte Landschaft zwischen Höfeweilern kennen, erhascht aber auch schöne Blicke ins Inntal sowie hinüber zum Tschirgant. Ideal einzubinden ist ein Besuch der Aussichtsplattform Burgstall über den Dächern von Arzl. Dort befindet sich auch der Ausstieg zweier Sportklettersteige, die freilich keine Option für Wanderer darstellen …

Ausgangspunkt: Wenns, 979 m, Bushaltestelle im Ortszentrum, Parkplatz nahe der Kirche.
Endpunkt: Arzl, 883 m, Bushaltestelle Oberdorf oder Gemeindeamt.
Anforderungen: Maximal T2. Talwanderung auf verkehrsarmen Straßen, Forst- und Karrenwegen, ein kurzes Stück auch weglos über eine Wiese. Keine besonderen Schwierigkeiten und geringe Höhendifferenzen, damit eine lockere Halbtagestour.
Höhenmeter: 270 Hm Aufstieg, 370 Hm Abstieg.
Einkehr: Nur in den Orten am Anfang und Ende.
Beste Jahreszeit: Fast ganzjährig, außer bei viel Schnee.

Vom Burgstall genießen wir die Schau über das Imster Becken Richtung Lechtaler Alpen.

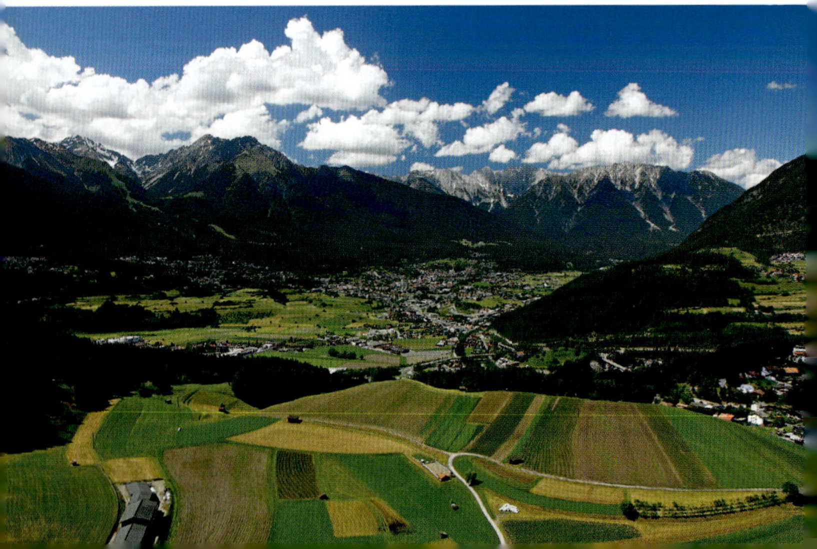

Beim Pitztaler Hof in **Wenns (1)**, direkt an der Straßenabzweigung nach Piller, beginnt unsere Wanderung auf dem nordwärts führenden Sträßchen nach Brennwald. Bald ergeben sich zwei Varianten Richtung **Steinhof (2)**, 1103 m – etwas höher oder tiefer am Hang. Anschließend wieder gemeinsam zur nahen Hochaster Straße, der wir bergwärts bis zur nächsten Kehre folgen. Dort zweigt ein unbeschilderter Weg ab, ein Stück weit aufwärts, bis er undeutlich wird. Man überschreitet jetzt am besten direkt die mit einigen Stadeln besetzten Wiesen (dieses Stück kann bei Nässe freilich unerquicklich werden), überwindet einen Zaun und trifft in Kürze auf einen Weg, der von Plattenrain herunterkommt. Damit geht es nach **Arzlair (3)**, 1153 m. An der Magnuskapelle vorbei weiter abwärts zum Abzweig »Arzl-Kirche«, den wir uns vormerken. Doch zuvor lohnt noch ein Abstecher zum nahen **Burgstall (4)** mit seiner luftigen Aussichtsplattform direkt über dem Dorf. Man erreicht sie an einer Sendeanlage vorbei und im Abstieg über eine Treppe. Die Perspektive ist ganz erstaunlich! Ein Waldpfad leitet schließlich hinunter nach **Arzl (5)**; dort an der Kirche vorbei zur Bushaltestelle.

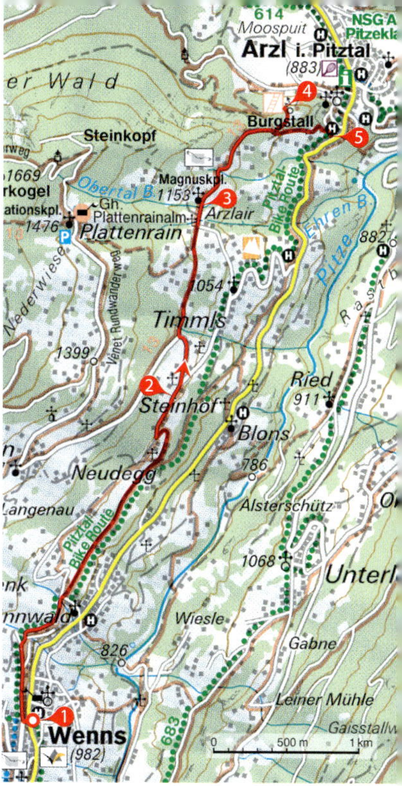

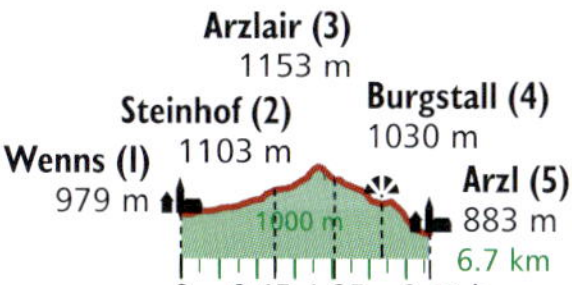

Inntalblick bei Arzlair mit dem Tschirgant als Schaustück.

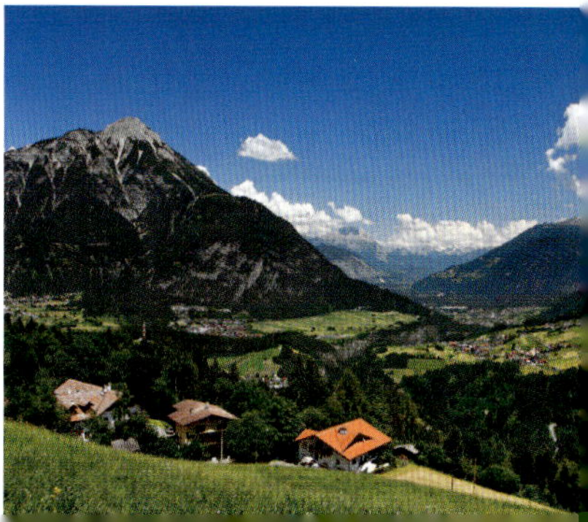

20 Venetalm, 1994 m

5.15 Std.

Almenrunde am Nordostausläufer des Venet

Rund um den Venet gibt es jede Menge bewirtschaftete Almen, wo wir in lauschiger Umgebung die Seele baumeln lassen können. Auf dieser Tour hat man freilich die Qual der Wahl, denn Einkehrmöglichkeiten stehen gleich vierfach zur Verfügung. Am höchsten Punkt liegt die Venetalm knapp unterhalb der 2000-Meter-Marke, welche man am Kammweg Richtung Imsterbergjoch, Kreuzjoch und Glanderspitze locker überschreiten könnte.

Ausgangspunkt: Auders, ca. 1200 m, Bergweiler oberhalb von Wenns im Pitztal. Keine Busanbindung.
Anforderungen: T2. Leichte, aber streckenmäßig recht lange Wanderung bis in mittleres Höhenniveau. Forststraßen und Wanderwege gemischt, darunter auch einige etwas verschlungene Abschnitte. Normales Tagespensum.
Höhenmeter: 870 Hm.
Einkehr: Plattenrain, Hochasteralm, Venetalm, Larcheralm.
Beste Jahreszeit: Juni bis Oktober.
Varianten: Verschiedene Abkürzungsmöglichkeiten, wobei speziell der direkte Weg Nr. 8 zur Venetalm von Bedeutung ist.

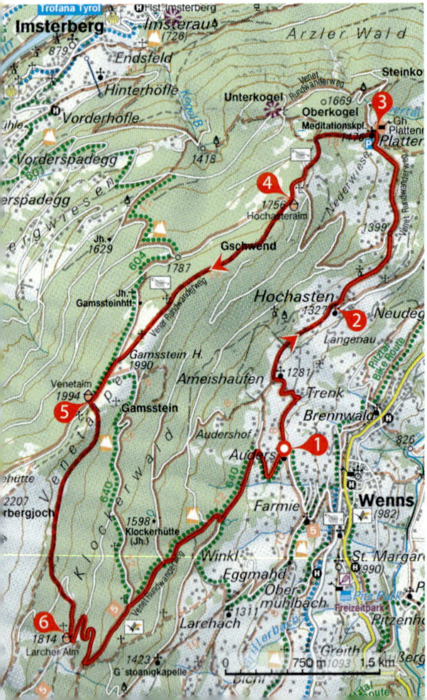

Von **Auders (1)** zunächst auf dem Sträßchen über Trenk nach Ameishaufen, 1281 m, wo ein Wirtschaftsweg übernimmt. Mit einer Querung gelangt man zum nächsten Weiler **Hochasten (2)**, 1327 m, und folgt anschließend der wenig befahrenen Bergstraße zum neuen Hotel Puitalm am **Plattenrain (3)**, 1476 m, mit moderner, avantgardistischer Kapelle nebenan. Jetzt zieht ein Steig über Wiesengelände in den Wald aufwärts, zwischendurch eventuell ein Stück weit über feuchte Stellen. Mit einem breiten Güterweg gelangen wir zur bewirtschafteten **Hochasteralm (4)**, 1756 m, und wählen dann den Steig, der sich am weit ausladenden, meist üppig bewaldeten Bergrücken entlangschlängelt. Der Höhengewinn ist nicht fortwährend und wird immer wieder von Flachpassagen unter-

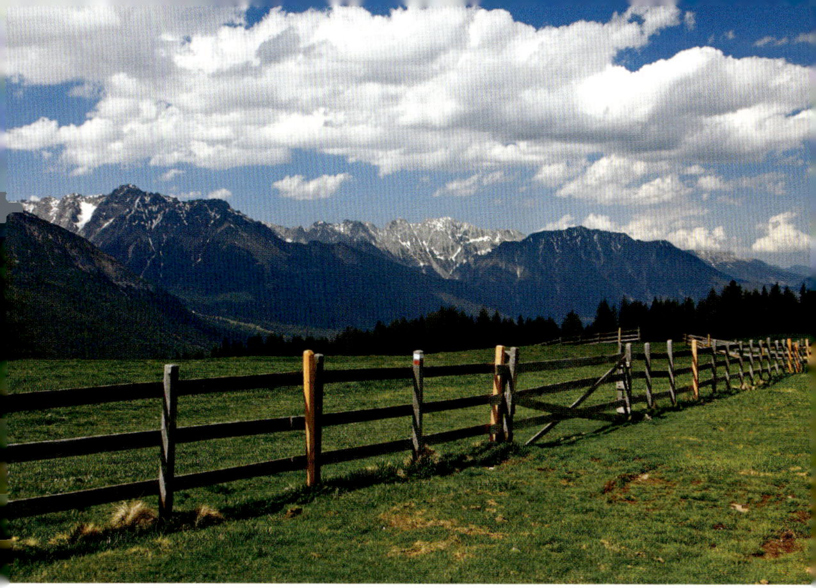

Auf den Hochweiden der Venetalm mit Blick gegen die Lechtaler Alpen.

brochen. Von einem Wetterkreuz öffnet sich ein toller Ausblick, ehe wir auf eine große Wiesenfläche der **Venetalm** hinaustreten und dort die Jausenstation **(5)**, 1994 m, ansteuern.

Für Ausdauernde verlockend wäre eine Fortsetzung am Venet-Kammweg, doch achten wir hinter der Alm auf den Hinweis »Larcheralm« und biegen links ab. Nach kurzem Abstieg über eine Wiese folgt eine längere Traverse durch lichten Wald gen Süden. Dann dreht die Route talwärts ab und stößt auf eine Forststraße, die zur **Larcheralm (6)**, 1814 m, führt. Während der letzten guten Stunde sind wir weiterhin mit Hinweis »Venet-Rundwanderweg« auf breiten Trassen unterwegs und schließen den Kreis in **Auders (1)**.

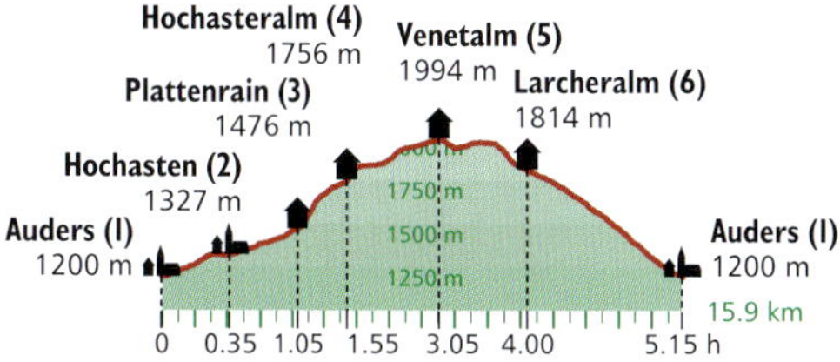

21 Galflunalm und Goglesalm, 2017 m

4.40 Std.

Auf der Sonnenseite des Venet

Eine weitere Almwanderung im Bereich des Venet, diesmal an der weitläufigen Südostflanke oberhalb der Pillerwiesen. Die Umgebung ist ausgesprochen lieblich, präsentiert im Frühsommer eine reizvolle Flora und im Herbst ein goldenes Meer von Lärchen. Die Ausblicke schweifen hinüber zum mächtigen Kaunergrat sowie ins Obere Gericht, dem obersten Abschnitt des Tiroler Inntals.

Ausgangspunkt: Piller, 1353 m, Parkmöglichkeit im Ort, z.B. beim Feuerwehr-Gerätehaus (auch Bushaltestelle der Linie von Wenns).
Anforderungen: T2. Im Allgemeinen leichte Bergwanderung bis in mittlere Höhenlagen. Beim Aufstieg zur Galflunalm sowie auf den sumpfigen Pillerwiesen kann es aber unangenehme Passagen geben, speziell nach Regenwetter. Konditionell relativ lockere Tagestour.
Höhenmeter: 820 Hm.
Einkehr: Galflunalm, Goglesalm.
Beste Jahreszeit: Juni bis Oktober bzw. bis zum Wintereinbruch.
Variante: Oberhalb der Galflunalm bis zur Kammhöhe hinauf und dort weiter zur Glanderspitze, 2512 m. Vom Gipfelkreuz südseitiger Abstieg zur Goglesalm. Schwierigkeit »rot«, Gesamtgehzeit 6.30 Std.

Von **Piller (1)** folgen wir dem Wegweiser »Galflunalm/Larcheralm« über einen Güterweg, wechselweise durch offenes und bewaldetes Gelände. Nachdem man die Stromleitung unterquert hat, zweigt man links ab und gelangt auf schmalem und manchmal feuchtem Steig höher. Bald nochmals die Forststraße kreuzend und über Waldwiesen bis auf den herrlichen Geländebalkon der **Galflunalm (2)**, 1961 m. Gemeinsam mit der Venet-Route geht

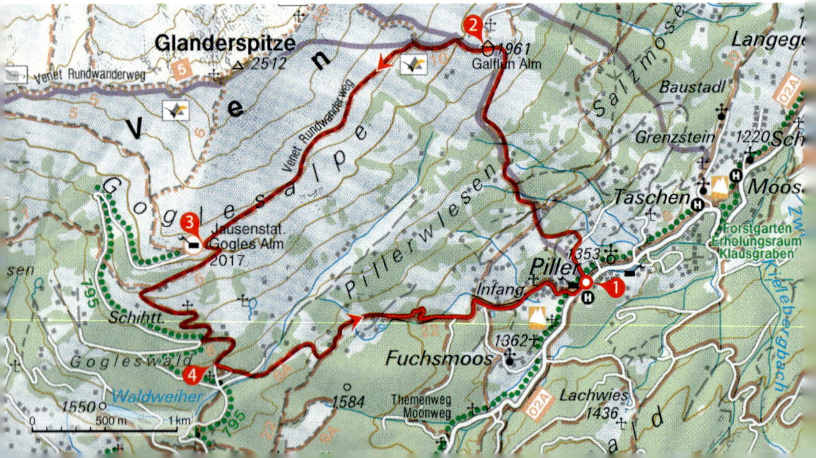

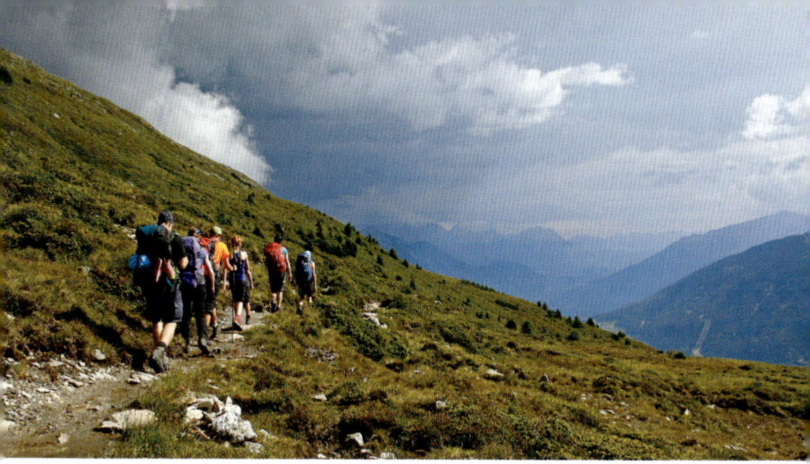

Am Höhenweg zwischen Galflunalm und Goglesalm.

es weiter bergauf; ein kleines Hochmoor wird auf Stegen überschritten. Auf rund 2100 m drehen wir links auf den Flankensteig ab und queren in Grundrichtung Südwest, zunächst noch mit etwas Höhengewinn, dann leicht fallend hinüber zur **Goglesalm (3)**, 2017 m. Von dort auf einem Karrenweg (Bezeichnung Nr. 6) in Schleifen hinab in den Gogleswald, wo bei der **Oberen Höhe (4)**, 1639 m, die Verbindung nach Piller abzweigt. Wir halten uns also links, durchqueren auf den Pillerwiesen feuchte Bereiche, treffen dann wieder auf eine befestigte Forststraße (vorherige Umgehung auf dieser möglich) und wandern schließlich am Fischteich vorbei auf einer Straße hinunter nach **Piller (1)**.

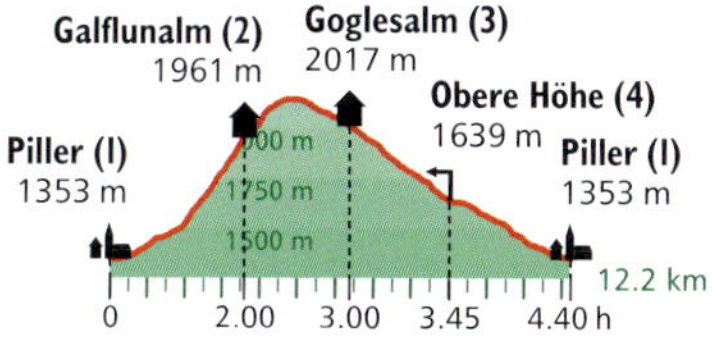

Auf den alpinen Matten gedeiht das prächtige Knabenkraut.

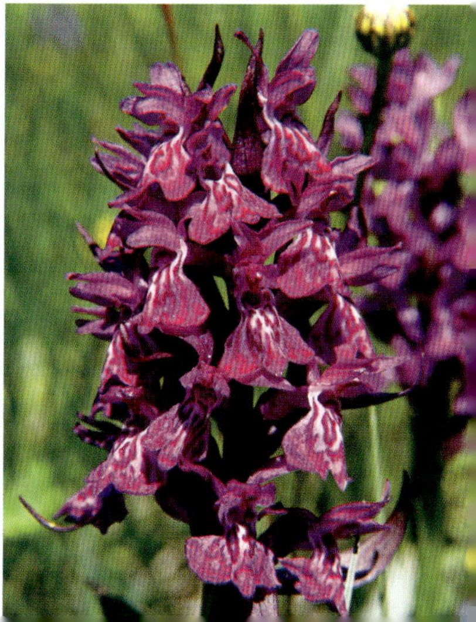

TOP **22**

Hohe Aifnerspitze, 2779 m

7.15 Std.

Von der Pillerhöhe auf den Eckpfeiler des Kaunergrats

Dass sich der »Oafner« bei passionierten Gipfelstürmern großer Beliebtheit erfreut, liegt auf der Hand. Denn wo der Kaunergrat seine erste große Landmarke aufwirft, da tut sich natürlich ein überwältigendes Panorama auf. Sehr aufschlussreich präsentiert sich die Bergwelt des Kaunertals und des Oberen Gerichts, gegenüber die Samnaungruppe, rechts davon auch schon die Arlberg-Region, dann die gesamte Südfront der Lechtaler Alpen mit der Fortsetzung Richtung Zugspitze und Mieminger Kette, schließlich Teile des Geigenkamms jenseits des Pitztals, sofern sie nicht vom kantigen Kaunergrat verdeckt werden. Wer sich vor dem hochalpin angehauchten Finale scheut, kann sich auch schon mit dem vorgelagerten Kleinen Aifner zufriedengeben. Besonders interessant gestaltet sich die Tour freilich mit dem Abstieg an der hindernisarmen Südwestseite, wo allerdings etwas Routeninstinkt gefragt ist.

Ausgangspunkt: Parkplatz beim Naturparkhaus Kaunergrat auf der Pillerhöhe, 1559 m. Im Sommer Busanschluss aus dem Pitztal und dem Kaunertal.

Anforderungen: T3–4. Auf der Normalroute solide Bergwege, nach oben hin alpiner mit Schutt, Schrofen und Blockwerk, manchmal etwas Händeunterstützung. Die Abstiegsroute ist technisch nicht schwieriger und ebenfalls meist deutlich gepfadet, allerdings kaum markiert und daher nur ratsam bei ausreichender Sicht.

Beim Aufstieg schweift unser Blick über den Ostausläufer des Venet bis zur Heiterwand.

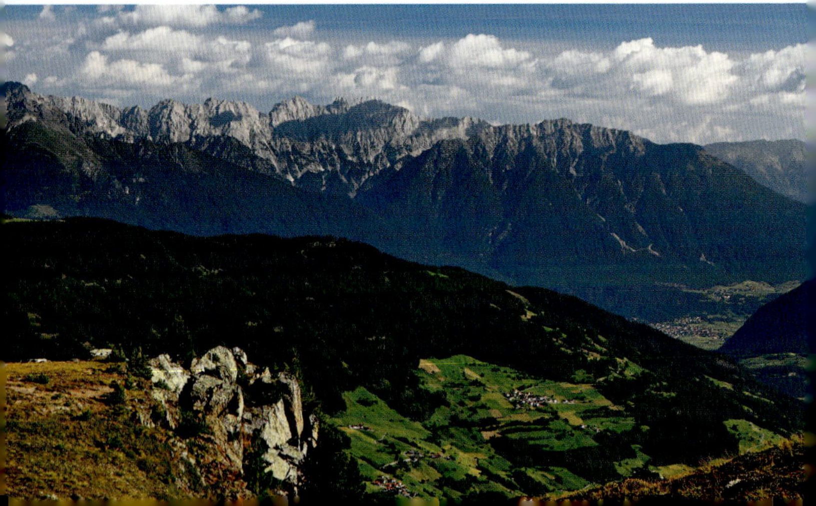

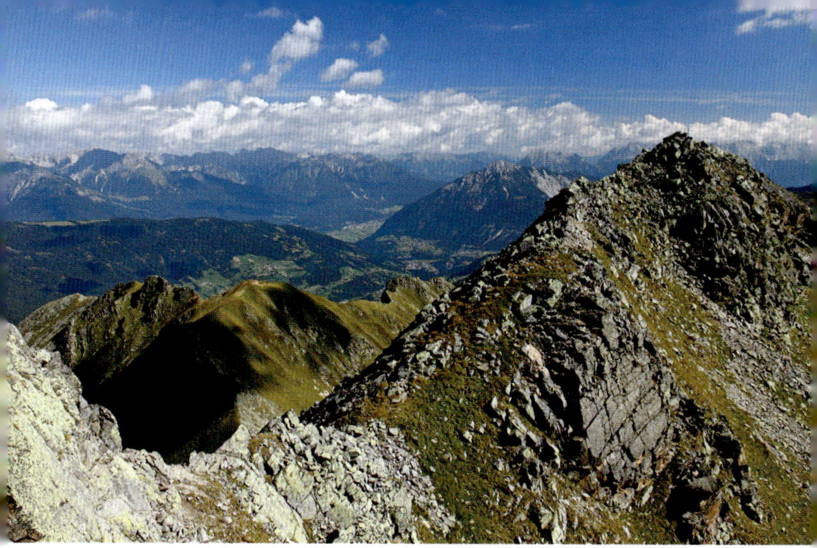

Im schrofigen Gipfelbereich der Hohen Aifnerspitze.

Gute Trittsicherheit und Kondition für eine längere Bergtour erforderlich.
Höhenmeter: Etwa 1250 Hm.
Einkehr: Aifneralm, Restaurant im Naturparkhaus.
Beste Jahreszeit: Juli bis September oder Oktober, falls schneefrei.
Varianten: 1. Von Kaunerberg ist die Zufahrt bis kurz vor die Aifneralm normalerweise gestattet. Damit lässt sich das Pensum deutlich reduzieren.
2. Der Rundweg Harbe kann als Spazierweg in 1.30 Std. absolviert werden (T1, »blau«).
Tipp: Auf der Pillerhöhe die Aussichtskanzel am »Gachen Blick« nicht versäumen!

Vom Parkplatz auf der **Pillerhöhe (1)** begeben wir uns auf den Harbe-Rundweg, wobei man jeweils auf Forststraßen wahlweise südlich oder nördlich um den bewaldeten Bergrücken herumwandern kann. So kommt man in einer Dreiviertelstunde nach **Harbe (2)**, ca. 1690 m, und folgt dort Nr. 3 Rich-

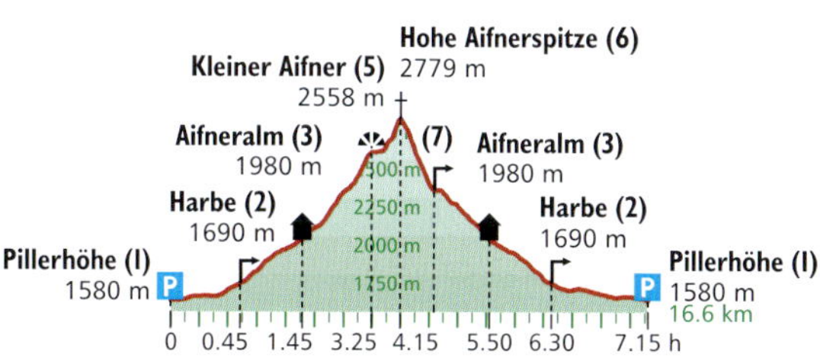

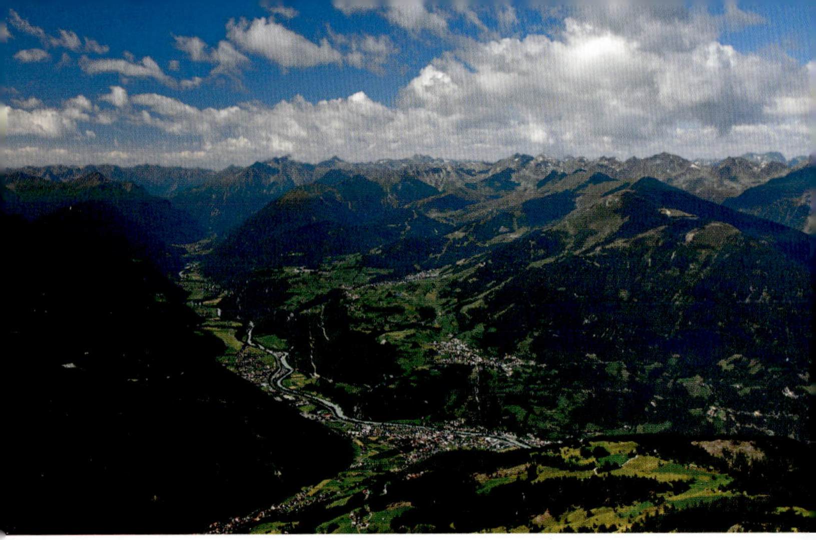

Blick in die Talschaft des Oberen Gerichts, die gegen den Reschen hinaufzieht.

tung Aifneralm. Die Forststraße wird bald verlassen. Wir tangieren das Görfen-Hochmoor und stoßen weiter oben wieder auf einen Fahrweg, der in die breiter ausgebaute Zufahrt von Kaunerberg mündet. Eine Schleife wird nochmals abgekürzt, ehe man bei der Jausenstation auf der **Aifneralm (3)**, 1980 m, eintrifft. Oberhalb der Hütte geht es durch letzte aufgelockerte Waldparzellen. Man wendet sich gegen Nordosten und gelangt im Schrägaufstieg über bald freie Matten bis auf einen weiten Absatz am Nordausläufer unseres Berges **(4)**, ca. 2320 m. Hier kommt auch ein Zugang von der Kielebergalm dazu. Mit der Leitlinie des Kammrückens, teils etwas rechts davon, ist der **Kleine Aifner (5)**, 2558 m, in Karten meist Aifnerspitze genannt, das nächste Ziel. Topografisch handelt es sich bloß um eine ausgeprägte Schulter. Nun im Gratbereich weiter, an einer Unterstandshütte vorbei und zu einem ersten Aufschwung, der ein Köpfchen aufwirft. Dahinter geht es an den aufsteilenden Schlusshang heran, weithin noch auf passablem Steig. Erst auf den letzten Metern vor dem Gipfel der **Hohen Aifnerspitze (6)**, 2779 m, muss über grobes Blockwerk gekraxelt werden.

Wir setzen den Weg auf der anderen Seite fort und biegen am ersten grasigen Absatz rechts in die Flanke ab, nachdem wir dort eine (unmarkierte) Spur ausgemacht haben. Dieser recht steile, aber taugliche Pfad hält sich an einen südwestwärts abstreichenden Hangrücken – wandertechnisch nicht sonderlich schwierig, auch wenn die Sache im Rückblick einigermaßen »zach« ausschaut. Ein riesiger Steinmann auf rund 2500 m dient als Richtungszeiger. Nach weiteren 200 Metern Höhenverlust am stumpfen, begrünten Rücken dreht die Route markant nach rechts ab **(7)** – ohne Bezeichnung, aber nach wie vor gut zu verfolgen. Wer indes weiter geradeaus absteigt, landet später auf dem »Panoramaweg«, einer Verbindung zwischen Falkauns- und Aifneralm. Ansonsten wird jetzt leicht fallend eine steile Hangbucht ausgegangen. Man lasse sich nicht von Viehgangerln irritieren, insbesondere in der nächsten, oft feuchten Hangmulde, wo der Pfad vorübergehend undeutlich wird, und halte sich nicht zu tief. Die Fortsetzung leitet immer schräg abwärts durch lichten Bewuchs und kommt auf knapp 2100 m zurück auf unsere Aufstiegsroute (an dieser Stelle ist die Verzweigung übrigens schwer erkennbar). Die **Aifneralm (3)** lädt kurz darauf zur wohlverdienten Einkehr, bevor wir die Tour via **Harbe (2)** und von dort eventuell auf dem Alternativweg zurück zur **Pillerhöhe (1)** vollenden.

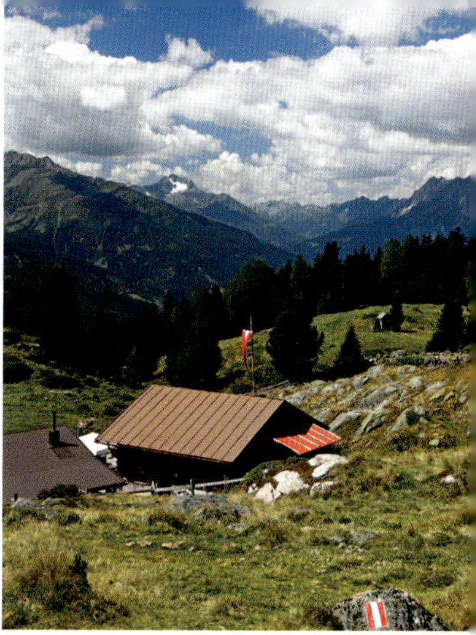

An der Waldgrenze empfängt uns die Aifneralm zur Jause.

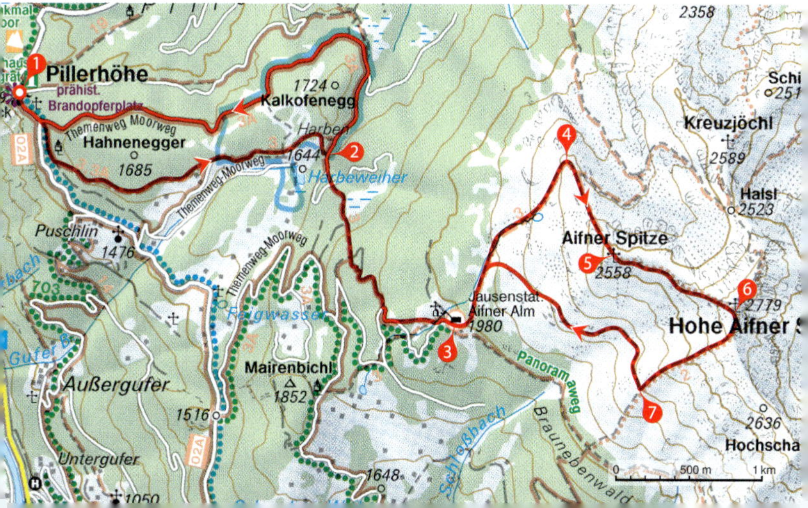

23 Kielebergalm, 1761 m

3.00 Std.

Zu einer gebietstypischen Almrodung im Pillerwald

Auf der Nordseite des Aifners liegt die schnuckelige Kielebergalm mit schöner Aussicht auf das vordere Pitztal bis hinaus ins Inntal. Gegenüber baut sich massig der Venet auf. Hauptanreiz für diese Wanderung ist sicherlich das liebliche Ambiente ringsum, während die Route nicht allzu viel Spannung bietet. Sie verläuft hauptsächlich auf Forststraßen im Hochwald und eignet sich daher auch für Mountainbiker.

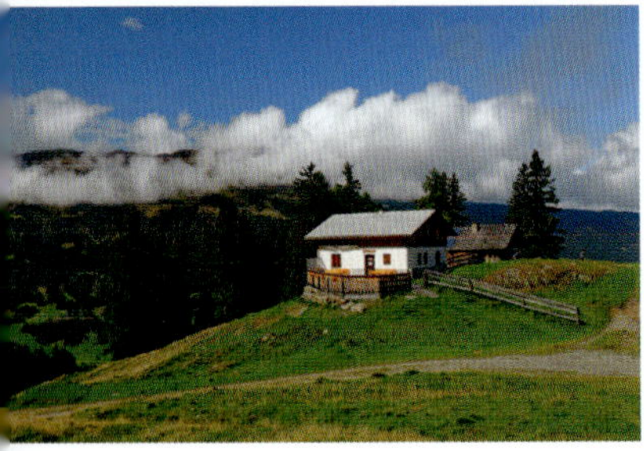

Ein Wanderziel für Familien.

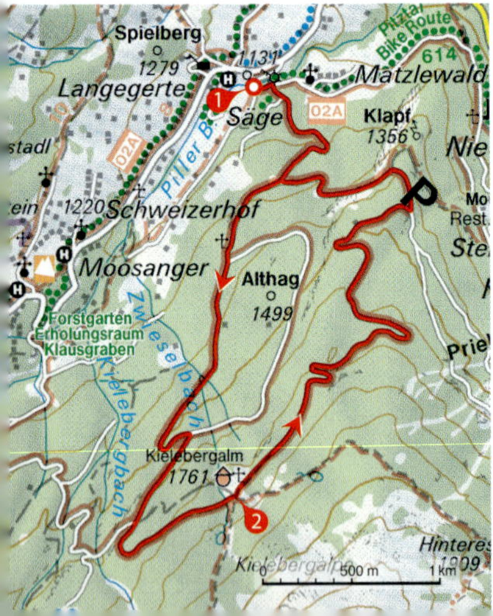

Ausgangspunkt: Abzweig von der Piller Landesstraße hinter Greith zum Weiler Matzlewald, ca. 1140 m. Parkmöglichkeiten am Beginn der Forststraße, Bushaltestelle »Matzlewald« vorn an der Landesstraße.
Anforderungen: Überwiegend T1. Leichte Wanderung auf breiten Forstwegen, nur ein ganz kurzes Stück hinter der Hütte auf kleinem Steig (T2). Wenig beschwerliches Halbtagesprogramm.
Höhenmeter: 650 Hm.
Einkehr: Kielebergalm.
Beste Jahreszeit: Juni bis Oktober.
Variante: Von der Kielebergalm führen Steige bergwärts, etwa zum Kreuzjöchl, 2589 m, oder zur Hohen Aifnerspitze, 2779 m, die freilich große Ausdauer verlangen.

Auf der Alm genießt der Hahn viele Freiheiten.

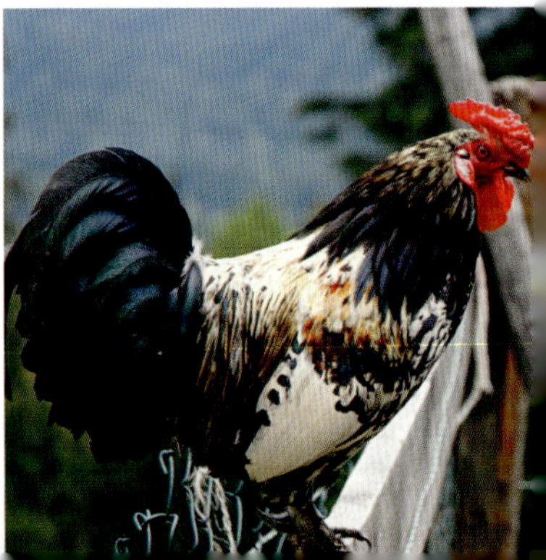

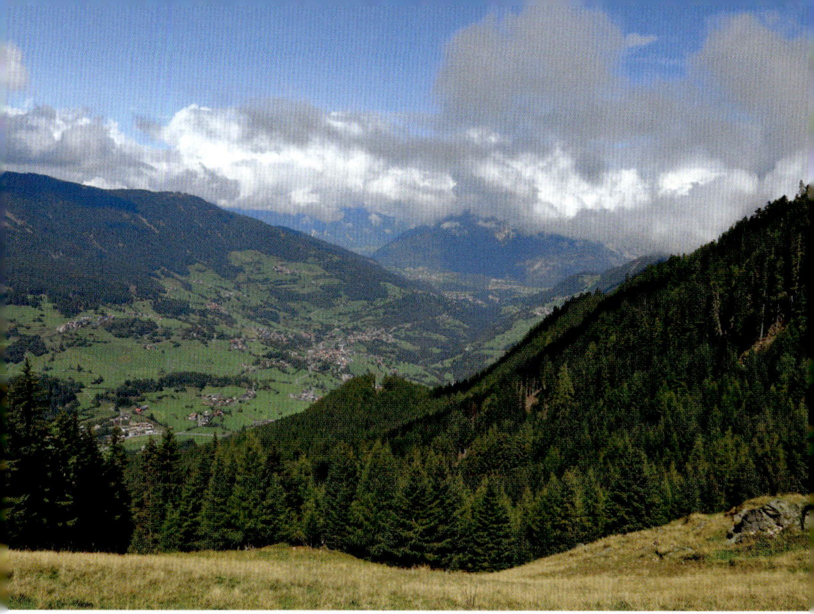

Blick von der Kielebergalm hinaus ins Pitztal bei Wenns.

An der Zufahrt nach **Matzlewald (1)** parkt man das Auto bei der ehemaligen Säge (Bachbrücke) oder ein paar Meter weiter, wo die Forststraßen ansetzen. Dem Hinweis »Kielebergalm« entsprechend geht es in angenehmer Steigung durch mehr oder weniger dichten Wald aufwärts. Alle Gabelungen sind zuverlässig beschildert. Nach einer langen Diagonale folgen zwei Serpentinen und nach Einmündung des Zugangs von Forstgarten nochmals eine letzte Linkskehre, bevor wir auf die Lichtung der **Kielebergalm (2)**, 1761 m, hinaustreten.
Für den Rückweg bietet sich die Alternativstrecke des »Kielebergtrails« an. Dafür über die Almwiese nordostwärts auf einen kleinen Pfad, der den Hang mit etwas Auf und Ab schneidet. Bereits 5 bis 10 Minuten später trifft man wiederum auf eine breite Forststraße, die mit etlichen Kurven und Biegungen talwärts führt. Bei Verzweigungen achte man im Zweifel auf die Beschilderung »Wenns«. Weiter unten fädelt man wieder in die Aufstiegsroute ein und gelangt damit zurück zum Ausgangspunkt **(1)**.

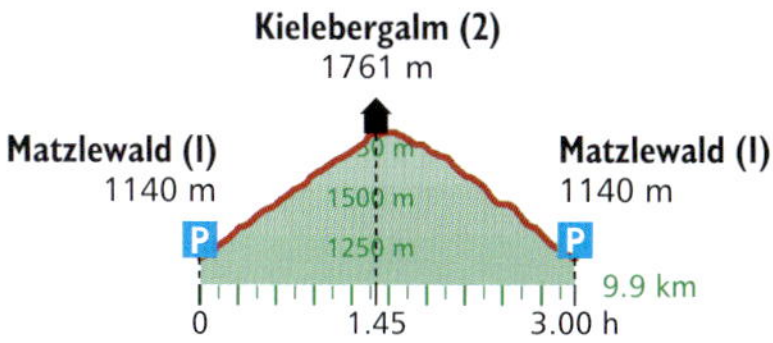

24 *Kalbenalm, 2117 m*

3.50 Std.

Kleine Runde im Hochzeiger-Gebiet

Die Hochzeigerbahn erschließt das am stärksten frequentierte Wandergebiet im vorderen Pitztal. Die Kombinationsmöglichkeiten diverser Hang- und Kammwege sind ergiebig. Als besonderes Kleinod lockt die urige Kalbenalm zwischen letzten Zirben an der Waldgrenze. Von der Mittelstation wäre man in rund 40 Minuten dort, doch bedarf es eigentlich keiner Seilbahnfahrt, wenn wir ab Liss zu einem Halbtages-Rundkurs aufbrechen.

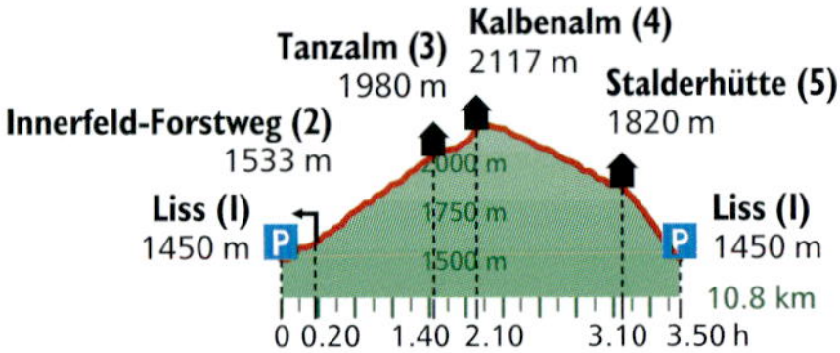

Ausgangspunkt: Talstation der Hochzeigerbahn in Liss, 1450 m, erreichbar von Jerzens über eine gut ausgebaute Bergstraße (auch Busanschluss).

Anforderungen: T2. Steigabschnitte am Anfang der Tour, zwischen Tanzalm und Kalbenalm sowie beim Schlussabstieg ab Stalderhütte, sonst breite Fahrwege. Die Wanderung ist leicht, ungefährlich und konditionell moderat.

Die Kalbenalm liegt am Zirbenweg im Hochzeiger-Gebiet.

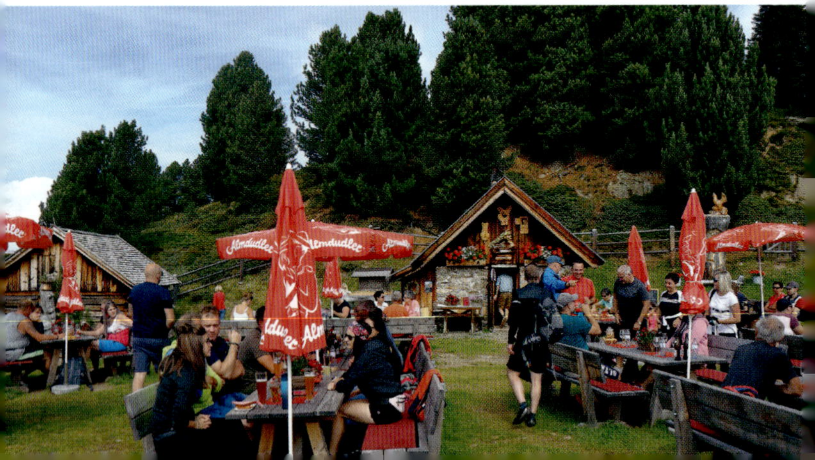

Höhenmeter: 670 Hm.
Einkehr: Liss, Tanzalm, Kalbenalm, Hochzeigerhaus, Stalderhütte.
Beste Jahreszeit: Juni bis Oktober.
Variante: Das dichte Wegenetz im Hochzeiger-Gebiet lässt viel Gestaltungsspielraum offen, ggf. auch unter Nutzung der Seilbahn sowie in Kombination mit Tour 25.

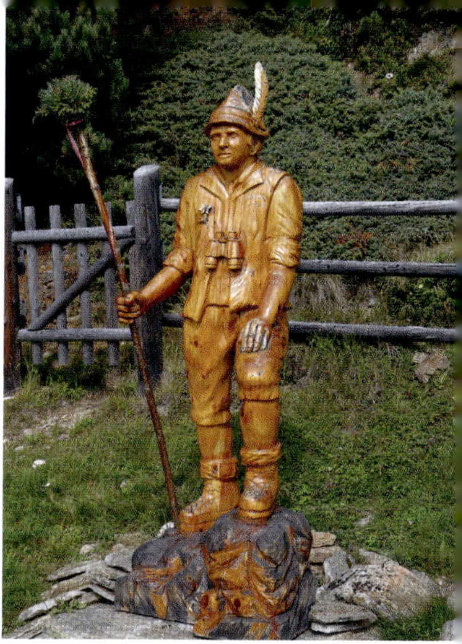

Urig: Holzschnitzkunst auf der Kalbenalm.

Vom großen Parkplatz in **Liss (1)** wandern wir unmittelbar an der Talstation vorbei. Ein ansteigender Wiesenpfad leitet in Kürze in den Wald, wo man mittels Rechtstraverse den Mühlbach überschreitet. Nach einem ebenen Wegstück zweigt scharf links der **Innerwald-Forstweg (2)** ab (Hinweis zum Hochzeigerhaus). Man gewinnt an der Seite des Zollbergs Höhenmeter und schwenkt später mitten ins Pistengebiet ein. Wir lassen das Hochzeigerhaus nun links unterhalb liegen (Alternative für eine Kurztour) und gelangen in Serpentinen weiter zur **Tanzalm (3)**, ca. 1980 m, wo der Zirbenweg nach links abzweigt. In licht bewaldeten Flanken wird es während der folgenden Aufwärtstraverse deutlich urwüchsiger. Dazu passt auch das Ambiente der kleinen **Kalbenalm (4)**, 2117 m.

Knapp oberhalb leiten wir auf einem breiten Wirtschaftsweg das Bergab ein. Die Route holt ein gutes Stück nach Norden aus und schwenkt dann mit einer Kehre in die Gegenrichtung. Im leichten Gefälle folgen wir stets den Bezeichnungen »Stalderhütte« bzw. »Hochzeigerhaus«, die beide nicht weit voneinander entfernt liegen. Bei der **Stalderhütte (5)**, 1820 m, schlagen wir schlussendlich den Bärensteig ein und kommen durch die Waldareale neben der großen Pistenschneise, zuletzt auf dieser, direkt zurück nach **Liss (1)**.

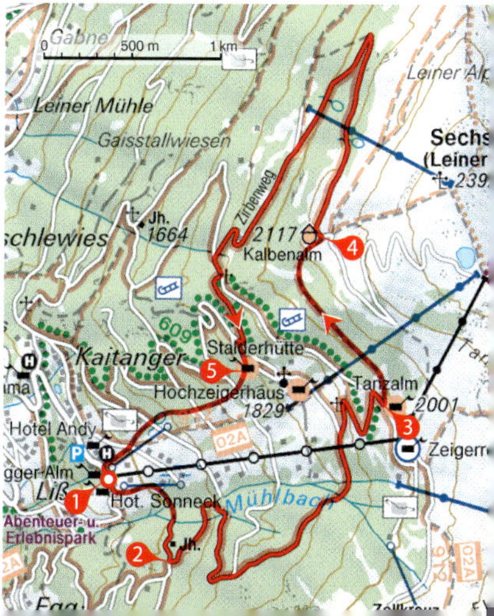

TOP 25

Hochzeiger, 2560 m, und Sechszeiger, 2392 m

7.30 Std.

Große Runde über Zollberg und Leiner Alm

Hochzeiger und Sechszeiger heißen die Standardziele für Bergwanderer, die mit der Hochzeigerbahn einen Aufenthalt in der Höhe verbringen. Noch deutlich mehr Erlebniswert verspricht allerdings der hier vorgestellte Rundkurs von der Talstation aus. Da wird's hinauf zum Zollberg zwischenzeitlich sehr still und urwüchsig, am Ferdinand-Wohlfarter-Steig durchaus ein wenig knifflig und auf der Kammstrecke hinüber zum Sechszeiger genussvoll. Großartige Ausblicke sind oberhalb der Waldgrenze stets präsent. Wer den Verlockungen der Technik bis zum Ende widersteht, findet auch noch einen gediegenen Ausklang mit der Schleife über die bewirtschaftete Leiner Alm.

Ausgangspunkt: Talstation der Hochzeigerbahn in Liss, 1450 m, erreichbar von Jerzens über eine gut ausgebaute Bergstraße (auch Busanschluss).
Anforderungen: T3. Meist ordentliche, teils aber auch kleinere Bergwege, bis über die 2000-Meter-Marke hinaus bewaldet, gegen den Gipfel hin felsdurchsetzt. Die anspruchsvolleren Passagen am Ferdinand-Wohlfarter-Steig verlangen Trittsicherheit. Über den Sechszeiger tendenziell merklich leichter. Ohne Seilbahn eine lange Tagestour.
Höhenmeter: In Summe etwa 1370 Hm, davon 1150 Hm bis zum Hochzeiger.
Einkehr: Leiner Alm, Liss.

Logenplatz abseits des Trubels: die Leiner Alm.

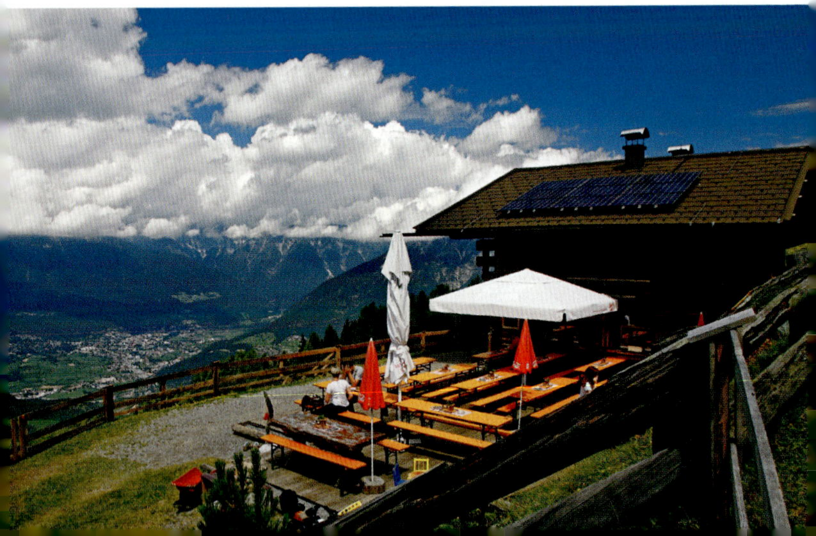

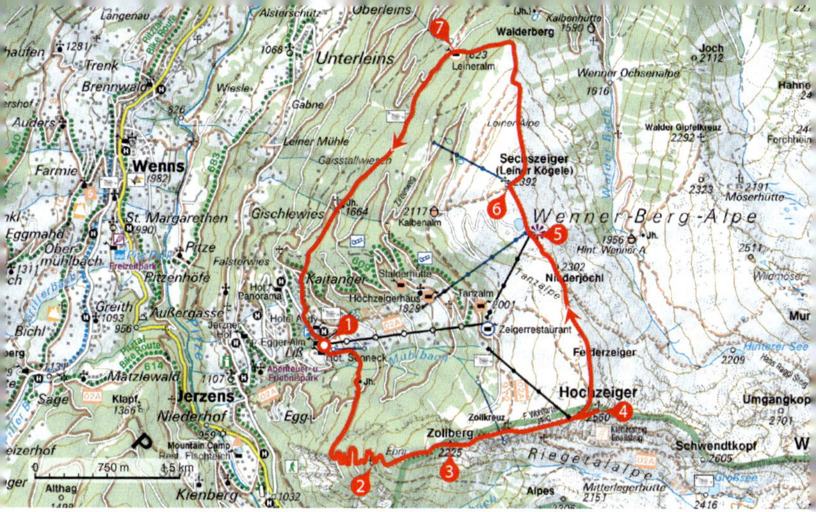

Beste Jahreszeit: Mitte Juni bis Mitte Oktober.

Varianten: Mithilfe der Hochzeigerbahn können verschiedene Touren absolviert werden, seit der Neuerschließung ist die einfache Verbindung zwischen Hochzeiger und Sechszeiger besonders beliebt. Weiters mit Start an der Sechszeiger-Bergstation und wie hier beschrieben über die Leiner Alm zur Talstation, 2.45 Std. Oder am Kammweg zum Hochzeiger und über den Zollberg talwärts, 4 Std., oder bereits ab Zollkreuz zurück zur Mittelstation, 2.30 Std.

Vom großen Parkplatz in **Liss (1)** geht es unmittelbar an der Talstation vorbei. Ein ansteigender Wiesenpfad leitet in Kürze in den Wald, wo man den Mühlbach auf zwei Brücken nach rechts überschreitet. Wo die Route zum Hochzeigerhaus scharf links abzweigt, kurz abwärts und dann auf einen anderen Forstweg, der zuerst diagonal und später in Schleifen am Hang emporzieht. Kurz vor seinem Ende auf ca. 1730 m schließt sich ein phasenweise steiler Waldsteig an. Dieser schraubt sich via **Stallerstadt** bergauf und

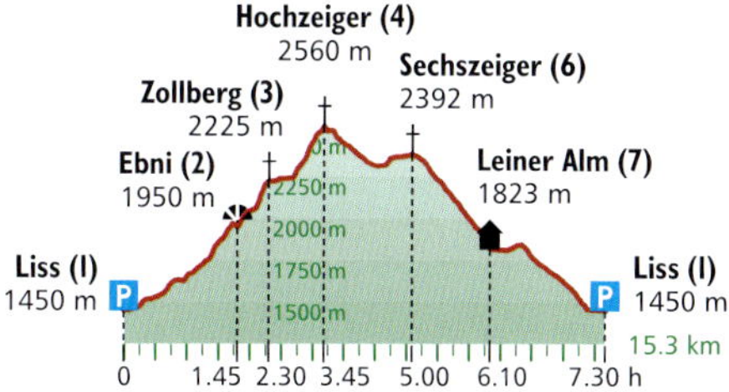

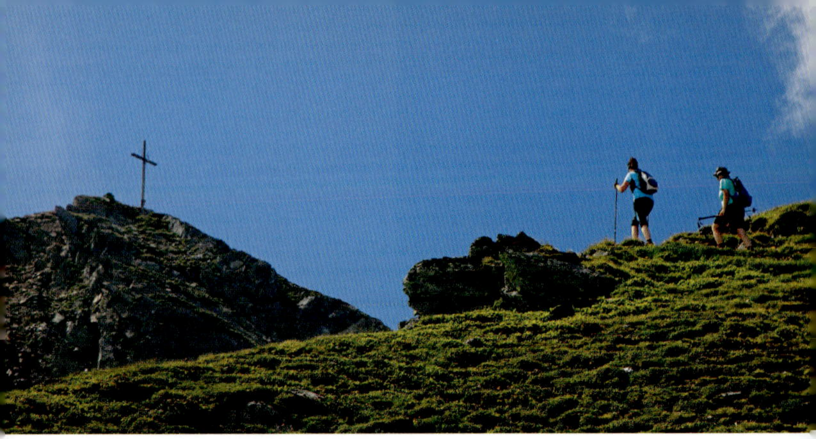

Gipfel im Visier: Der Hochzeiger wird häufig erwandert.

erreicht bei **Ebni (2)**, ca. 1950 m, eine Kanzel mit atemberaubendem Tiefblick ins Pitztal (kurzer Stichpfad). Auf der Fortsetzung passiert man zirbenbestandene Feuchtwiesen und wandert durch licht bewaldetes Alpenrosengelände gegen den **Zollberg (3)**, 2225 m, hinauf. Dort öffnen sich endlich die Fernblicke. In östlicher Richtung verlieren wir am Kammverlauf nur wenige Höhenmeter bis zum Zollkreuz und folgen danach dem Ferdinand-Wohlfarter-Steig am Hochzeigergrat aufwärts. Später links davon allen größeren Hindernissen ausweichend zur Bergstation der neuen Sesselbahn, 2492 m, und im Schrofenterrain bis auf den **Hochzeiger (4)**, 2560 m.

Auf dem Gipfelpfad kurz zurück, schwenken wir anschließend in die Nordflanke ein und ziehen rechts hinüber zum Kammrücken, der ziemlich komfortabel begangen werden kann (teils zwei parallel verlaufende Pfade). Allmählich leicht fallend bis ins **Niederjöchl**, 2302 m, und aus der tiefsten Senke mit einem Steilstück zur Bergstation des **Sessellifts (5)**, 2375 m. Rechts am Landschaftsteich vorbei erreicht man wenige Minuten später bereits das Gipfelkreuz am **Sechszeiger (6)**, 2392 m, neben der im Winter betriebenen Zirbenbahn.

An der weitläufigen, hindernislosen Nordabdachung holen wir zum Abstieg aus. Eine Abzweigung zur Kalbenalm wird ignoriert, bevor die Route allmählich in den Wald eintaucht und mit einem Linksknick die **Leiner Alm (7)**, 1823 m, ansteuert. Ihrer Zufahrt folgen wir danach nur kurzzeitig, um linker Hand auf einen etwas holprigen Waldpfad abzuzweigen (Hinweis: Hochzeiger Talstation, Jerzens). Zwischenzeitlich müssen nochmals 50 Höhenmeter gewonnen werden. Im fortgesetzten Bergab kreuzt man eine Forststraße und lässt die Route Richtung Kaitanger auslaufen. Am Ende durch die Siedlung zurück zum Parkplatz in **Liss (1)**.

5.30 Std.

Wildgrat, 2971 m **26**

Die Königstour im Hochzeiger-Gebiet

Der Wildgrat verfehlt zwar knapp die 3000-Meter-Marke, doch das stört wahrscheinlich nur Zahlenfetischisten. Im nördlichen Geigenkamm lässt er seine Umgebung unter sich und glänzt daher mit einer fantastischen Fernschau, welche die Nördlichen Kalkalpen ebenso einbezieht wie die vergletscherten Gefilde im Süden. Und der Name kommt nicht von ungefähr, denn der Wildgrat formiert ein schroffes Felskastell in schon ziemlich strenger Umgebung. Gleichwohl handelt es sich um einen der seltenen Berge mit Weg am Geigenkamm – genau genommen sogar mit zwei Wegen, denn auch ötztalseitig kommt über die Erlanger Hütte eine Route herauf. Unsere Tour wird durch die Hochzeigerbahn begünstigt, wobei man bereits nach wenigen Minuten den Hochzeiger überschreitet.

Ausgangspunkt: Bergstation der Hochzeiger-Sesselbahn, 2492 m, im Anschluss an die Umlaufbahn von Liss. Betriebszeiten von 9 bis 17 Uhr (im Herbst nur noch tageweise).

Anforderungen: T4. Anspruchsvollere Tour, die hinter dem Hochzeiger durch abschüssige Hänge führt, gegen den Gipfel dann durch viel Blockschutt und auch grobes Blockgelände. Trotzdem weithin steigartig, höchstens kurze Stellen I. Gute Trittsicherheit und grundlegende alpine Erfahrung notwendig, dazu eine solide Kondition für eine voll ausgefüllte Tagestour.

Höhenmeter: 720 Hm Aufstieg, 1200 Hm Abstieg.

Einkehr: Zeigerrestaurant (Mittelstation).

Beste Jahreszeit: Juli bis September. Ratsam erst, wenn die Schneefelder weitgehend abgeschmolzen sind.

Variante: Von der Westgratscharte gibt es mit dem Hans-Raggl-Steig eine Verbindung zum Niederjöchl und damit zurück ins Liftgebiet.

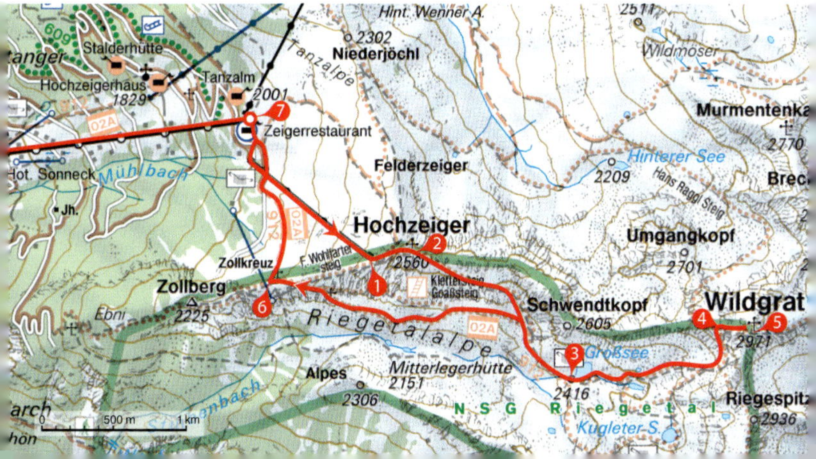

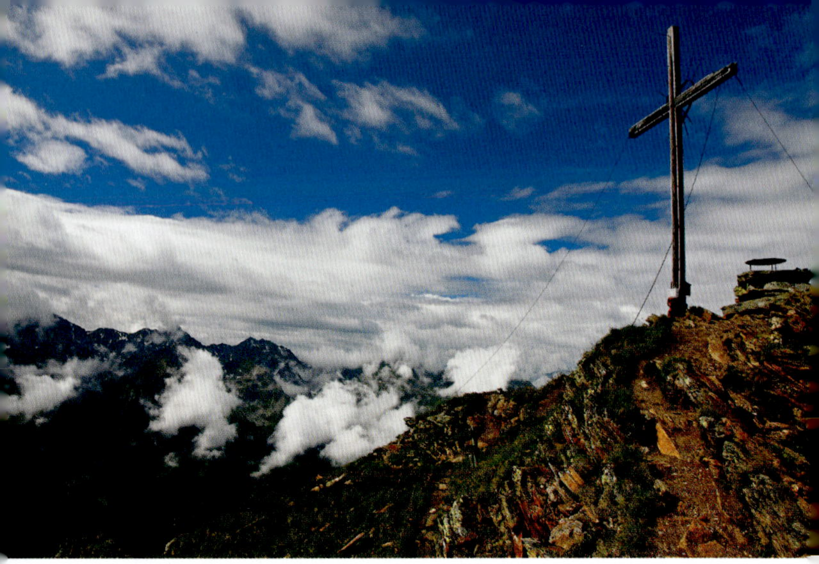

Erster Höhepunkt: Der Hochzeiger wird beim Zustieg überschritten.

In zwei Sektionen gelangen wir von Liss aus bis zur **Bergstation der Hochzeiger-Sesselbahn (1)**. Unterhalb des Gipfels leicht rechts ausholend und von Westen rasch zum Kreuz auf dem **Hochzeiger (2)**, 2560 m. Wir überschreiten diesen ostwärts und kommen knapp unterhalb des schroffen Gratrückens in der steilen, grasdurchsetzten Flanke über dem Riegetal voran. Die folgende Abwärtstraverse ist also durchaus etwas ausgesetzt. Auf rund 2370 m stößt man auf den tiefer verlaufenden Steig durchs Riegetal und steuert als nächstes über eine Karschwelle den **Großsee (3)**, 2416 m, an. Wir wandern nun geradewegs in das Blockkar hinein, ignorieren den Rechts-

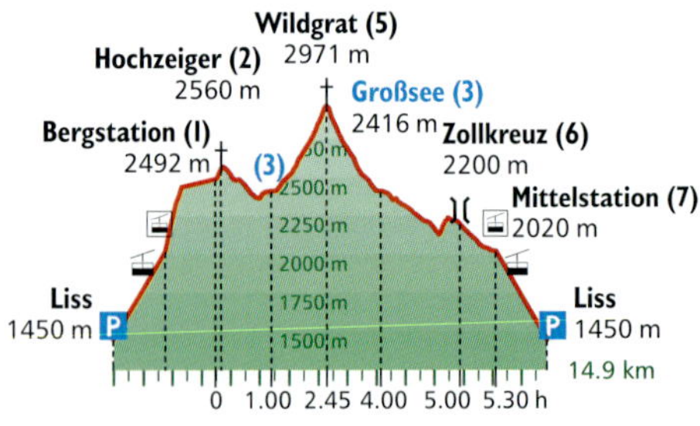

abzweig zum Hohen Gemeindekopf (Verbindung zur Ludwigsburger Hütte) und überwinden eine weitere Geländeschwelle. Am Ansatz der steileren Felsflanken zieht die Route deutlich nach links empor und gewinnt eine Scharte im Westgrat **(4)**, ca. 2840 m, mit dem Abzweig des Hans-Raggl-Steiges. Schließlich das letzte Stück unter gelegentlicher Zuhilfenahme der Hände durch steiles Fels- und Blockschuttgelände bis auf den **Wildgrat (5)**, 2971 m.

Der Rückweg verläuft bis über den **Großsee (3)** hinaus identisch. Dann bleibt man am unteren Weg, traversiert die steilen Südflanken des Riegetals und gelangt zum **Zollkreuz (6)**. Hier passieren wir den Hochzeiger-Westgrat und kehren im Schrägabstieg zur **Mittelstation (7)** zurück.

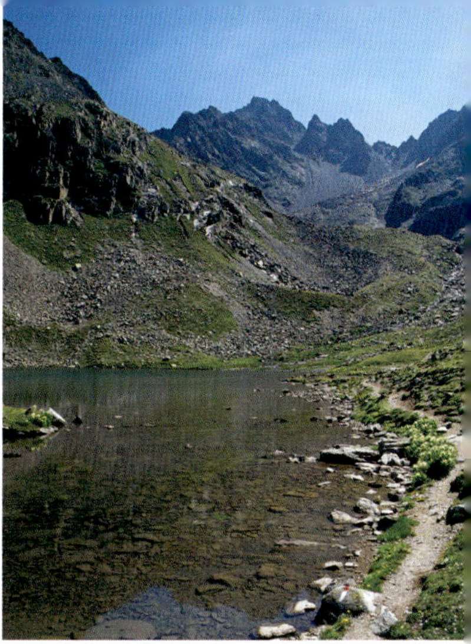

Über den Großsee nähern wir uns dem schroffen Wildgrat im Hintergrund.

Die letzten Schritte gipfelwärts vor großer Hochgebirgskulisse.

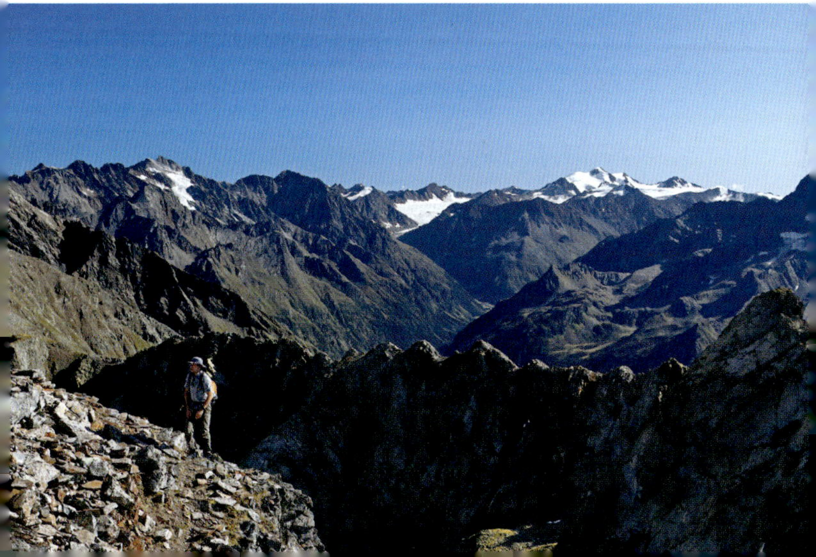

27 Straßberger See, 2132 m

5.15 Std.

Wilder, einsamer Karwinkel am nördlichen Kaunergrat

Nur ein verwunschener Karsee ist das Ziel dieser Tour, also eine beschauliche Sache … Von wegen! Bedenkt man, wie düster und eng sich das Pitztal gerade in diesem Bereich zusammenschnürt, ahnt man, welch steile Flanken hier überwunden werden müssen, um in den abgeschiedenen Hochkessel zu gelangen. Und die Pfade sind keinesfalls von vielen Wanderfüßen breit ausgetreten, besonders die Aufstiegsroute über die sogenannte »Leiter« hat es durchaus in sich. Eher also ein Tipp für Individualisten.

Ausgangspunkt: Graslehn, 1238 m, kleine Bergsiedlung im vorderen Pitztal. Abzweig der Zufahrt bei der Straßenbrücke kurz hinter Schön. Parkmöglichkeit bei einem Schuppen unterhalb des Weilers, ca. 1215 m. Mit Öffis muss man in der Talsohle starten.

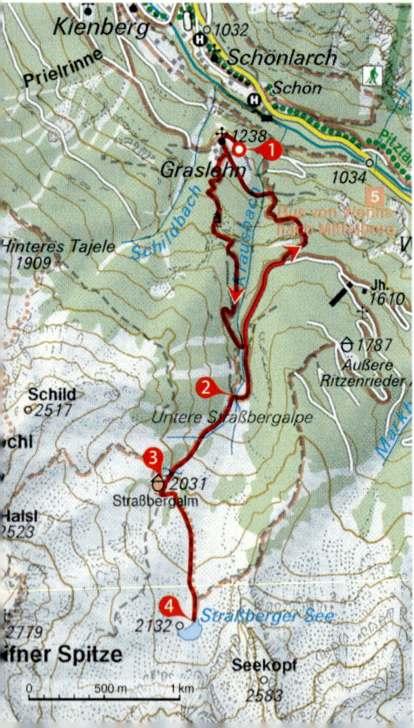

Anforderungen: T3–4 und teils leichter. Steile Bergwege am bewaldeten Bergsockel, später Almgefilde und verwachsenes Blockgelände ins Kar. Markierung durchgängig, aber manchmal etwas schwach bzw. überwachsen, daher Aufmerksamkeit angezeigt. Trittsicherheit wichtig, besonders über die »Leiter«, bei Nässe nicht ratsam. Durchschnittliche Tagestour.

Höhenmeter: 920 Hm.

Einkehr: Eventuell Untere Straßbergalm.

Beste Jahreszeit: Ende Juni bis in den Oktober, falls schneefrei.

Variante: Von der Oberen Straßbergalm könnte man weiter zum Halsl aufsteigen und mit dem Kreuzjöchl, 2589 m, einen Gipfelpunkt erreichen.

Vom Abstellplatz des Fahrzeugs **(1)** gehen wir über die letzte Straßenkehre in den Weiler **Graslehn**, 1238, wo sich die Wege verzweigen. Mit dem Hinweis »Leiter« nach rechts in steilen Bergwald. Umgestürzte Bäume bilden mitunter eine wild-urwüchsige Szenerie, behelligen uns aber nur marginal. Links haltend kommt man zu einem gesicherten Band; danach folgt noch eine weitere Drahtseilpassage. Mit Annäherung an den Klausbachgraben nimmt die Steigung auf knapp 1600 m spürbar ab. Wir biegen in einen bewachsenen Forstweg ein und kreuzen den Bach zum Anschluss an die leichtere Normalroute. Ein Stück weiter erreichen wir die **Untere Straßbergalm (2)**, ca. 1740 m. In der Hangmulde oberhalb werden Spur und Markierung undeutlich. Man hält sich eher rechts, später wieder auf besserer Trasse, die sich über die Geländestufe zur **Oberen Straßbergalm (3)**, 2031 m, hinaufwindet. Anschließend nur noch sachte ansteigend, jedoch über ein Blockfeld und verwachsene Böden etwas holprig, bis in den hinteren Kessel. Dort taucht plötzlich der **Straßberger See (4)**, 2132 m, auf.

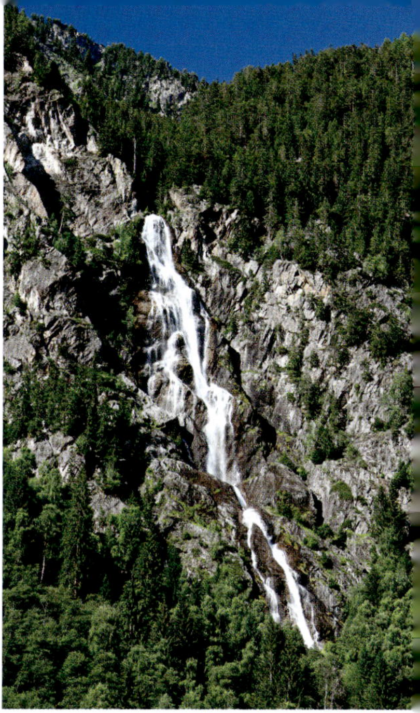

Gegenüber von Graslehn zieht der Stuibenfall die Blicke auf sich.

Im Abstieg geht es zur Hälfte auf der gleichen Route zurück. Dann bleiben wir auf der Forststraße rechts vom Klausbach, passieren eine Jagdhütte und beachten den Linksabzweig nach Graslehn auf rund 1630 m. Dieser Steig schraubt sich ebenfalls steil an der Waldlehne bergab, ist aber insgesamt leichter zu begehen als über die »Leiter«. Nur auf einzelnen Lichtungen kann hohes Gras wuchern. Unten trifft man auf einen Traktorweg, kreuzt den Klausbach und gelangt mit einer horizontalen Querung wieder nach **Graslehn (1)**.

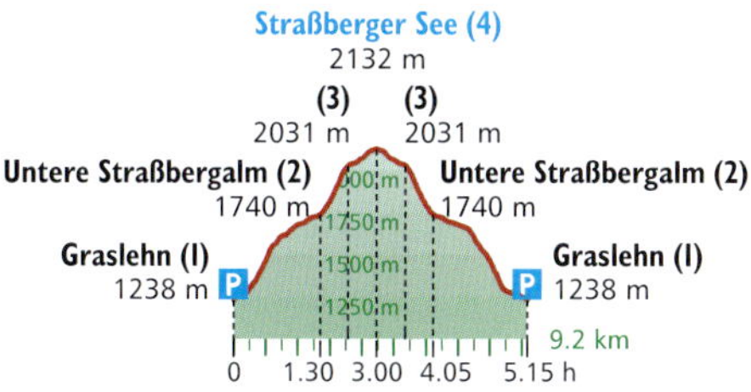

28 Alois-Gabl-Weg

1.30 Std.

Kurze Rundwanderung um Zaunhof

Manchmal reicht die Zeit nicht für eine »richtige« Bergwanderung oder das Wetter droht bereits mit Verschlechterung, aber man möchte trotzdem etwas unternehmen. Dann passt eine überschaubare talnahe Route wie der Alois-Gabl-Weg zwischen Wiese und Zaunhof. Obwohl die Mühen denkbar gering sind, ergeben sich schöne Blicke hinein ins Pitztal. Und auch die Kitzgartenschlucht ist sehenswert. Alois Gabl stammte übrigens aus Wiese und wirkte im 19. Jahrhundert als Maler in München.

Ausgangspunkt: Wiese, 1182 m, Parkmöglichkeiten entweder beim Gasthaus (auch Bushaltestelle) oder beim Abzweig zur Kitzgartenschlucht.
Anforderungen: T1–2. Die kürzeste Tour in diesem Führer, sie führt gut trassiert auf niedrigem Höhenniveau am teils bewaldeten, teils offenen Steilhang entlang und ansonsten in der Talsohle. Keine besonderen Anforderungen hinsichtlich Erfahrung und Ausdauer, damit auch für kleinere Kinder geeignet.
Höhenmeter: Etwa 150 Hm.
Einkehr: Hotel Wiese.
Beste Jahreszeit: Vom Frühjahr bis zum Wintereinbruch.

Zaunhof schmiegt sich an die hohe Bergflanke des Geigenkamms.

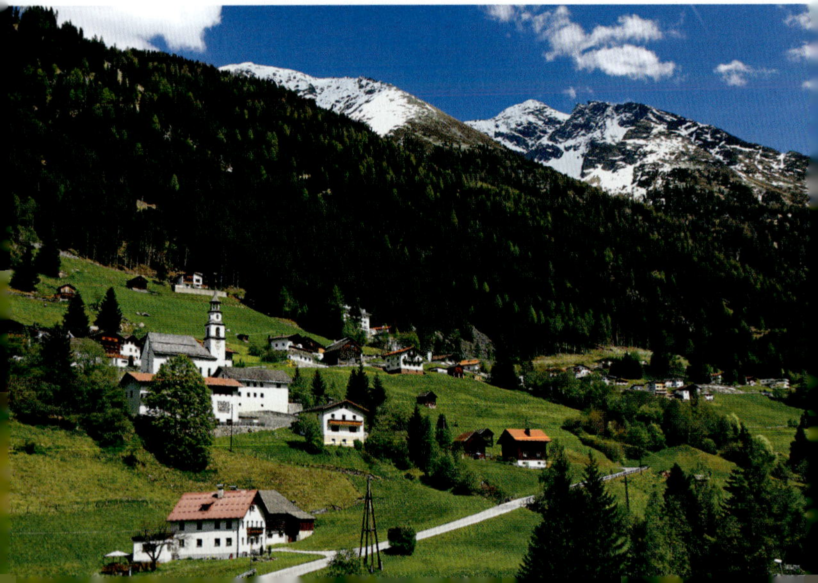

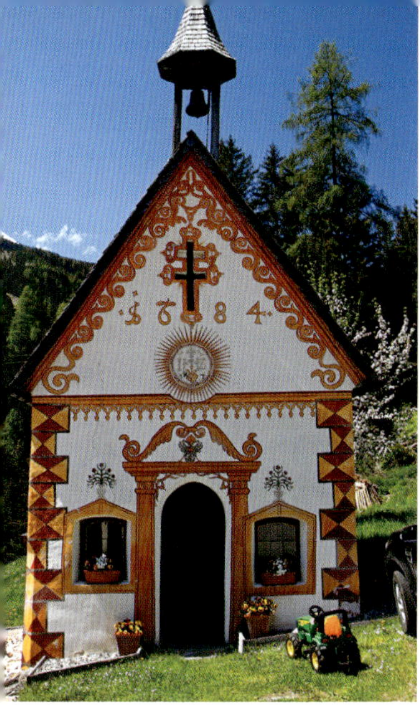

Hübsche Kapelle in Schusslehn.

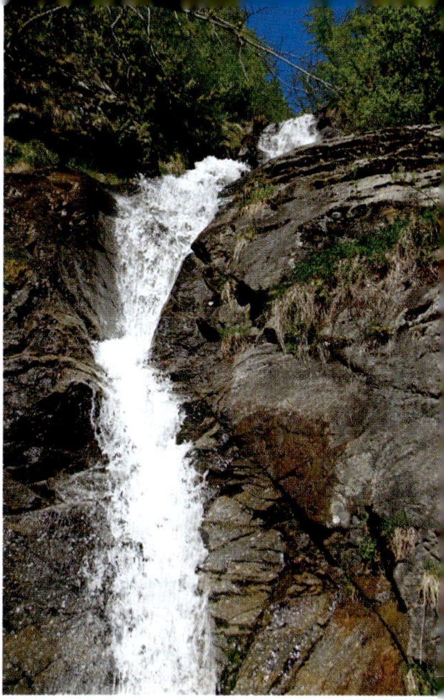

Ein Wildbach schießt zu Tal.

In **Wiese (1)** alsbald auf die gegenüberliegende Seite der Pitze und talauswärts zum Weiler **Schusslehn (2)**. Wir folgen der Beschilderung »Alois-Gabl-Weg« und queren nun oberhalb der Talsohle am Hang einwärts, dabei noch ein Weilchen ansteigend. Einzelne Hütten sowie Schaf- und Ziegenweiden säumen den Weg, der sich später allmählich absenkt und ins Siedlungsgebiet von **Zaunhof (3)**, 1265 m, führt.

An der Kirche vorbei mit zwei Kehren abwärts, dann die Straße verlassen und durch die Kitzgartenschlucht retour. Zuletzt wechselt man wieder die Flussseite und gelangt damit zurück nach **Wiese (1)**.

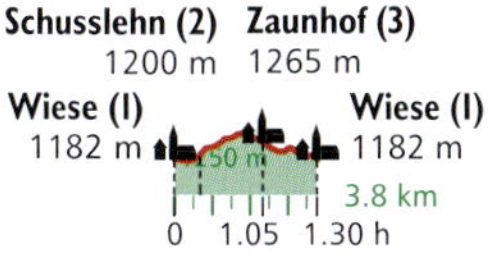

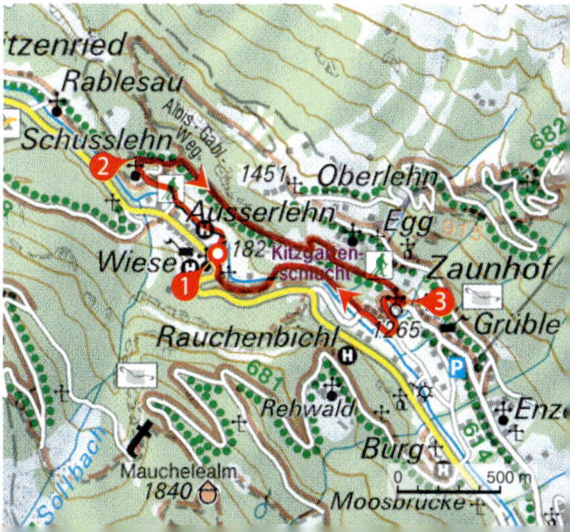

29 Ludwigsburger Hütte, 1935 m

3.20 Std.

Familienfreundliches Hüttenziel oberhalb von Zaunhof

An der Westflanke des Geigenkamms liegt knapp oberhalb der Waldgrenze die Ludwigsburger Hütte, ehemals Lehnerjochhütte. Aufgrund eines nicht allzu langen Zustiegs und der ungefährlichen Umgebung wird sie besonders gern von Familien aufgesucht und trägt auch das entsprechende Label des Alpenvereins – neben zwei weiteren Gütesiegeln bezüglich moderner Umweltstandards sowie der Verwendung regionaler Produkte. Man möchte sich nur wünschen, dass sie ihre Pforten auch im Herbst länger offen hielte, denn die Höhenlage von lediglich knapp 2000 Metern würde dies durchaus erlauben. In den nächsten drei Kapiteln werden übrigens alpinere Touren von diesem Stützpunkt aus vorgestellt.

Ausgangspunkt: Zaunhof, Hüttenparkplatz bei der Materialseilbahn, ca. 1330 m. Es gibt einen Busanschluss ins obere Dorf (Grüble), aber nur bei bestimmten Kursen, die meisten fahren an der Pitztaler Landesstraße durch.

»Schlüsselstelle« am Hüttenweg.

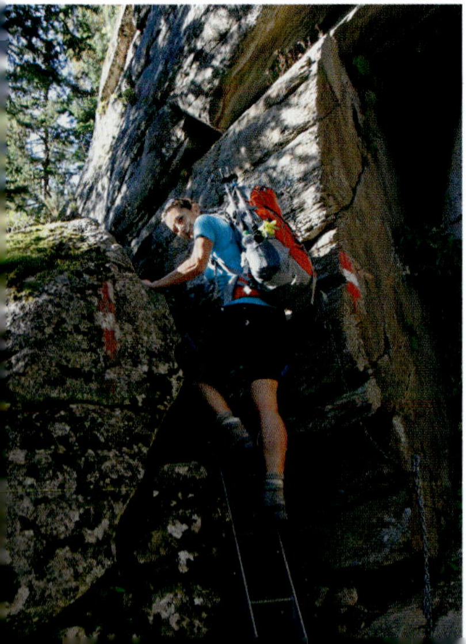

Anforderungen: T2. Gut angelegter Bergweg über relativ steile Waldflanken, die jedoch keine nennenswerten Probleme bereiten. Eine kurze Leiter ist harmlos. Gemütliches Halbtagespensum.

Höhenmeter: Gut 600 Hm.

Einkehr/Unterkunft: Ludwigsburger Hütte (Mitte Juni bis Mitte September, Tel. +43 5414 20204).

Beste Jahreszeit: Während der Hüttenöffnungszeit, witterungsbedingt gewöhnlich auch noch im Herbst (dann steht aber nur der Winterraum mit AV-Schloss zur Verfügung).

Variante: Man kann auf der Bergstraße Richtung Außer- und Oberlehn hinauffahren (so parken, dass niemand behindert wird) und das Aufstiegspensum noch etwas reduzieren.

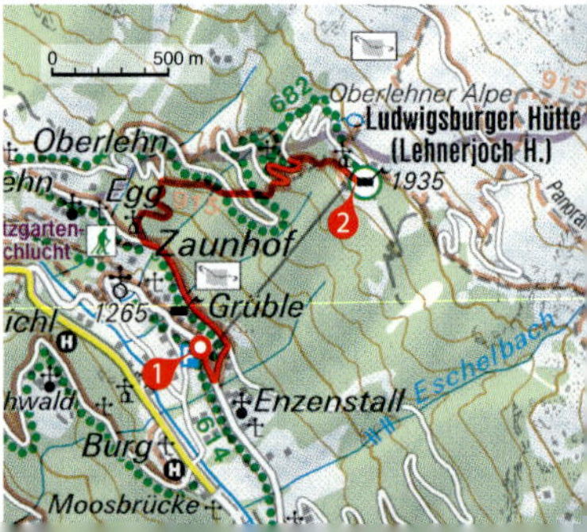

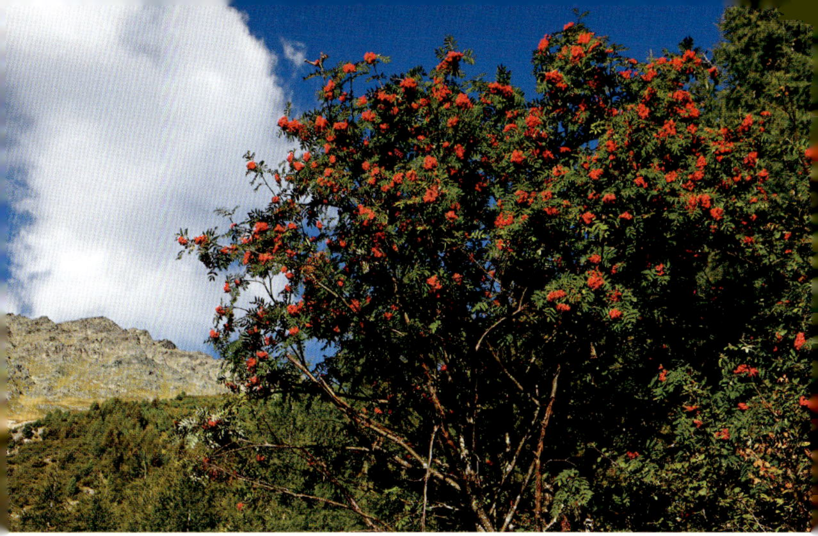

Farbenfroh: Im Pitztal hält der Herbst Einzug.

Vom ausgewiesenen Parkplatz in **Zaunhof (1)** zunächst an der Bushaltestelle Grüble vorbei bergauf, bis rechter Hand der Waldsteig von der Bergstraße abzweigt. Nach etlichen Windungen taucht bei einem Felsen eine Mini-Leiter als Besonderheit auf. Man stößt danach kurzzeitig auf die Forststraße und schlägt am besten den Normalaufstieg ein. Der Fahrweg wäre mit seinen Schleifen unnötig ausschweifend, der sogenannte Winter-Wald-Weg war zuletzt gesperrt. Nach einer Bachquerung führen die letzten Kehren hinaus ins Almgelände und nach rechts zur nahen **Ludwigsburger Hütte (2)**, 1935 m. Für den Abstieg empfiehlt sich die gleiche Route oder eventuell die Schleife über Oberlehn, Außerlehn und Egg, deren Höfe malerisch am Steilhang kleben. Dort ist man allerdings ein gutes Stück auf der Straße unterwegs.

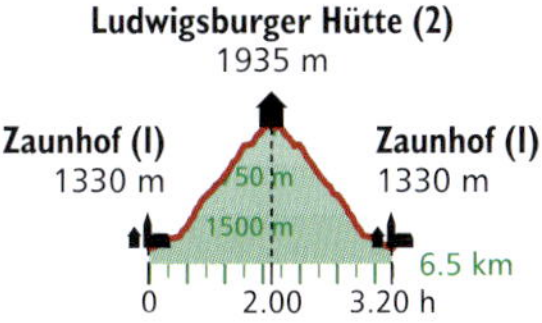

Familienwanderziel und Basislager für alpine Touren: die Ludwigsburger Hütte.

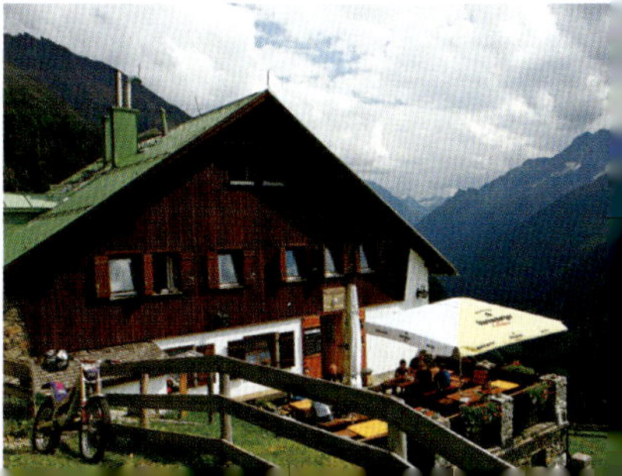

30 Hoher Gemeindekopf, 2771 m, und Ludwigsburger Grat

6.30 Std.

Anregende Kletterpartie zwischen Kreuzjöchlspitze und Schafhimmel

Speziell beim Rückblick aus dem inneren Pitztal gen Norden rückt der Hohe Gemeindekopf auffällig ins Blickfeld. Seine Flanken schießen praktisch absatzlos talwärts, weshalb die Lawinenverbauungen augenscheinlich sinnvoll angelegt sind. Mit seinem famosen Panorama handelt es sich um ein dankbares Ziel im Umkreis der Ludwigsburger Hütte. Wer bergsteigerisch noch eine kräftige Schippe draufzulegen vermag, kann die Tour zu einer zünftigen Runde ausbauen. Zunächst wird der Übergang zur höheren Kreuzjöchlspitze absolviert – allerdings in diesem Bereich nicht direkt über die scharfe Felsschneide. Mit vielen Kettensicherungen entschärft können wir das Kraxelabenteuer jedoch hernach an der Verbindung zum Schafhimmel aufnehmen – am sogenannten Ludwigsburger Grat. Hier sollte man einen »Iler« im Fels vorsorglich schon drauf haben!

Ausgangspunkt: Ludwigsburger Hütte, 1935 m. Zustieg siehe Tour 29.

Anforderungen: T5 am Ludwigsburger Grat, T3 auf den Normalwegen zu Gemeindekopf und Schafhimmel. Anspruchsvolle Felstour am exponierten Ludwigsburger Grat zwischen Kreuzjöchlspitze und Schafhimmel mit zahlreichen gesicherten Passagen (Ketten), aber auch freien Stellen I-II. Absolute Schwindelfreiheit und Trittsicher-

Zwischen Kreuzjöchlspitze und Schafhimmel verläuft der ausgesetzte Ludwigsburger Grat.

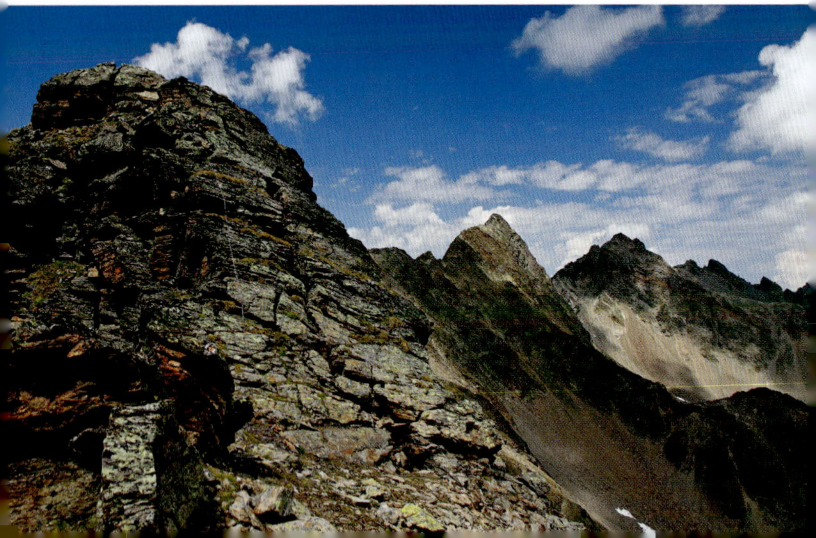

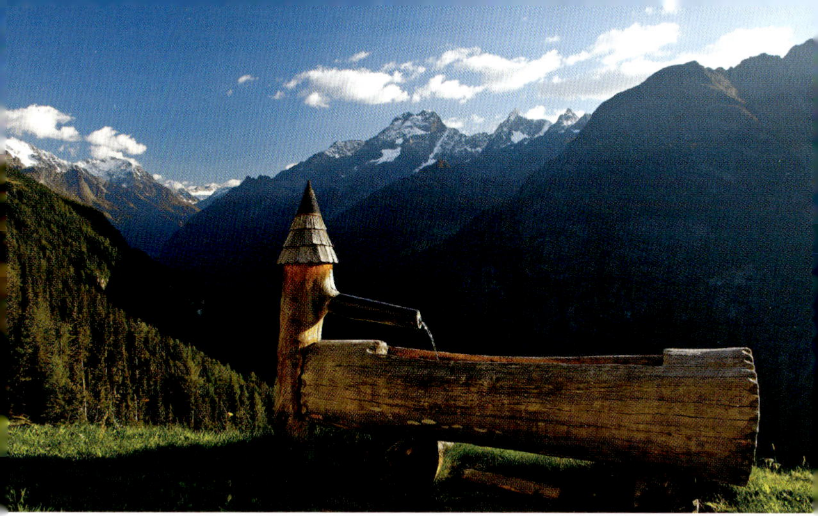

Abendruhe am Brunnen vor der Ludwigsburger Hütte.

heit erforderlich! Deutlich leichter und frei von Kletterei (»rot«) ist der Aufstieg bis zum Hohen Gemeindekopf, obgleich am Gipfelaufbau steil. Am Schafhimmel-Normalweg weithin unschwieriges Mattengelände. Von der Hütte aus normales Tagespensum, vom Tal aus hingegen sehr stramm!
Höhenmeter: Insgesamt 1150 Hm, bis zum Hohen Gemeindekopf 840 Hm.
Einkehr/Unterkunft: Ludwigsburger Hütte (Mitte Juni bis Mitte September, Tel. +43 5414 20204).
Beste Jahreszeit: Juli bis September.
Variante: Vom Hohen Gemeindekopf existiert eine bezeichnete Verbindung ins Hochzeiger-Gebiet.

Bei der **Ludwigsburger Hütte (1)** wenden wir uns in Grundrichtung Nord, lassen letzte Zirben zurück und gewinnen in offenem Gelände an Höhe. Auf etwa 2250 m wird ein Almfahrweg gekreuzt. Oberhalb dreht unsere Route zunehmend nach links ab und schneidet in diagonaler Linie die begrünten, teils steindurchsetzten Hanglagen. Über einen Rücken kommt man in die

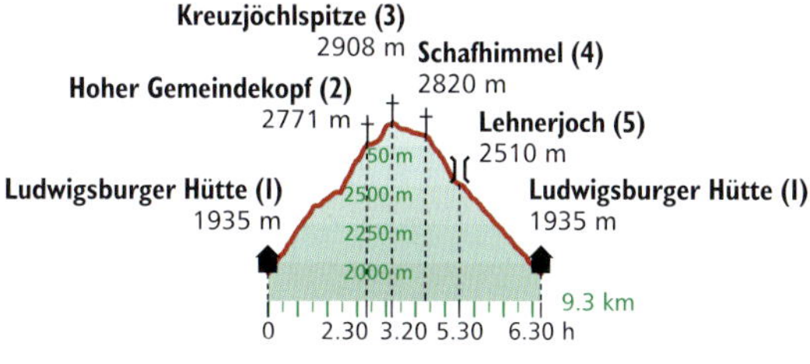

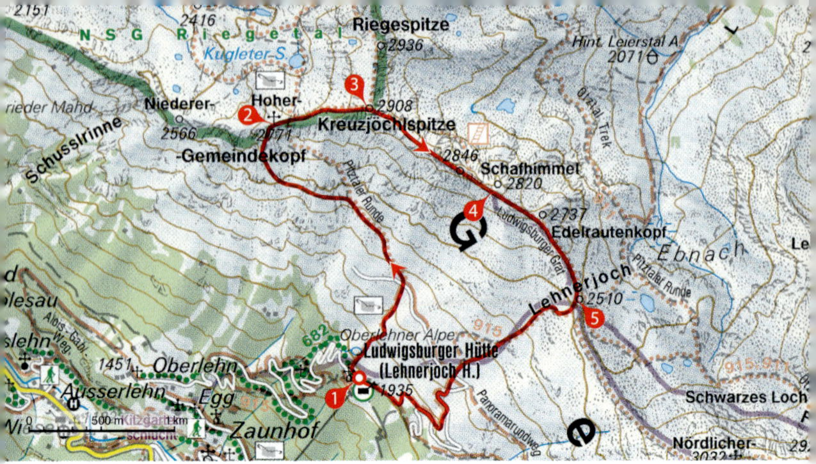

auffälligen Lawinenverbauungen, hält sich noch weiter links und erreicht den **Hohen Gemeindekopf (2)**, 2771 m, am Schluss über den Westgrat. Den Gipfel überschreitend lassen wir den Hinweis Richtung Hochzeiger unbeachtet und folgen erst der nächsten Markierung an einem gesicherten Wandsockel nach links hinab (künstliche Tritte und Ketten). Unterhalb des schroffen Grates überquert man Blockschuttfelder und setzt damit zum Gegenanstieg an. Mithilfe einer weiteren Kette geht es erdig und rutschig hinauf in eine Lücke. Eine horizontale Traverse leitet hinüber zum Grat südlich der **Kreuzjöchlspitze (3)**, 2908 m, die als höchster Punkt der Tour in fünfminütigem Abstecher gewonnen wird.

Anschließend wagen wir uns auf die schwierige Gratverbindung zum Schafhimmel. Immer wieder durch Ketten entschärft geht es rasch wechselnd mehrfach steil auf und ab. Man bewegt sich teils direkt entlang der Felsschneide, teils auch in den Schrofen daneben (meist rechts auf der Westseite), passiert diverse Nischen und Schärtchen und hat zwischendurch eine Weile etwas weniger kompliziertes, ungesichertes Gelände vor sich (gleichwohl einzelne Stellen I). Danach legt sich wieder ein schärferer Gratabschnitt mit richtig kantigem Fels in den Weg – die anspruchsvollsten Passagen mit reichlich Kletterei und zahlreichen Ketten erwarten uns hier. Nach den letzten wird der Kamm allmählich gutmütiger und läuft schließlich mit etwas Gegensteigung grasig Richtung **Schafhimmel (4)**, 2820 m, aus.

Beim südostseitigen Abstieg ist es dann nur noch kurzzeitig steinig. Den Edelrautenkopf links liegen lassend, steuern wir über einen breit und flach auslaufenden Mattenhang das **Lehnerjoch (5)**, 2510 m, an. Mit Nr. 915 zu einer Art Terrasse und zu einem Almwirtschaftsweg, den man ein paarmal kreuzt. Zuletzt in lichten Wald hinein und rechts haltend zurück zur **Ludwigsburger Hütte (1)**.

5.45 Std.

Lehner Grieskogel, 3032 m **31**

Stolzer Dreitausender über der Ludwigsburger Hütte

Berge sind individuelle Gestalten und stets auf ureigene Weise reizvoll. In Maß und Zahl gegossen strahlt ein Dreitausender aber gewiss eine besondere Verlockung aus. Insofern mag es erstaunen, dass der Lehner Grieskogel gar nicht sonderlich viel Aufmerksamkeit auf sich zieht. Dabei kann der Nordgipfel von der Ludwigsburger Hütte aus von tüchtigen Bergwanderern durchaus aufs Programm gesetzt, ja sogar quasi überschritten werden. Nach der Erkundung habe ich in meinen Notizen festgehalten: Nordwestgrat für »Normalos«, Südwestgrat für Experten! Auch zweitgenannte Route ist zumindest spärlich bezeichnet, verlangt aber doch eine ordentliche Portion Standfestigkeit zusätzlich. Erfahrenen sei empfohlen, sich im Aufstieg daran zu wagen und für den Rückweg die Normalroute via Lehnerjoch zu wählen.

Ausgangspunkt: Ludwigsburger Hütte, 1935 m. Zustieg siehe Tour 29.
Anforderungen: T5 am Südwestgrat, T3–4 am Nordwestgrat. Anspruchsvolle Bergtour, insbesondere beim Südwestanstieg, der trotz Markierung ziemlich unwegsame Bedingungen, weithin über grobes Blockwerk mit Stellen I und nur zwischendurch auch dürftige Steigspuren aufweist. Am Nordwestgrat (Normalweg) hingegen nur im oberen Bereich blockreich, meist steigartig und weniger steil, damit merklich leichter. Trittsicherheit aber auch hier wichtig. Konditionell im normalen Rahmen (Tagestour ab Hütte).
Höhenmeter: Ab Hütte ca. 1100 Hm.
Einkehr/Unterkunft: Ludwigsburger Hütte (Mitte Juni bis Mitte September, Tel. +43 5414 20204).
Beste Jahreszeit: Juli bis September.

Vis-à-vis beeindrucken die Dreitausender im Kaunergrat, hier der Gsallkopf und die Dristkögel.

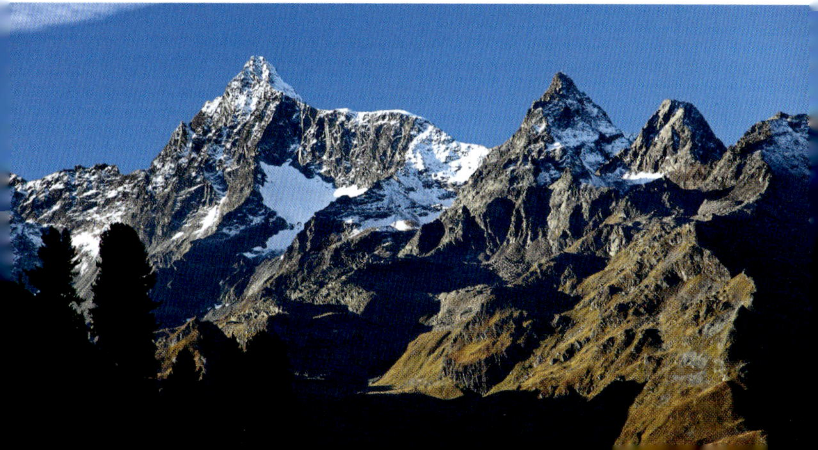

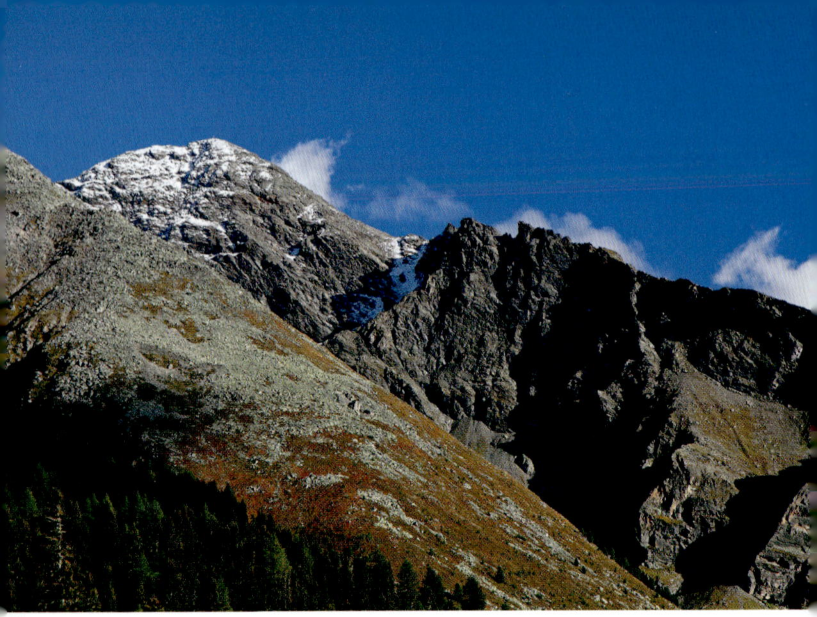

Vor dem Hairlacher Seekopf zeichnet sich der stumpfe Südwestgrat des Lehner Grieskogels ab.

Von der **Ludwigsburger Hütte (1)** starten wir am St. Leonharder Höhenweg in südlicher Richtung. Nach der anfänglichen Waldpassage geht es quer durch eine steile Hangbucht, gegenüber ein Stück am wenig ausgeprägten Hangrücken hoch und dann wieder nach rechts, wo bald die Gipfelroute abzweigt **(2)**, ca. 2230 m. Verwachsenes Gelände ist vorherrschend, deshalb gut auf die Markierung achten. Man gerät zunehmend in grobes Blockwerk und müht sich am breiten, aber anhaltend steilen Kammrücken aufwärts. Oberhalb etwa 2500 m wird in verkeilten Blöcken sogar etwas Kletterei erfor-

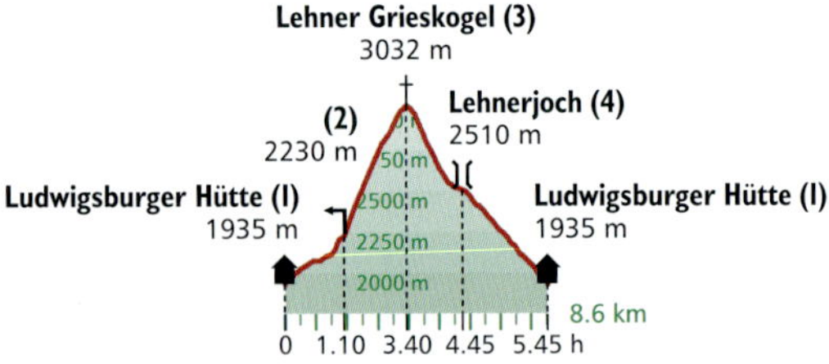

derlich. Später legt sich der Grat zumindest phasenweise zurück, auch ein paar Trittspuren in spärlichem Gras tauchen auf, obschon das Blockgelände weiterhin überwiegt. Bereits in Reichweite des Gipfels stößt von links die Normalroute dazu. Damit über den finalen Blockhang bzw. Grat bis auf den **Nördlichen Lehner Grieskogel (3)**, 3032 m.

Im Abstieg rund 10 Minuten wie gehabt zurück, dann rechts auf den Nordwestgrat, wo sich schon zwischen Blöcken und Schutt Steigspuren zeigen. Diese prägen sich sukzessive immer besser aus. Mit abnehmendem Gefälle führt die Route ins Grasterrain und nähert sich dem breiten **Lehnerjoch (4)**, 2510 m. Von dort über die Matten zu einem Fahrweg, den man ein paarmal kreuzt, und am Schluss auf den St. Leonharder Höhenweg einmündend nach rechts zurück zur **Ludwigsburger Hütte (1)**.

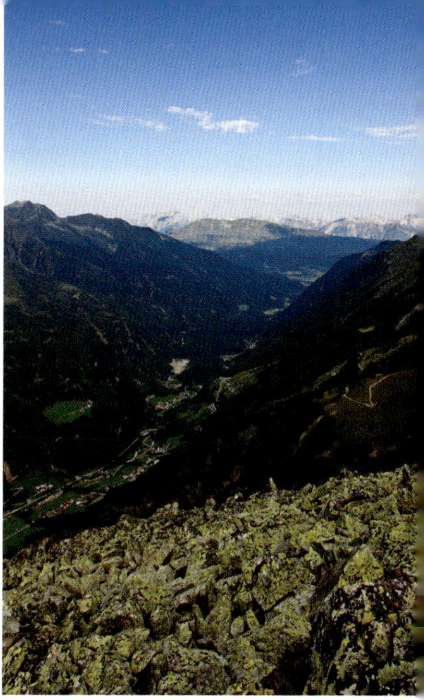

Aussicht vom blockreichen Südwestrücken ins Pitztal.

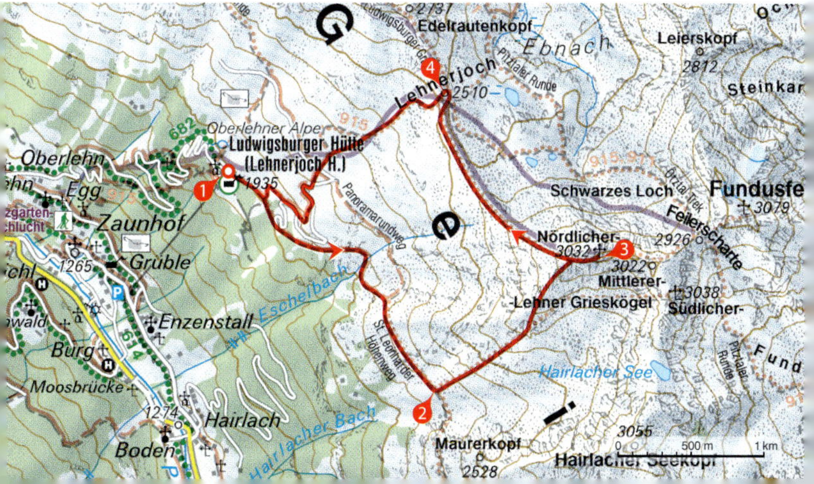

TOP **32**

St. Leonharder Höhenweg

7.45 Std.

Ein Tag im Panoramarausch des Kaunergrats

Zwischen Ludwigsburger Hütte und Luibisboden verläuft quer durch die Berglehnen des mächtigen Geigenkamms ein großartiger Höhenweg, der kaum gebührende Wertschätzung erfährt. Wahrscheinlich liegt es an der beachtlichen Länge und dem schmalen Verlauf, dass sich die Begehungen in Grenzen halten. So können wir weithin mit echter Bergeinsamkeit rechnen, wenn wir unsere Schritte über vorspringende Gratschultern und alpenrosenbestandene Balkone, durch blockgefüllte Kessel sowie Rinnen und Hochmulden mit gurgelnden Bächen lenken. Und die ganze Zeit steht auf der gegenüberliegenden Talseite der zackige Kaunergrat Parade, beim morgendlichen Aufbruch bereits ins Sonnenlicht getaucht. Unterwegs laden traumhafte Plätze zum Verweilen – beispielsweise an der Scharscharte, am Gampen, am Schoaßkopf oder am Luibisboden. Man sollte nur nicht vergessen, zwischendurch auch ordentlich Strecke zu machen …

Ausgangspunkt: Ludwigsburger Hütte, 1935 m. Zustieg siehe Tour 29.
Endpunkt: Haltestelle Oberpiösmes, ca. 1400 m. Per Bus zurück Richtung Zaunhof, wobei manche Kurse die Haltestelle Grüble unweit des Hüttenparkplatzes anfahren. Ansonsten bei der Moosbrücke aussteigen, sofort die Pitze überschreiten

Aussicht vom Schoaßkogel durchs Pitztal hinaus.

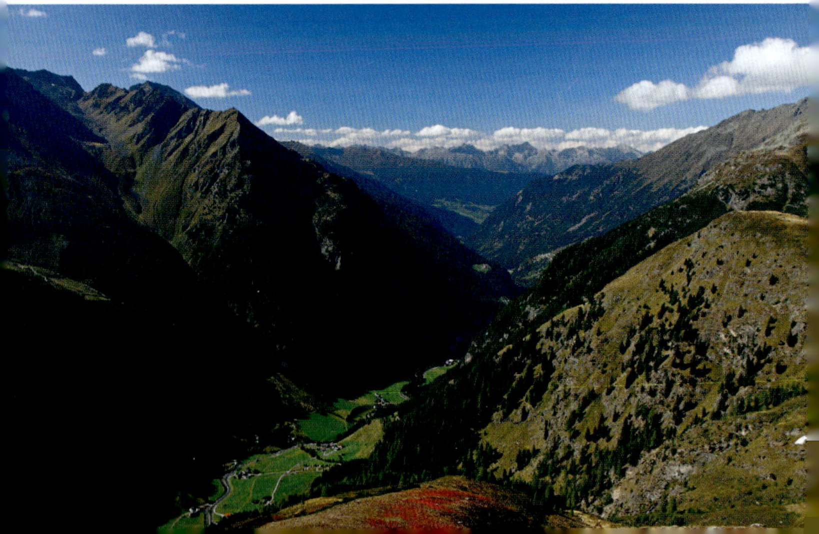

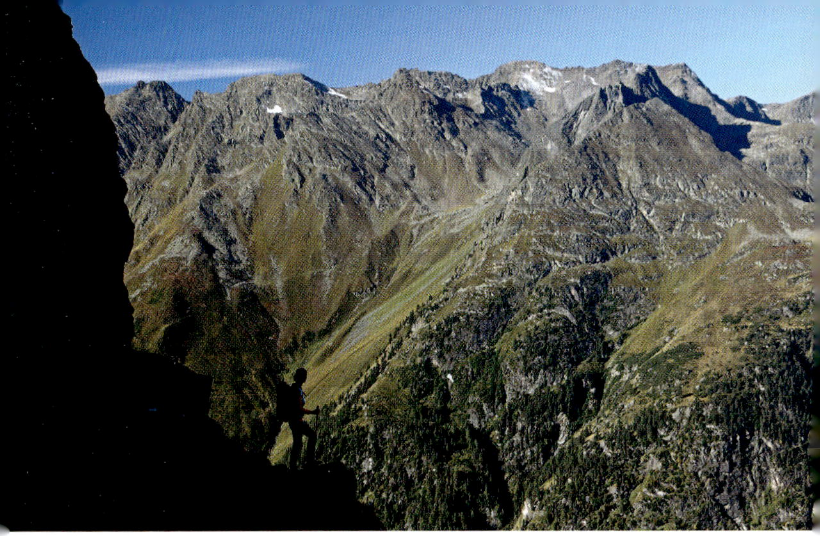

Eine spannende Wegführung zeichnet den St. Leonharder Höhenweg aus.

und zu Fuß hinauf ins Dorf.

Anforderungen: T3–4 (streng wandertechnisch gesehen), doch tendiert die Gesamtbewertung eher zu »schwarz«. Schmaler Flankensteig, der auf langen Strecken Trittsicherheit und konzentriertes Gehen in abschüssigem Gelände erfordert, dabei jedoch nur selten wirklich knifflige Passagen (ganz vereinzelt Sicherungen). Besondere Vorsicht beim Queren von Bachrunsen und feuchten Grashängen, bei Schneelage unbedingt zu meiden! Immerhin ist der abschließende Talabstieg gut ausgebaut. Konditionell anspruchsvoll und auf jeden Fall mit Hüttennächtigung ratsam (sonst kommen 2 Std. dazu).

Höhenmeter: 980 Hm Aufstieg, 1520 Hm Abstieg.

Einkehr/Unterkunft: Ludwigsburger Hütte (Mitte Juni bis Mitte September, Tel. +43 5414 20204).

Beste Jahreszeit: Ende Juni bis Ende September.

Variante: Vorzeitige Abstiegsmöglichkeiten aus dem Gebiet der Schwarzenbergalm (Am Gampen) nach Enger bzw. Ronach (vgl. Tour 35).

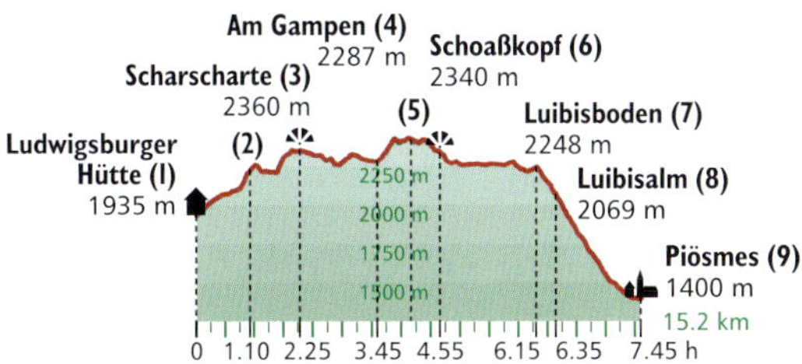

Von der **Ludwigsburger Hütte (1)** durch lichten Wald schräg aufwärts und bald schon in freiem Gelände voran. Man lässt den »Kleinen Panorama-Rundweg« – eine Spritztour im Hüttenumfeld – abziehen und geht den Einschnitt des Eschelbachs aus. Am gegenüberliegenden Hangrücken steil empor und nachdem auch der »Große Panorama-Rundweg« verlassen wird, quer durch eine blockige Flanke gen Süden. Wie bei Tour 31 beschrieben zweigt in Kürze eine Gipfelroute zum Lehner Grieskogel ab **(2)**. Unser Flankensteig präsentiert sich auf weiter Linie schmal und abschüssig. An einem Eck müssen wir an Ketten durch eine erdige Rinne absteigen – eventuell die schwierigste Einzelpassage. Dann abermals quer durch eine Hangbucht, drüben kräftig bergauf und mittels gesicherter Traversen zur **Scharscharte (3)**, ca. 2360 m, und ihrer kreuzgeschmückten Kanzel am Vorsprung. Ein toller Aussichtspunkt!
Im weiteren Verlauf führt der Höhenweg mehrheitlich leicht absteigend durch eine ausgedehnte Hangbucht und nähert sich dem markanten Wiesenbalkon am **Gampen (4)**, 2287 m. Oberhalb der Jagdhütte treffen wir auf eine Wegkreuzung. Erneut geht es deutlich bergauf, bevor wir hinter einem Bach mit etwas Auf und Ab zum höchsten Punkt der Route kommen. Hier zweigt eine Markierung bergwärts Richtung Langkarlesschneid und Wilder See

Kilometerweit führt unser Höhenweg durch abschüssige Flanken.

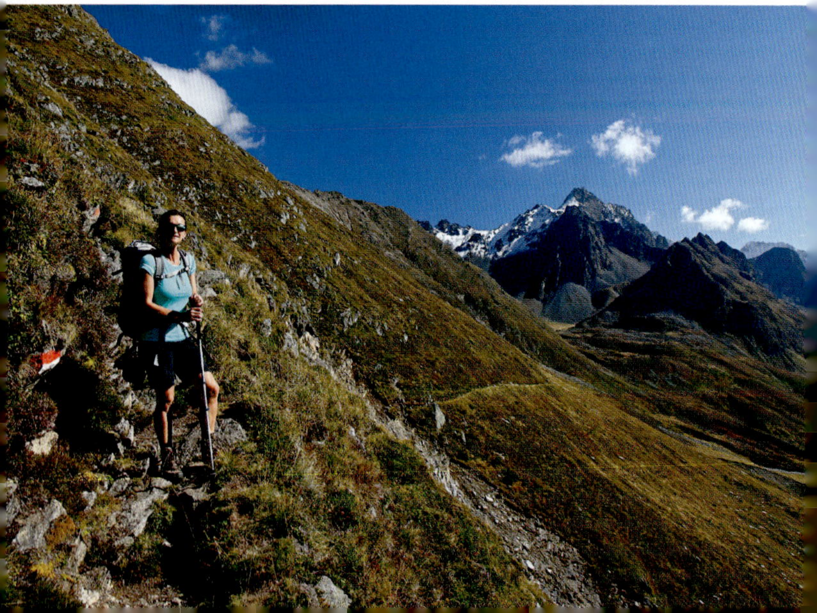

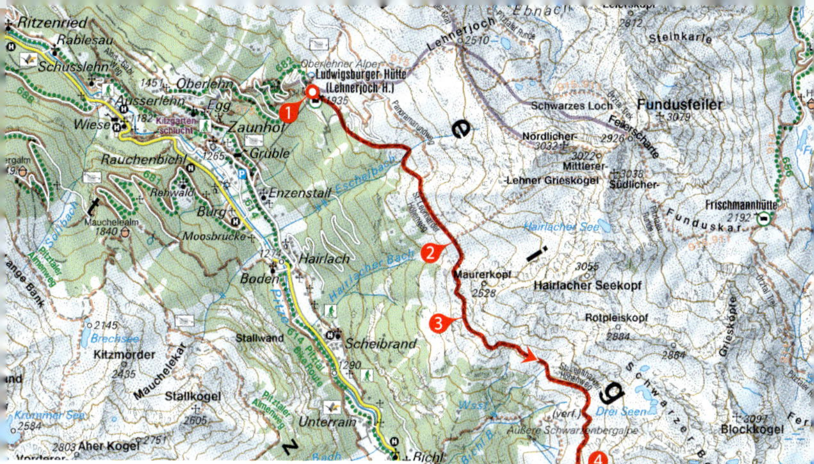

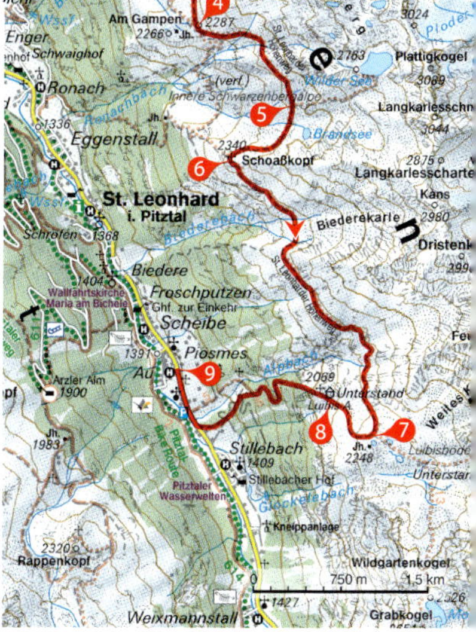

ab **(5)**, ca. 2430 m (vgl. Tour 35). Beim Bogen durch die Karweitung verliert man nun wieder deutlich an Höhe und steigt dann kurz zur Gratrippe am **Schoaßkopf (6)**, 2340 m, empor. Hinter der Geländekante stehen nach einigen Abwärtskehren weiterhin lange Hangtraversen bevor, wie üblich in Abständen über einzelne Gräben und Gerinne hinweg, nun aber nicht mehr ganz so holprig wie zuvor. Zwischen Biederekarle und Rötenkarle werden noch ein paar Aufstiegsmeter gesammelt, die letzten dann Richtung **Luibisboden (7)**, 2248 m, wo der St. Leonharder Höhenweg bei großen Steinmännern und einer Jagdhütte sein offizielles Ende findet.

Wir treten den Talabstieg an, zunächst noch in freiem Gelände zur winzigen **Luibisalm (8)**, 2069 m. Anschließend taucht der gute, windungsreich angelegte Steig in schütteren Wald ein und schraubt sich links von der grimmigen Alpbachrunse tiefer. Schon weit unten auf einen Forstweg und am Auffangbecken der Wildbachverbauung entlang zur Pitztaler Landesstraße. Rechter Hand erreichen wir in Kürze die Ortschaft **Piösmes (9)** und die Bushaltestelle.

33 Brechsee, 2145 m

4.15 Std.

Naturidyll zwischen Mauchele- und Söllbergalm

In den Karen beidseits des Pitztals locken immer wieder hübsche Seeaugen zur Entdeckung. Zu den etwas bekannteren zählt der Brechsee, der über den Pitztaler Almenweg – sprich via Mauchele- bzw. Söllbergalm – erwandert werden kann. Uns erwartet eine nicht zu anstrengende, aber trotzdem recht urwüchsige Tour.

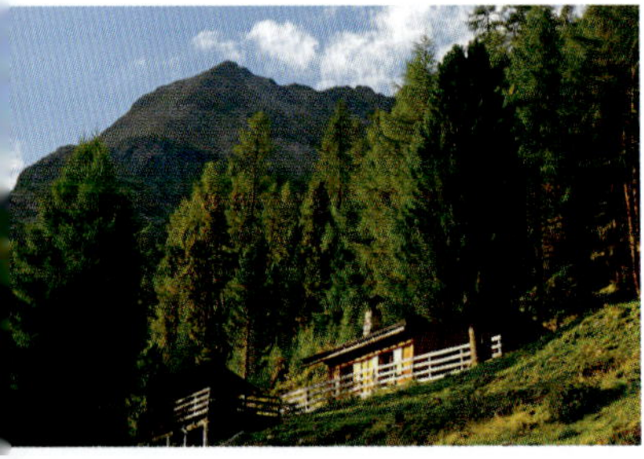

Nach einer Stunde ist die kleine Mauchelealm erreicht.

Ausgangspunkt: Rehwald, ca. 1450 m, kleiner Bergweiler mit Zufahrt von der Pitztaler Landesstraße zwischen Rauchenbichl und Boden. Mit öffentlichen Verkehrsmitteln startet man an der Haltestelle Moosbrücke (30 Min. Aufstieg bis Rehwald).
Anforderungen: T2–3. Die Bergwege sind zuweilen holprig steindurchsetzt und etwas verwachsen, deshalb grundlegende Trittsicherheit vorteilhaft. Konditionell gemäßigtes Tagesprogramm.
Höhenmeter: Ab Rehwald 780 Hm.
Einkehr: Mauchelealm, Söllbergalm.
Beste Jahreszeit: Mitte Juni bis Mitte Oktober.

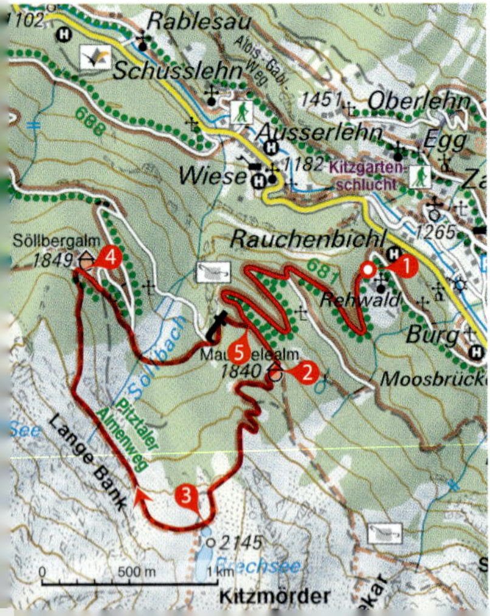

Von **Rehwald (1)** folgen wir dem breiten Güterweg in Schleifen hinauf zur **Mauchelealm (2)**, 1840 m. Auf dem dort ansetzenden Steig etwa 10 Minuten bis zu einer Gabelung, hier rechts und in licht bewaldetem, teils auch strauchbewachsenem Gelände weiter aufwärts. Im Hin und Her gewinnt man an der Waldgrenze einen Absatz, hält sich kurz an einen Rücken und zieht dann rechts in den Söllkessel, wo sich hinter einer Karschwelle der **Brechsee (3)**, 2145 m, verbirgt.
Für den Abstieg wählen wir kurz vor dem See die Abzweigung Richtung Söllbergalm und queren hinüber

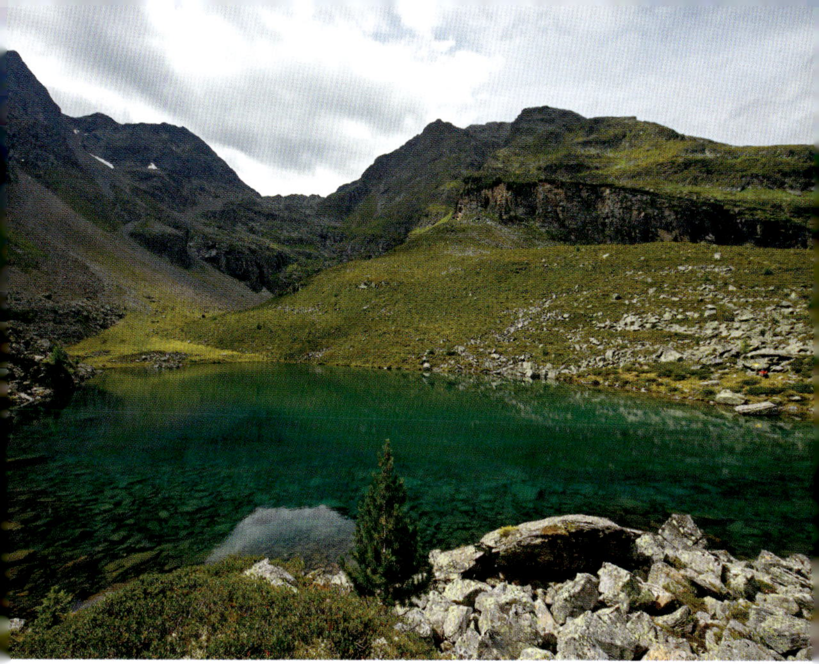

Der Brechsee zählt zu den malerischsten Bergseen im Pitztal.

unter die sogenannte Lange Bank. Auf blockigem Steig verliert man allmählich an Höhe, taucht später in den Wald ein und kommt zur Jausenstation auf der **Söllbergalm (4)**, 1849 m. Nur kurz nehmen wir anschließend die Forststraße auf, denn schon nach der ersten Linkskehre biegt man auf den etwas verwachsenen Almenweg ab. Damit ungefähr entlang der 1800-Meter-Höhenlinie quer durch den ganzen Kessel, zwischendurch über den Söllbach hinweg. Am Ende des Bogens zwingt eine Felsbarriere zu einem kurzzeitig steilen Aufstieg. Danach gelangt man rasch auf die Erschließungsstraße **(5)** zur Mauchelealm und folgt dieser talwärts zurück nach **Rehwald (1)**.

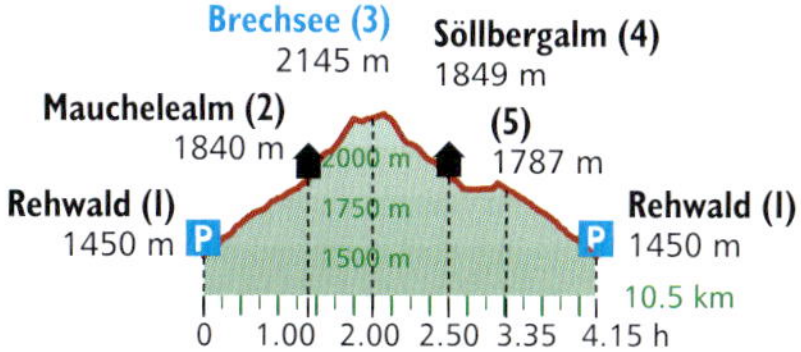

34 Stallkogel, 2605 m

6.00 Std.

Wenig bekannte Aussichtsloge über dem Mauchelekar

Im schroffen Gipfelzug des Kaunergrates schiebt sich der Stallkogel direkt gegen das mittlere Pitztal vor, steht dort also quasi in der ersten Reihe und wird trotz einer markierten Route gar nicht oft besucht. Dabei zählen solcherlei Aussichtspunkte zu den besten, die Bergwanderer erleben können: die höheren Felsgipfel nebenan in reizvoller Perspektive schon fast auf Augenhöhe, die Tiefblicke dazu allemal respektabel. Man besteigt den Stallkogel üblicherweise durchs Mauchelekar und kann mit etwas Glück sogar Steinböcken begegnen.

Ausgangspunkt: Rehwald, ca. 1450 m, kleiner Bergweiler mit Zufahrt von der Pitztaler Landesstraße zwischen Rauchenbichl und Boden. Mit öffentlichen Verkehrsmitteln startet man an der Haltestelle Moosbrücke (30 Min. bis Rehwald).
Anforderungen: T3. Mittelschwere Gipfeltour, beginnend mit einem Fahrweg bis Mauchelealm, dann vorerst auf dem gut ausgetretenen Almenweg, gipfelwärts eher kleiner, phasenweise sogar steiler Steig. Bis zuoberst begrüntes Gelände mit etwas Schutt und Erde dazwischen; keine Kletterstellen. Solide Trittsicherheit und Kondition für eine volle Tagestour obligatorisch.
Höhenmeter: Ab Rehwald 1160 Hm.
Einkehr: Mauchelealm.
Beste Jahreszeit: Ende Juni bis Mitte Oktober, falls schneefrei.
Tipp: Ab WP3 Verbindung zur Neubergalm über den Pitztaler Almenweg.

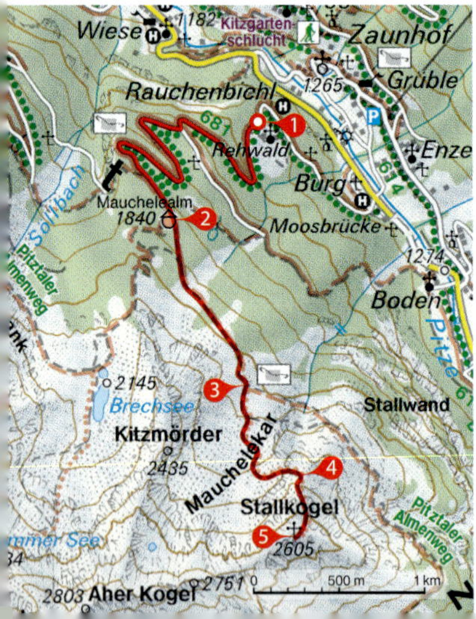

Von **Rehwald (1)** laufen wir uns auf einer breiten Forststraße zunächst Richtung **Mauchelealm (2)**, 1840 m, warm und folgen von dort eine Weile dem Pitztaler Almenweg. Bei der

Überraschende Begegnung: Steinwild ist am Stallkogel heimisch.

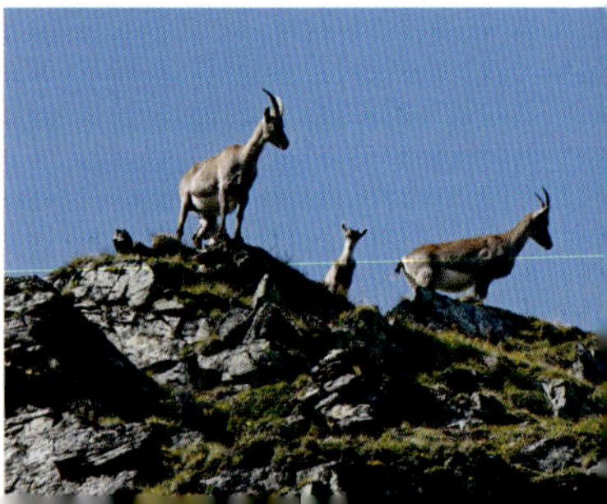

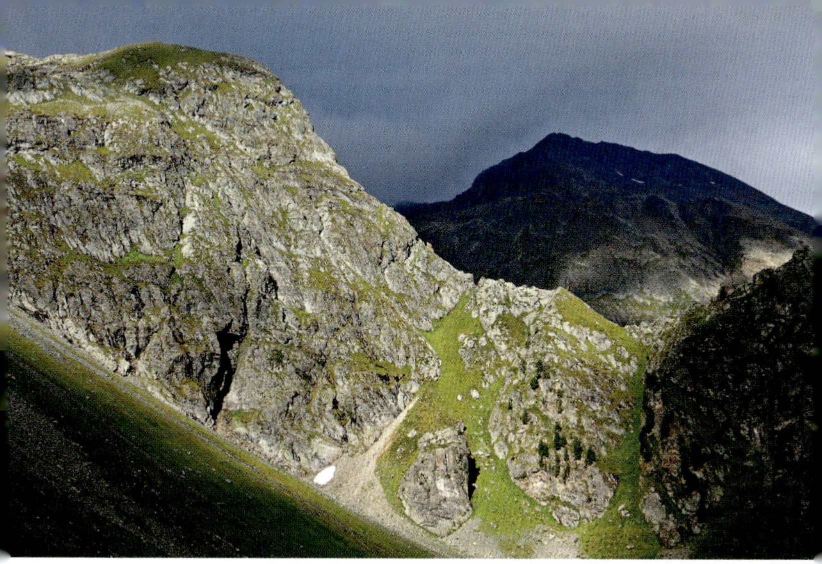

Über dem Mauchelekar zieht eine Wolkenfront auf.

Verzweigung oberhalb der Hütte also links (rechter Hand ginge es zum Brechsee) und mit einer allmählichen Aufwärtstraverse aus dem Bergwald heraus in freies Gelände. Die Route schwenkt ins **Mauchelekar** ein, wo wir bei einem Wegweiser auf rund 2100 m den Pitztaler Almenweg verlassen **(3)**. Nun weiter ins begrünte Kar. An aufsteilenden Hängen leitet eine gute Spur im Zickzack angenehm höher und dann links haltend zu einer ebenfalls schütter bewachsenen Rinne, durch die wir auf die **Nordschulter (4)**, ca. 2370 m, unseres Berges gelangen. Nun steht nur noch der Gipfelhang bevor, weithin ohne besondere Hindernisse, wenn auch relativ steil und auf teilweise etwas erdigen Spuren. Am Schluss gewinnen wir den höchsten Punkt des **Stallkogels (5)**, 2605 m, von links her. Abstieg wie Aufstieg.

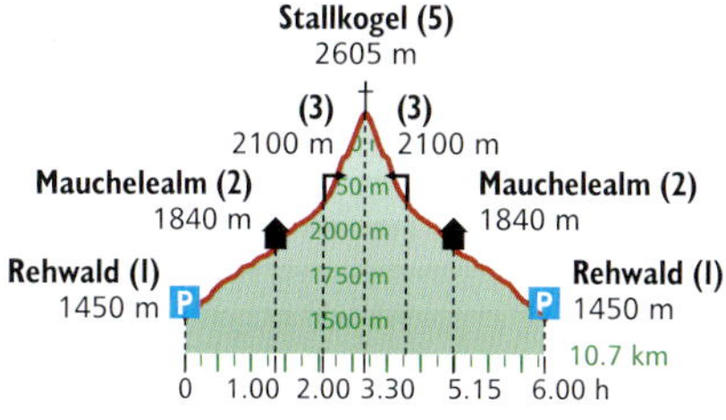

TOP 35

Wilder See, 2763 m

7.40 Std.

Zu einem der höchsten Karseen im Pitztal

Vom Wilden See war ich wirklich überrascht: Das kühle Gewässer versteckt sich in einem steinigen Hochkar, schon ganz dicht unter den kantigen Dreitausendern des mittleren Geigenkamms und wirkt auf dieser Höhe ausgesprochen stattlich. Obwohl ein markierter Bergweg vorhanden ist, verirren sich wohl nicht allzu viele Bergwanderer dorthin. Angesichts des Höhenunterschiedes vielleicht verständlich, aber der Fleck ist nach meinem Empfinden jede Mühsal wert. Man sollte nur nicht zu früh im Sommer aufsteigen, um den Wilden See vom Eise befreit in seiner vollen Schönheit erleben zu können.

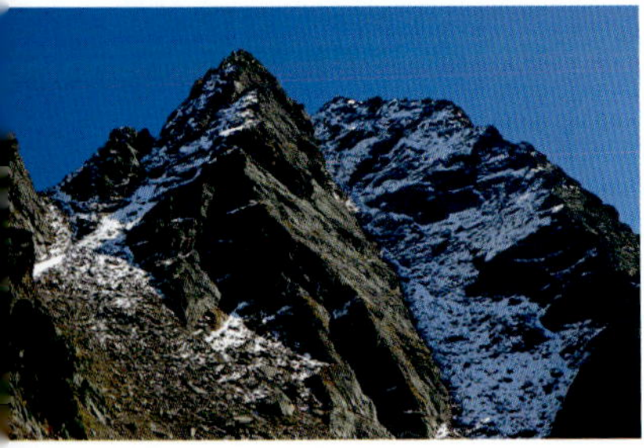

Unmittelbar nebenan schwingt sich die felsige Langkarlesschneid auf.

Ausgangspunkt: Enger, 1317 m, Ortsteil von St. Leonhard im Pitztal, knapp nördlich vom Hotel Alpenhof. Bushaltestelle an der Talstraße.

Anforderungen: T3. Streckenweise steile Steige, speziell über die untere Geländestufe (einzelne Sicherungen) und dann wieder im oberen Bereich, wo der grasige Untergrund von Schutt abgelöst wird. Besondere Schwierigkeiten sind jedoch nur bei Schneefeldern im Frühsommer zu erwarten. Grundlegende Trittsicherheit sowie vor allem gute Kondition für eine anstrengende Tagestour ohne Einkehrmöglichkeit erforderlich.

Höhenmeter: 1450 Hm.

Einkehr: Keine.

Beste Jahreszeit: Mitte Juli bis September.

Variante: Zustieg zum Plateau am Gampen auch vom Ortsteil Ronach über die verfallene Innere Schwarzenbergalm. Etwa gleicher Zeitbedarf, eher noch steiler.

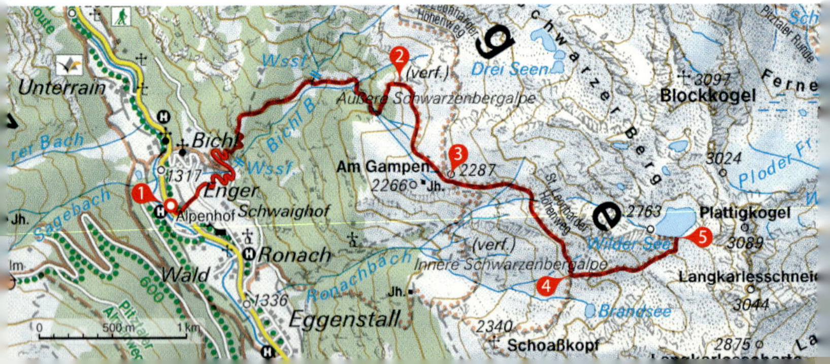

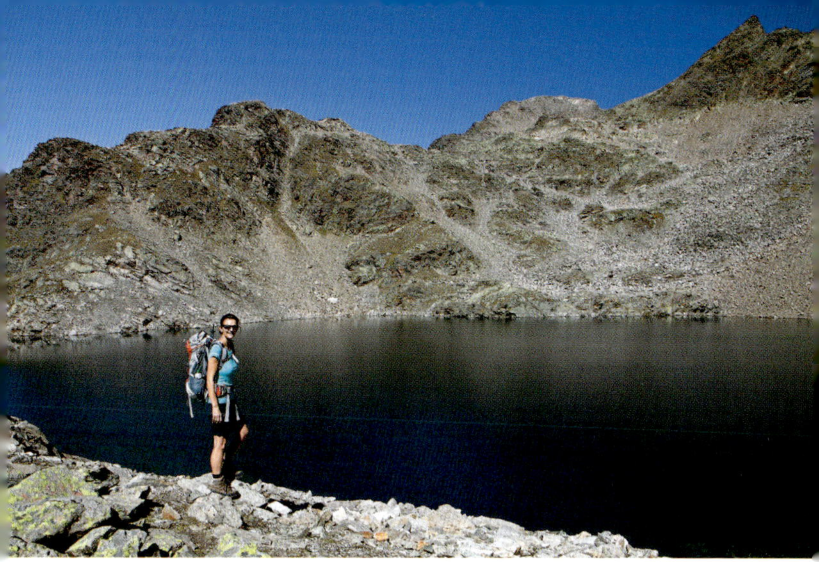

Der Wilde See trägt seinen Namen nicht umsonst.

Von der Häusergruppe **Enger (1)** geht es am Wiesenhang gegen den Wasserfall des Bichlbachs hinan. Man kreuzt unterhalb nach links, nimmt den Zugang vom Weiler Bichl auf und steigt nun in die bewaldete Steilflanke ein. In Kehren zur Lichtung von Haapill und danach weiter schräg aufwärts, wobei sich die Route allmählich der großen Bachrunse anschmiegt (also nicht dem unbezeichneten Pfad am Bergrücken nach Sunnegg folgen). Wir queren mehrere Gräben nach rechts, weiter oben auch wieder entgegengesetzt und gelangen durch letztes Buschwerk zur verfallenen **Äußeren Schwarzenbergalm (2)**, ca. 2120 m. Nun diagonal nach rechts auf den Geländebalkon **Am Gampen**, wo eine Jagdhütte steht und wir nacheinander auf zwei

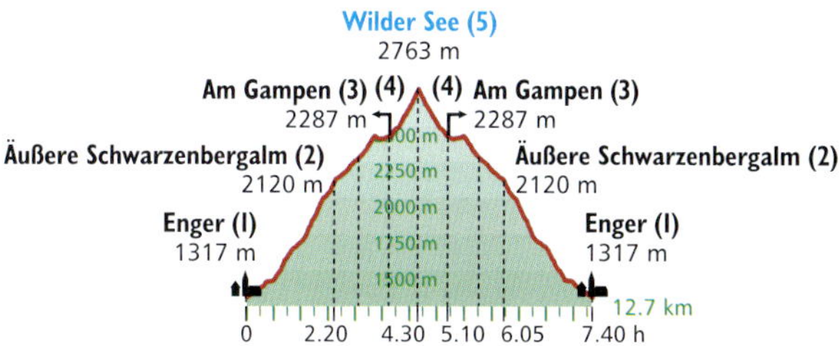

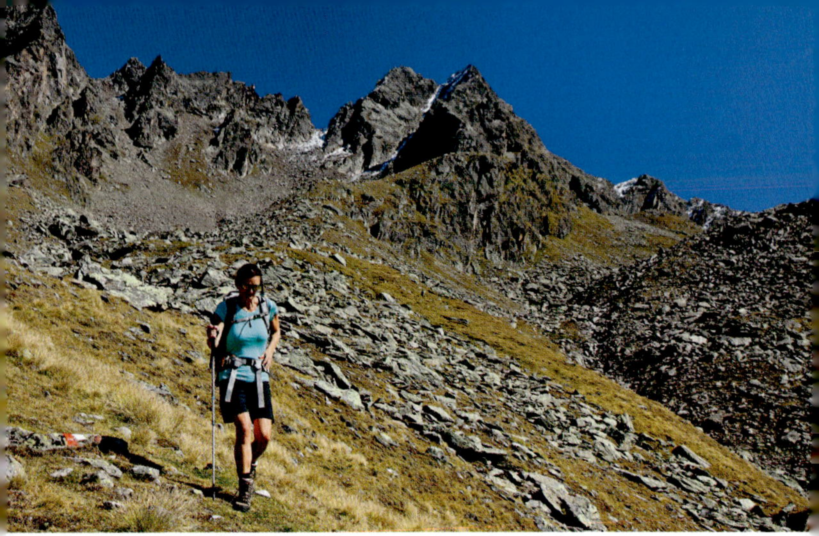

Für den Abstieg müssen wir nochmals über drei Stunden einkalkulieren.

Diese Tour führt uns in die einsame Welt der Hochkare.

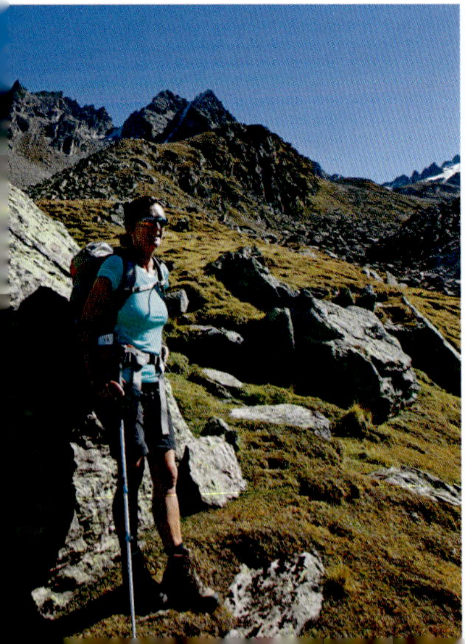

Verzweigungen treffen **(3)**, 2287 m. Ein Stück weit folgt man jetzt dem St. Leonharder Höhenweg, bevor man sich auf etwa 2430 m **(4)** Richtung Wilder See und Langkarlesscharte bergwärts ausklinkt. Gutmütige Grashänge leiten an einem markanten Gupf (P. 2523) vorbei, welcher auch die jenseitige Karmulde mit dem Brandsee flankiert. Allmählich wird der Untergrund schuttreicher, während wir die Route zur Langkarlesscharte rechts abziehen lassen und stattdessen links haltend deutlich steiler die Schwelle zum **Wilden See (5)**, 2763 m, ansteuern. Für das Bergab empfiehlt sich der gleiche Weg. Sehr Trittsichere können auch vom Gampen aus nach links über die Ronachbachrunse und im sehr steilen Bergwald kehrenreich nach Ronach absteigen.

5.00 Std.

Pitztaler Almenweg 36

Drei Almen oberhalb von St. Leonhard

Auf der Seite des Kaunergrates begleitet der auf halber Höhe durch die Flanken ziehende Pitztaler Almenweg unser Tal zwischen der Söllbergalm im Norden und der Arzler Alm im Süden. Eine weitere Verbindung bis zur verfallenen Neururer Alm ist wegen Vermurung problematisch. Da Almwanderer ohnehin meist zu den Genießern gehören, soll im Folgenden ein weniger ausschweifender Rundkurs oberhalb von St. Leonhard vorgestellt werden. Indem wir die Trilogie von Neuberg-, Tiefental- und Arzler Alm ablaufen, lockt alle Stunde eine Einkehr.

Ausgangspunkt: Eggenstall, 1336 m, Ortsteil von St. Leonhard. Kleiner Parkplatz auf der orografisch linken Seite der Pitze; Bushaltestelle gegenüber.
Anforderungen: T3, häufig auch leichter. Auf den Verbindungssteigen oft holprige Trassen in stark bewachsenem (bewaldetem) und teils auch blockdurchsetztem Gelände; dafür elementare Trittsicherheit nötig. Zu- und Abstieg teils auf Fahrwegen. Durchschnittliches Tagespensum.
Höhenmeter: 770 Hm.
Einkehr: Neubergalm, Tiefentalalm, Arzler Alm.
Beste Jahreszeit: Mitte Juni bis Ende September, ohne Bewirtschaftung auch noch im Oktober.
Variante: Längere Varianten ergeben sich zwischen Neuberg- und Tiefentalalm über den Sturzmahdsattel, zwischen Tiefental- und Arzler Alm über den Rosskopf (siehe Tour 37).

Am Parkplatz in **Eggenstall (1)** folgen wir dem Hinweis zur Neubergalm und wandern auf komfortablem Weg diagonal nach rechts an der Waldlehne empor. Man kreuzt eine Forststraße und stößt dann auf die Almzufahrt. Zwischen einigen Schleifen gibt es eine Abkürzung auf steilem Steig. Aus dem Wald heraustretend empfängt uns die bewirtschaftete **Neubergalm (2)**, 1889 m, wo wir linker Hand den Pitztaler Almenweg einschlagen. Die anschließende Traverse durch urwüchsiges, üppig bewachsenes

Plätze wie die Tiefentalalm sind bei Jung und Alt beliebt.

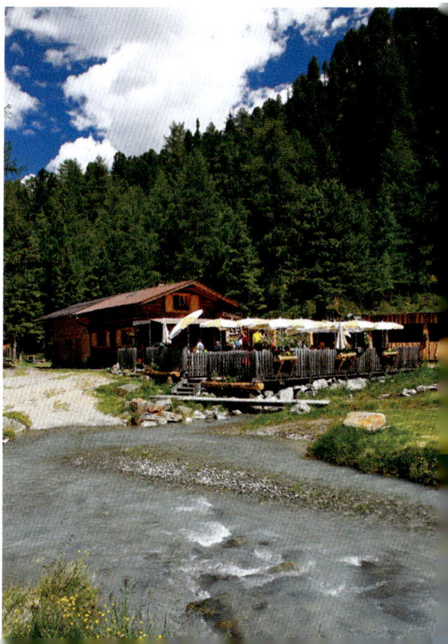

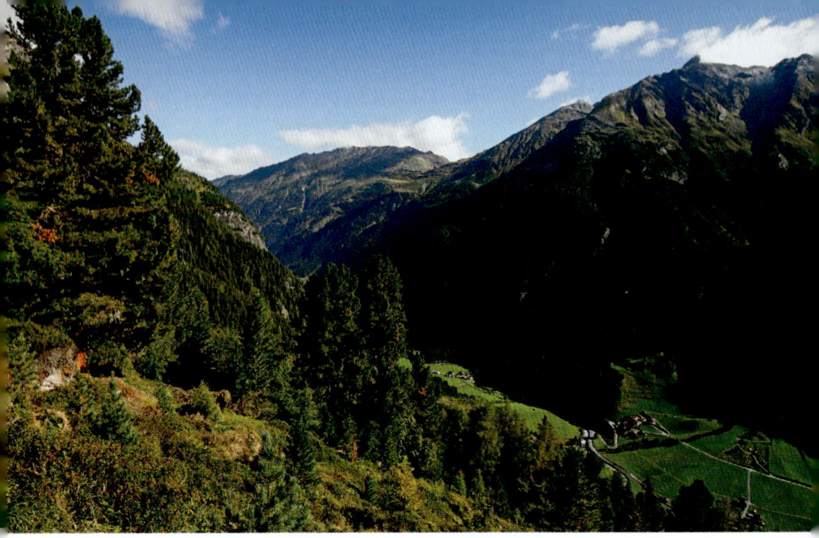

Am Pitztaler Almenweg bewegen wir uns rund 600 Meter über der Talsohle.

Terrain erscheint relativ neu ausgestochen – jedenfalls wählt man nicht den breiten Forstweg, der bereits unterhalb der Hütte links abzweigt und in der Karte verzeichnet ist. Nach einigem Auf und Ab am erdigen Pfad stößt man erst weiter südlich darauf. Wo diese Forststraße endet, geht es holprig kurz bergauf, danach quer durch eine Hangmulde und hinein ins Tiefental. Mit dem Güterweg erreichen wir in Kürze die beliebte **Tiefentalalm (3)**, 1880 m.
Der Pitztaler Almenweg setzt sich recht verschlungen fort. Im blockdurchsetzten Wald müssen immer wieder kleine Auf- und Abstiege absolviert werden, weshalb die Traverse durchaus beschwerlicher ausfällt als erwartet. Richtung Süden wird es dann aber sukzessive leichter. Wir fädeln in die Zufahrt zur **Arzler Alm (4)**, 1900 m, ein und treffen 5 Minuten später bei der dritten Jausenstation ein. Herrlich zeigt sich der Geigenkamm gegenüber. Im Abstieg folgen wir zuerst dem guten Waldsteig Richtung Piösmes, bleiben dann ab ca. 1600 m auf der Forststraße und wandern auf diagonaler

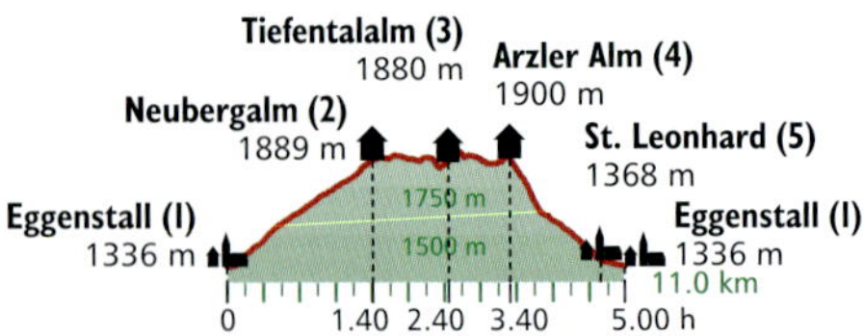

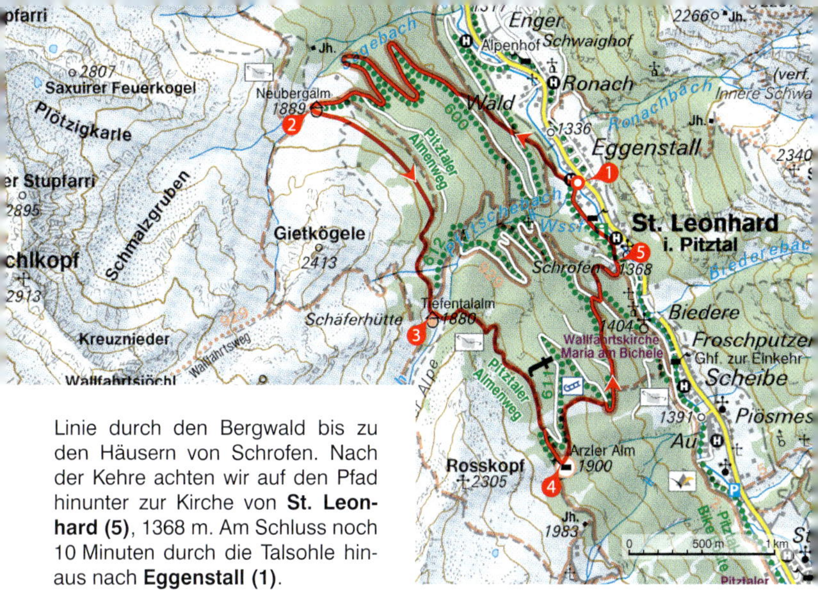

Linie durch den Bergwald bis zu den Häusern von Schrofen. Nach der Kehre achten wir auf den Pfad hinunter zur Kirche von **St. Leonhard (5)**, 1368 m. Am Schluss noch 10 Minuten durch die Talsohle hinaus nach **Eggenstall (1)**.

Allerspätestens auf der Arzler Alm ist eine Einkehr fällig.

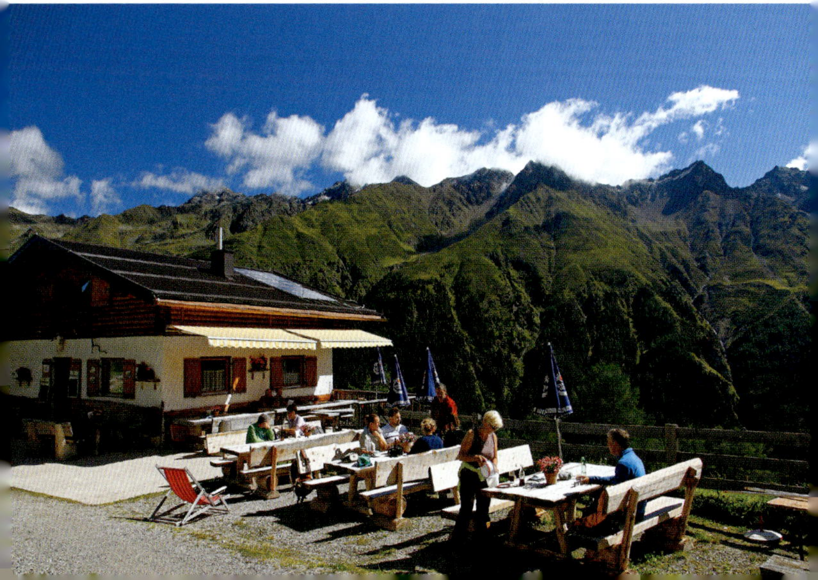

37 Rosskopf, 2305 m

5.00 Std.

Zum Aussichtspunkt oberhalb von Arzler- und Tiefentalalm

Nicht der Pitztaler Almenweg selbst steht bei dieser Wanderung auf dem Programm, sondern der Rosskopf eine Etage höher, auf manchen Wegweisern auch als Kreuzjöchl betitelt. Da man dort in freiem Gelände unterwegs ist, genießt man insgesamt auch mehr Aussicht. So liegt der gesamte Geigenkamm gegenüber auf dem Präsentierteller und die wuchtige Rofelewand beherrscht die Szenerie am nahen Kaunergrat. Die Tour lohnt in beiden Richtungen gleichermaßen.

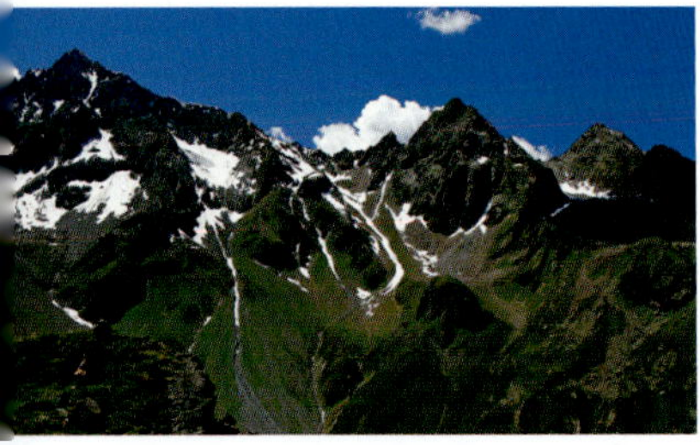

Unser Rosskopf ist den schroffen Spitzen am Kaunergrat vorgelagert.

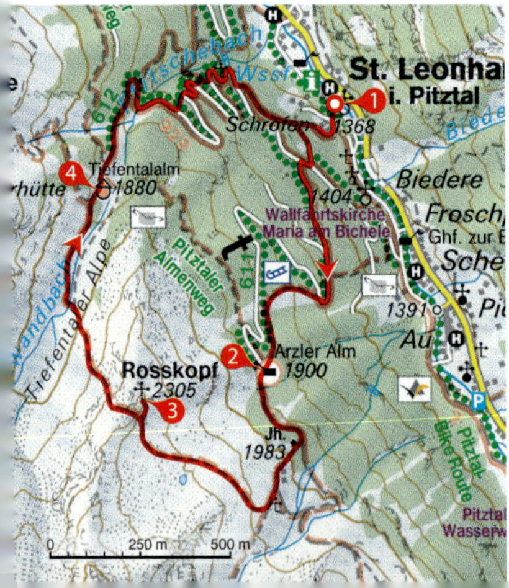

Ausgangspunkt: St. Leonhard, 1368 m, Parkplatz bei der Kirche (auch Bushaltestelle).

Anforderungen: Knapp T3. Insgesamt mittelschwere Bergwanderung, die in die Mattenregion oberhalb der Waldgrenze führt. Recht steile Abschnitte vor allem oberhalb der Tiefentalalm, aber ohne ernstere Hindernisse. Auch konditionell ein durchschnittliches Tagespensum.

Höhenmeter: 940 Hm.

Einkehr: Arzler Alm, Tiefentalalm.

Beste Jahreszeit: Mitte Juni bis Anfang Oktober.

Variante: Mag man es etwas ausschweifender, so kann der Rappenkopf, 2320 m, einbezogen werden (siehe Tour 38).

Am Waldrand unmittelbar bei der Kirche von **St. Leonhard (1)** folgen wir der Beschilderung »Steig Tiefentalalm/Arzler Alm« hinauf zum Ortsteil Schrofen. Dahinter gabelt sich die Route; linker Hand Richtung Arzler Alm. Man berührt zwischendurch Forststraßen, benutzt dann aber den abkürzenden Waldweg, der von Piösmes-Scheibe heraufkommt. Von der **Arzler Alm (2)**, 1900 m, auf einem Wirtschaftsweg sachte ansteigend gen Süden, wo wir die Abzweigung Richtung Kreuzjöchl bzw. Rosskopf beachten und

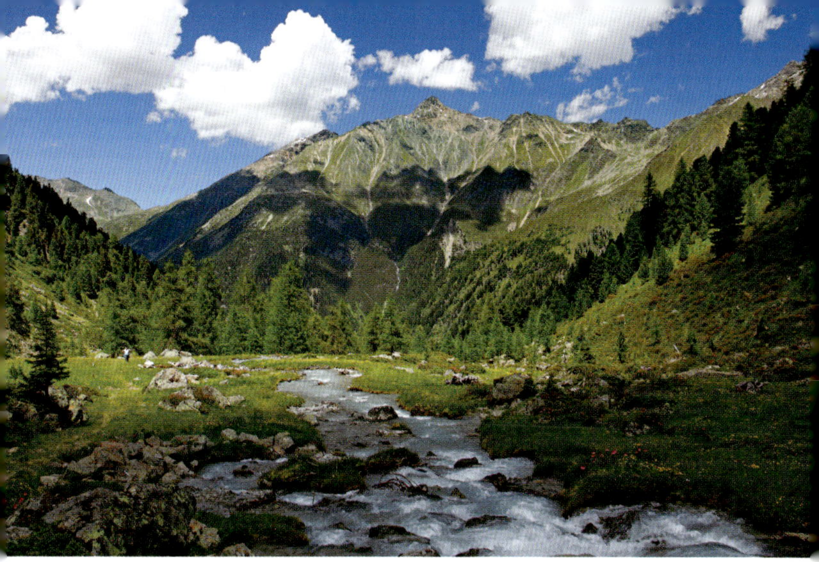

Am Gschwandbach unweit der Tiefentalalm.

an einer Jagdhütte vorbei endgültig in freie Hanglagen vorankommen. Man wendet sich nordwestwärts und steuert im Alpenrosengelände das Kreuzjöchl an, zuletzt etwas aufsteilend. Vom Gratüberstieg nach rechts abgesetzt lockt der nahe, kaum höhere **Rosskopf (3)**, 2305 m, mit seinem Kreuz und einer tollen Aussicht.

Vom Kreuzjöchl biegen wir anschließend auf die andere Seite der Gratrippe ab und verlieren in recht steilen Hängen auf gut gefügtem Steig über 300 Höhenmeter bis ins Hochtal des Gschwandbachs. Am Boden über die Brücke und hinaus zur **Tiefentalalm (4)**, 1880 m, die ihrerseits knapp rechts vom Bach liegt. Der Rückweg ins Tal beginnt auf einer breiten Almstraße, die später jedoch Richtung Piösmes führt. Man verlässt sie also bei der ersten oder zweiten Gelegenheit und kehrt damit nach **St. Leonhard (1)** zurück.

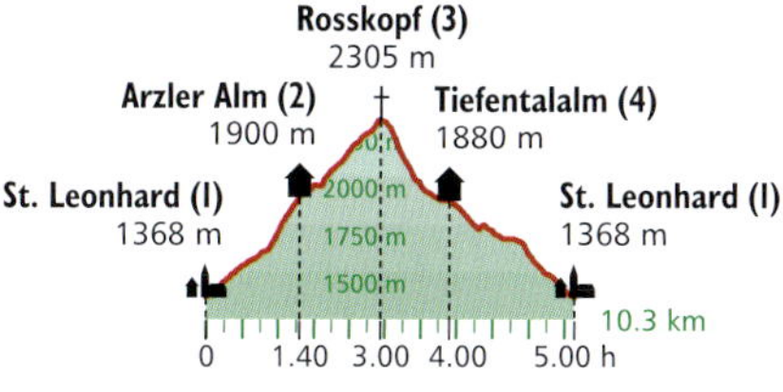

TOP 38

Rappenkopf, 2320 m, und Seirlöcherkogel, 2557 m

6.30 Std.

Im Bannkreis der Rofelewand

Wo die ganz großen Gipfel für den normalen Bergwanderer quasi unerreichbar sind (Kaliber wie Rofelewand, Gsallkopf oder die Dristkögel lassen keinen Zweifel daran), rücken vorgelagerte Aussichtskanzeln in den Fokus. Zum Beispiel der abgeflachte Rappenkopf, der sein Gipfelkreuz lockrufend oberhalb der Arzler Alm positioniert und von dort gern und wenig schwierig erwandert wird. An einem Bilderbuchtag habe ich die Tour zum höheren Seirlöcherkogel fortgesetzt und kann nur davon schwärmen. Neben der gewaltigen Rofelewand samt Trabanten nebenan öffnet sich die Schau auch Richtung Talschluss bis zur Wildspitze. Und den Geigenkamm überblickt man sowieso in seiner gesamten Ausdehnung. Erstaunlich, dass der großartige Seirlöcherkogel so wenig bekannt ist und hier erstmals überhaupt in der Wanderliteratur vorgestellt wird. Beim Zugang kommt man an jenem See vorbei, der das Titelbild dieses Führers ziert.

Ausgangspunkt: Scheibe, ca. 1390 m, Ortsteil zwischen St. Leonhard und Piösmes. Parkmöglichkeit und Bushaltestelle an der Talstraße.

Anforderungen: T3. Markierte Steige, die vor allem am Seirlöcherkogel sowie westseitig vom Rappenkopf Trittsicherheit in steindurchsetztem Gelände erfor-

Die mächtige Rofelewand beim Aufstieg zum Rappenkopf.

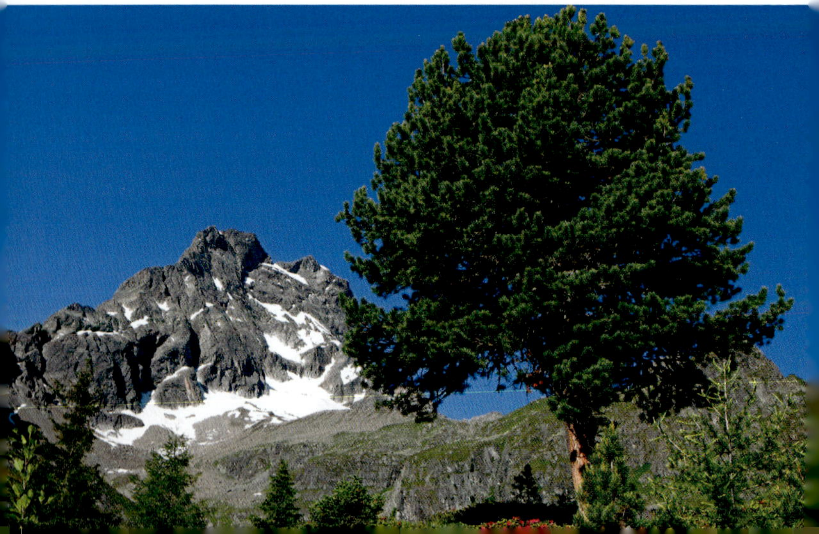

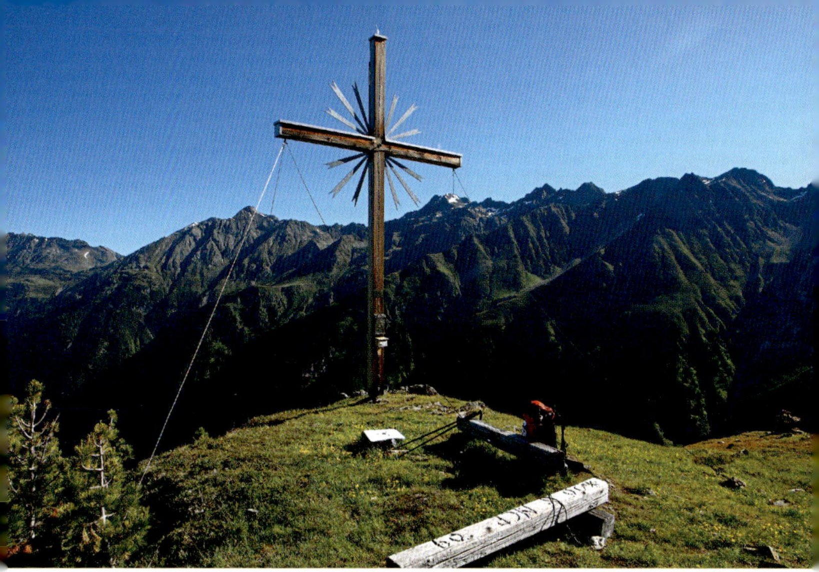

Bis zum Aussichtspunkt am Rappenkopf ist die Tour relativ leicht.

dern, für Geübte aber nicht schwierig. Ein kurzes Stück beim Rückweg macht weglos Sinn. Mit beiden Gipfeln schon recht aufwendige, gut ausgefüllte Tagestour.
Höhenmeter: Etwa 1240 Hm, nur Rappenkopf 940 Hm.
Einkehr: Arzler Alm.
Beste Jahreszeit: Juli bis September.
Variante: Kombination mit Tour 37 möglich, ggf. ohne Seirlöcherkogel. Mit Kindern ohnehin besser nur bis Rappenkopf.

In **Scheibe (1)** überschreiten wir die Pitze und steigen gleich links haltend im Bergwald an. Auf rund 1600 m ein kurzes Stück mit der Forststraße über eine Rechtskehre, dann aber weiter auf dem alten Steig, bald nach links eindrehend und zur **Arzler Alm (2)**, 1900 m, die bereits eine schöne Aussicht bietet. Anschließend auf einem breiten Almweg gen Süden, zwischendurch an der Abzweigung zum Kreuzjöchl vorbei und in eine seichte Hangmulde. Von dort zieht unsere Route in die Ostflanke des Rappenkopfes, die man prinzipiell komplett queren könnte, doch schlagen wir die aufwärts abzweigende Spur ein und gewinnen damit das Gipfelplateau sowie das Kreuz am **Rappenkopf (3)**, 2320 m.

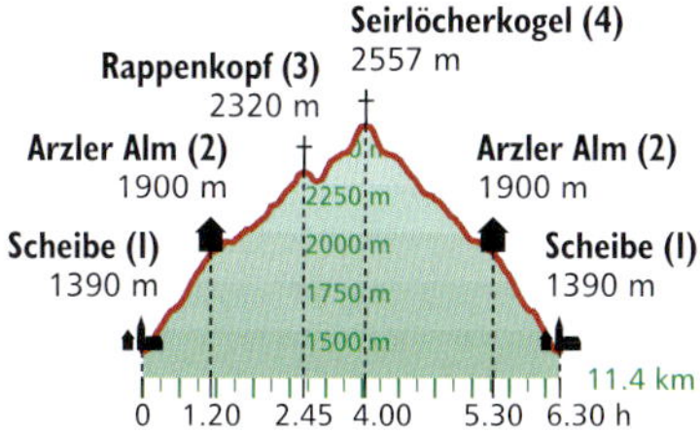

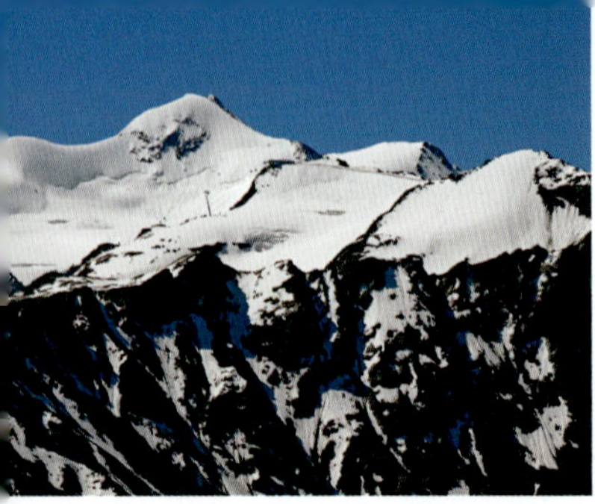

Vom Seirlöcherkogel blickt man taleinwärts bis zur majestätischen Wildspitze.

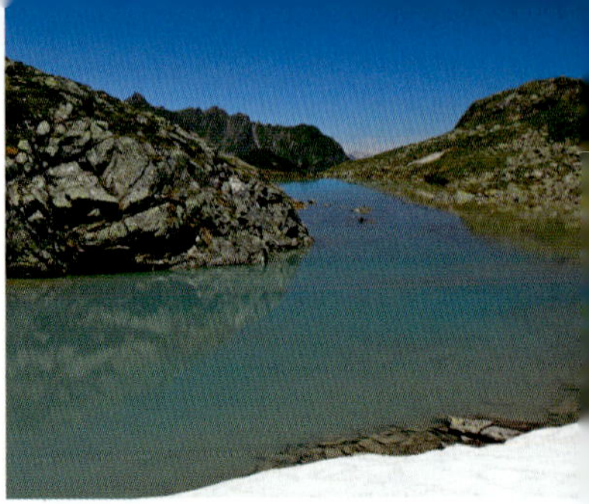

Herb aber von malerischer Schönheit: Schmelzwassersee im Totenkar.

Mit dem Hinweis »Rappenkopfrunde« wird die Fortsetzung eingeleitet. Den Anschluss zum zweiten Ziel finden wir knapp unterhalb des Sattels, über den die Umrundung vollzogen würde, und wandern weiter auf die Schwelle zum Totenkar mit seinen verstreuten Seeaugen. Mit Annäherung an die Gipfelflanke vollzieht man einen Zickzackkurs am steilen Grashang bis hinauf in eine Lücke und erreicht von dort nach links in Kürze den höchsten Punkt des **Seirlöcherkogels (4)**, 2557 m.

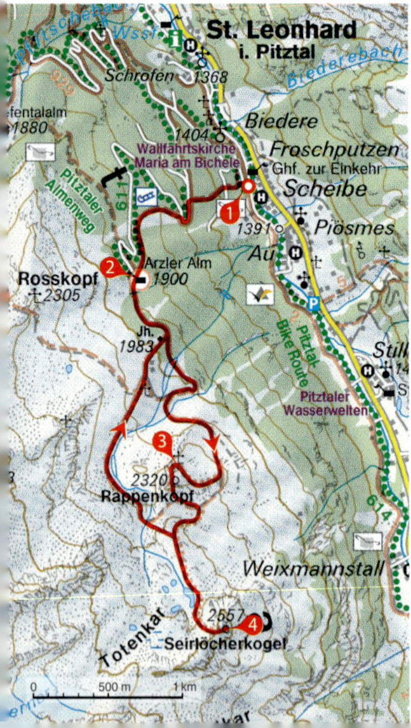

Im Abstieg können wir aus dem Totenkar vorteilhaft in die besagte Rappenkopfrunde einfädeln, indem wir hinter dem hübschen See ein Stück weit pfadlos den Bachlauf begleiten und diesen mit Augenmaß rechtzeitig nach links überschreiten. Man trifft alsbald wieder auf Markierungen, muss hier allerdings mit einem vermurten Graben rechnen. Am besten kommt man auf der linken Seite voran. Die Route führt zu einem flachen Boden und von dort sachte bergab zu einer Kreuzung. Geradeaus weiter zu einer Jagdhütte und alsbald auf bekannter Route zur **Arzler Alm (2)** bzw. zurück ins Tal.

9.00 Std.

Luibiskogel, 3110 m 39

Auf den Herrscher des mittleren Geigenkamms

Am langen, vielgezackten Geigenkamm erstreckt sich eine veritable Bergwildnis, in der nur eine kleine Anzahl Gipfel regelmäßig Besuch erhalten – im Allgemeinen jene, die mit einer markierten Route erschlossen sind. Dazu zählt auch der Luibiskogel, eine respektable Dreitausender-Bastion über strengen Karen. Diesen Thron zu erklimmen, stellt für tüchtige Berggänger eine besondere Herausforderung dar, zumal aus dem Pitztal volle 1700 Höhenmeter ohne Stützpunkt zu überwinden sind. Man lernt dabei die gesamte Abfolge der Höhenstufen kennen und sieht sich in der unsoliden Geröllrinne zur Luibisscharte mit der heikelsten Passage konfrontiert, ehe die Felskraxelei am Gipfelaufbau sogar den Genuss zurückbringt. Oben spannt sich ein gewaltiges Panorama der Ötztaler Alpen und weit darüber hinaus auf – ein Augenblick, der garantiert von Stolz erfüllt sein wird. Tipp: Der Luibiskogel ist ein ideales Mitnahmeziel auf der großen Geigenkamm-Überschreitung, die im Rother-Wanderführer »Trekking im Ötztal – Pitztal« ausführlich beschrieben wird.

Ausgangspunkt: Parkmöglichkeit, ca. 1400 m, an der Pitztaler Landesstraße kurz hinter Piösmes, beim Abzweig des Steiges Richtung Luibisalm. Mit öffentlichen Verkehrsmitteln geht man von der Bushaltestelle Oberpiösmes aus.

Anforderungen: T4–5. Sehr lange und anstrengende Gipfelbesteigung, die bis

Die Richtung stimmt, aber der Gipfel ist auf den Luibisböden noch weit entfernt.

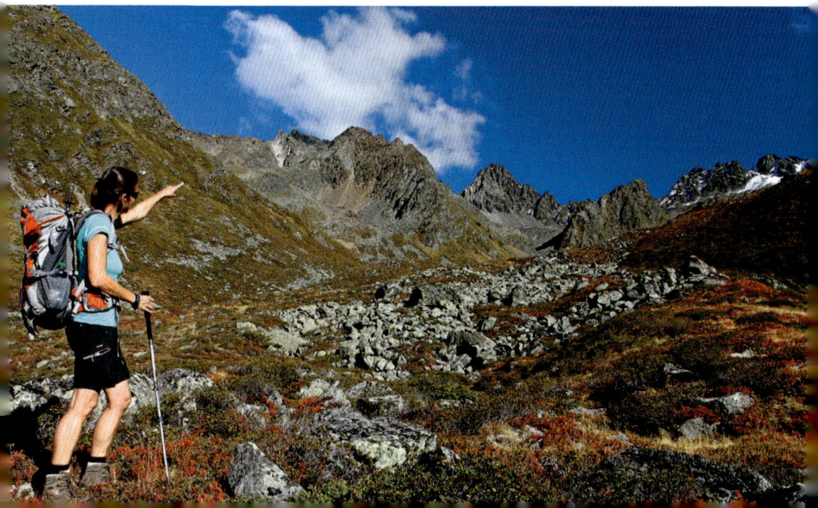

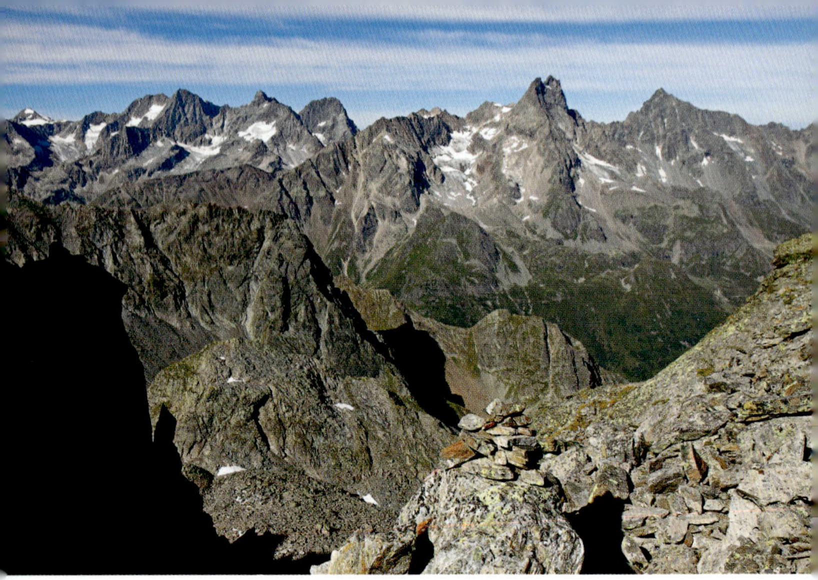

An der Luibisscharte nehmen wir die Parade des Kaunergrates ab.

zu den Luibisböden auf gutem Bergweg verläuft und danach zunehmend hochalpinen Charakter aufweist. Reichlich Blockschutt und später auch Felskletterei (Stellen I) mit gesicherten Passagen unterhalb der Scharte sowie am Gipfelaufbau. Nur für Erfahrene mit ausgeprägter Trittsicherheit und super Kondition.
Höhenmeter: Gut 1700 Hm.
Einkehr: Keine.
Beste Jahreszeit: Juli bis September.
Variante: Deutlich weniger streng gestaltet sich die Tour, wenn man auf den Luibisböden rechts Richtung Moalandlsee, 2526 m, und Grabkogel, 2651 m, abzweigt. In dem Kar wird eine steilere Geländestufe in Kehren überwunden. Vom Tal aus 3.45 Std. Aufstieg bis zum Grabkogel (»rot«).

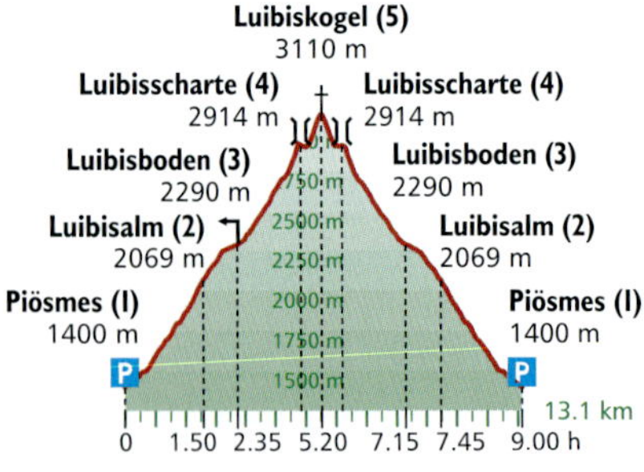

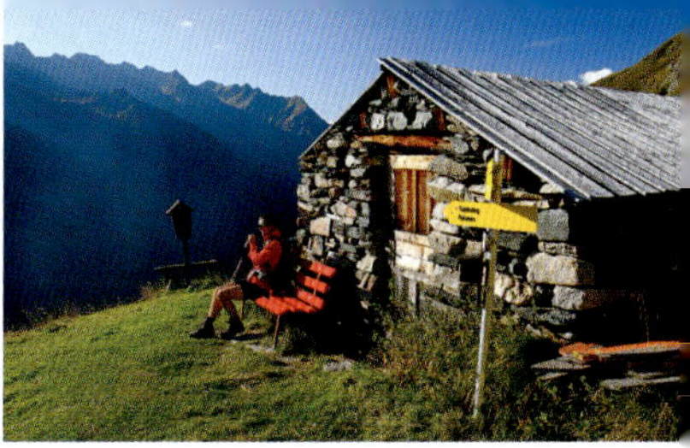

Bei der Luibisalm genießen wir am Rückweg die Abendsonne.

Etwa 200 m hinter der Siedlung **Piösmes (1)** steigen wir rechts von der mächtigen, verbauten Alpbachrunse in die Tour ein. Über den Wall auf einen Forstweg, der nach ein paar Schleifen in einen gewöhnlichen Bergsteig übergeht. Dieser schraubt sich kehrenreich ohne größere Hindernisse durch die Steilflanke in die Höhe und erreicht oberhalb der Waldgrenze die winzige **Luibisalm (2)**, 2069 m. Leicht rechts haltend führt die Fortsetzung zum **Luibisboden**, wo wir zunächst die Jagdhütte P. 2248 sowie einige wassergefüllte Mulden passieren und etwas später bei einem Unterstand zu einer Gabelung **(3)**, ca. 2290 m, kommen. Noch können wir uns für das moderatere Ausweichziel (siehe Variante) entscheiden. Ansonsten geht es schnurstracks weiter gegen das Nördliche Luibiskar hinan. Die Route findet einen Durchschlupf zwischen schroffen Felsbarrieren, wird nun aber auch zunehmend steiniger. Auf rund 2700 m verbindet sie sich mit dem Höhensteig Nr. 911. Durch chaotisches Blockterrain nähern wir uns einer steilen, rutschigen Rinne, die in die **Luibisscharte (4)**, 2914 m, emporzieht. Sehr hilfreich: An der rechten Seite befindet sich eine praktisch durchgängige Kettensicherung. Vom Ausstieg queren wir einen Blockhang und achten dann auf die bezeichnete Abzweigung Richtung Gipfel (der 911er führt indes abwärts zur Hauerseehütte). In der Südostflanke geht der Blockschutt allmählich in gestuftes Felsgelände über (etliche Ketten, aber auch Stellen I) – eine anregende Kraxelei, die am Doppelgipfel des **Luibiskogels (5)**, 3110 m, ihren Höhepunkt findet. Der Abstieg wird auf der gleichen Route vollzogen, gut dreieinhalb Stunden zurück nach **Piösmes (1)**.

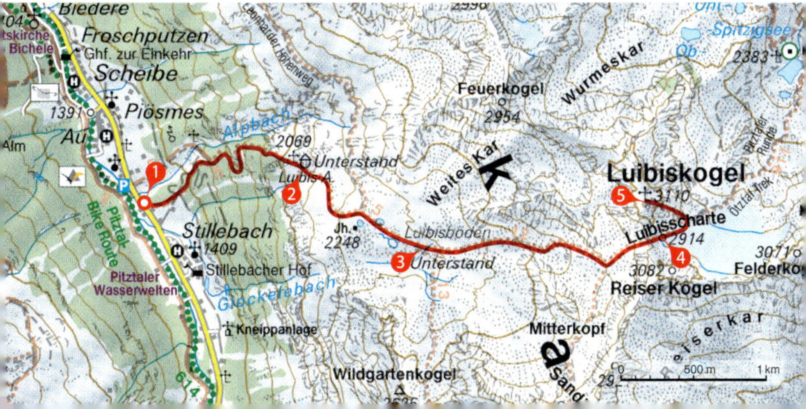

40 Rüsselsheimer Hütte, 2323 m, und Gahwinden, 2649 m

5.00 Std.

Der Stützpunkt für Hohe Geige und Mainzer Höhenweg

Gahwinden heißt eine vorspringende Schulter im Westgrat der Hohen Geige. Sie zählt zu den besten relativ leicht erreichbaren Aussichtskanzeln im gesamten Pitztal, eine Zugabe für alle marschtüchtigen Hüttenwanderer, die zur gemütlichen Rüsselsheimer Hütte heraufkommen. Jüngst wurde das aus Naturstein gefügte Haus in der Karweitung unter den höchsten Gipfeln des Geigenkamms umfangreich modernisiert und die Fassade verkleidet. Wo ein Steinbockgulasch angeboten wird, hält natürlich manch einer auch im Gelände nach den stolzen Hornträgern Ausschau. Und wird mitunter fündig …

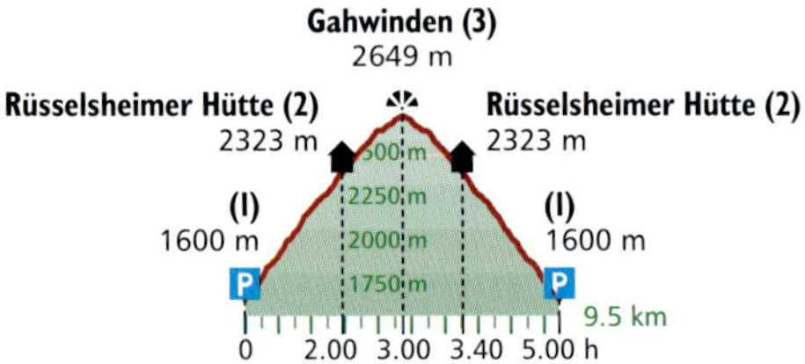

Ausgangspunkt: Hüttenparkplatz, ca. 1600 m, kurz vor Plangeross im hinteren Pitztal. Der Linienbus hält in der Ortschaft.
Anforderungen: T2–3. Sehr gut angelegter Bergweg, meist in grasigem Gelände, mit elementarer Trittsicherheit ohne besondere Schwierigkeiten, obschon die Hänge öfters abschüssig sind (deshalb knapp »rot«). Bis Gahwinden normale Tagestour für Ausdauernde; gemütlicher, falls man sich auf das Hüttenziel beschränkt.
Höhenmeter: 1050 Hm bis Gahwinden, 720 Hm bis zur Hütte.
Einkehr/Unterkunft: Rüsselsheimer Hütte (Mitte Juni bis Ende September, Tel. +43 5413 20300).
Beste Jahreszeit: Während der Hüttenöffnungszeit.

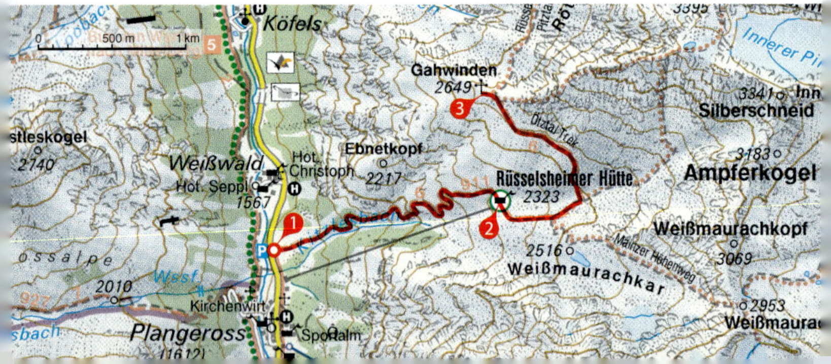

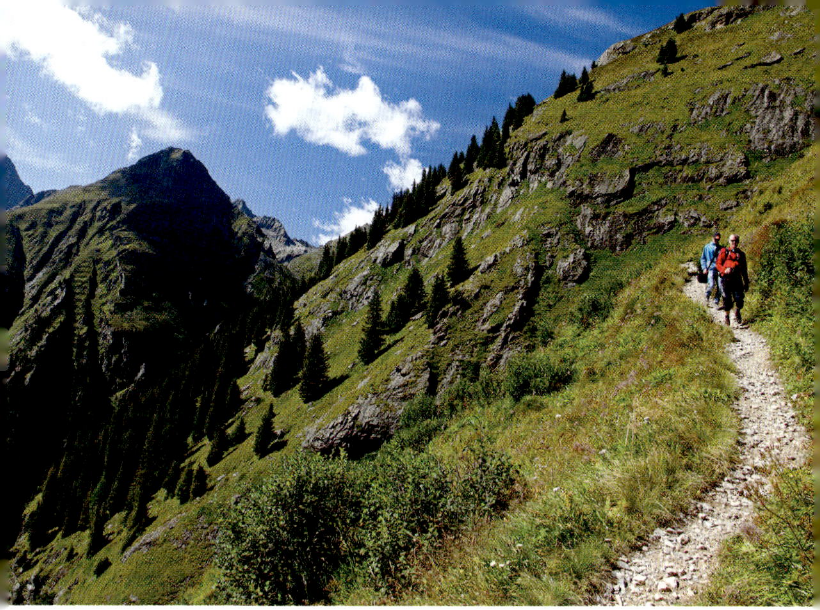

Der Weg zur Rüsselsheimer Hütte ist gut angelegt.

Gegenüber dem **Parkplatz (1)** beginnt der Hüttenweg am licht bewachsenen Hang links vom Kitzlesbach. Etwas zur Seite ausbiegend schraubt er sich in steileren Hängen gleichmäßig in die Höhe. Zwischendurch wird ein sekundärer Graben gekreuzt. Ansonsten reiht sich Kehre an Kehre, die nach oben hin ziemlich großzügig angelegt sind. Nach zwei Gehstunden erreichen wir die **Rüsselsheimer Hütte (2)**, 2323 m, an der Karschwelle und können nun so richtig die genau gegenüberliegende Watze würdigen. Doch es kommt noch besser, wenn wir kareinwärts die Abzweigungen zum Weißmaurachjoch sowie zur Hohen Geige (alter Normalweg) passiert und den weiten Aufwärtsbogen bis auf **Gahwinden (3)**, 2649 m, vollzogen haben (eine Stelle mit Kette). Dort steht eine Rastbank mit prächtiger Schau auf den gesamten Kaunergrat sowie 1000 Meter hinab ins Pitztal. Zurück geht es auf der gleichen Route.

Die Rüsselsheimer Hütte unterstützt hochalpine Touren am südlichen Geigenkamm.

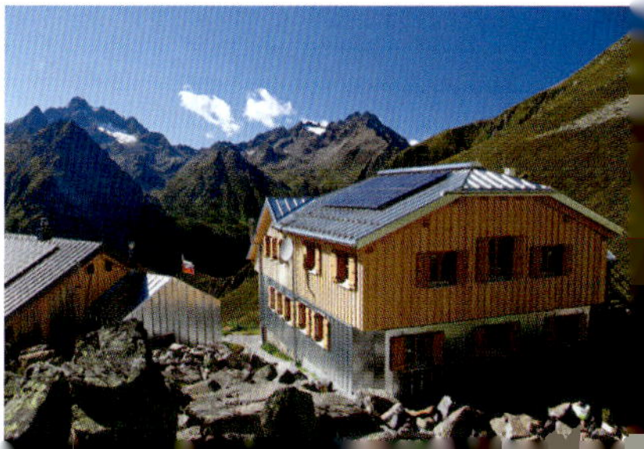

TOP **41**

Hohe Geige, 3395 m

6.00 Std.

Auf die Königin des Geigenkamms

Als Hauptgipfel und Namensgeber des Geigenkamms – der unser Pitztal ja auf ganzer Länge ostseitig begleitet – ist die Hohe Geige ein begehrtes Ziel. Dies zumal sich die Altvorderen hier um eine Steiganlage kümmerten, was sonst am Geigenkamm eine ziemliche Ausnahme ist. Mit der Rüsselsheimer Hütte hat der Berg natürlich auch sein nützliches Basislager. Allerdings wird der einstige Normalweg, eine etwas beschwerliche und potenziell steinschlaggefährdete Route, heute meistens nur noch im Abstieg begangen. In Mode gekommen ist stattdessen der Westgrat, eine herzhafte Blockkletterei im I. und II. Grad, die über das typische Bergwanderniveau schon ein Stück hinausgeht. Freilich sind die alpinen Spielformen in der Praxis ja fließend, sodass tüchtige, erfahrene Bergsteiger hier ein absolutes Gustostück vor sich haben, belohnt mit einem Panorama, das bei klarem Wetter nur als gigantisch bezeichnet werden kann. Und der Abstieg erweist sich dann eigentlich als gar nicht so garstig, sofern man sich in alpinem Gelände heimisch fühlt …

Beim Rückweg durchs Kar zur Rüsselsheimer Hütte dominiert die Watzespitze.

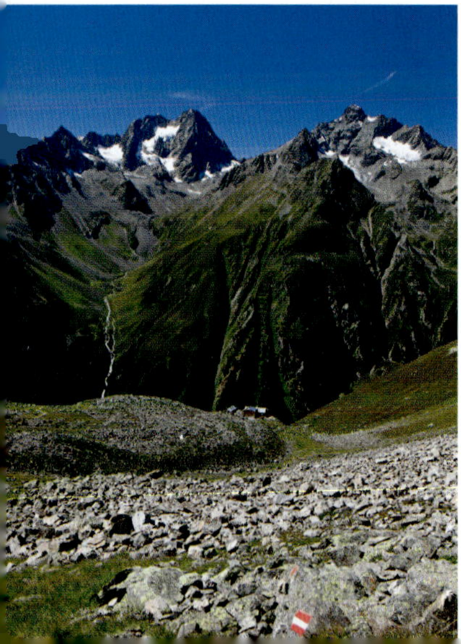

Ausgangspunkt: Rüsselsheimer Hütte, 2323 m. Zustieg siehe Tour 40.

Anforderungen: T5 am Westgrat, T4 am alten Normalweg. Der Westgrat verlangt immer wieder Blockkletterei (I und vereinzelt II), einige exponierte Passagen auch klettersteigartig entschärft. Im Gipfelbereich viel Blockschutt und je nach Jahreszeit größere Schneefelder. Die Normalroute führt steigähnlich durch eine abschüssige Fels- und Schuttflanke, ebenfalls zuweilen Händegebrauch nötig (Stellen I), technisch merklich leichter als der Westgrat, aber größerer Steinschlaggefahr ausgesetzt und eher nur im Abstieg empfehlenswert. Die Hohe Geige verlangt viel Bergroutine und perfekte Trittsicherheit. Konditionell ab Hütte durchschnittlich, als Tagestour aus dem Tal sehr stramm.

Höhenmeter: 1100 Hm ab Hütte.

Einkehr/Unterkunft: Rüsselsheimer Hütte (Mitte Juni bis Ende September, Tel. +43 5413 20300).

Beste Jahreszeit: Mitte Juli bis Mitte September.

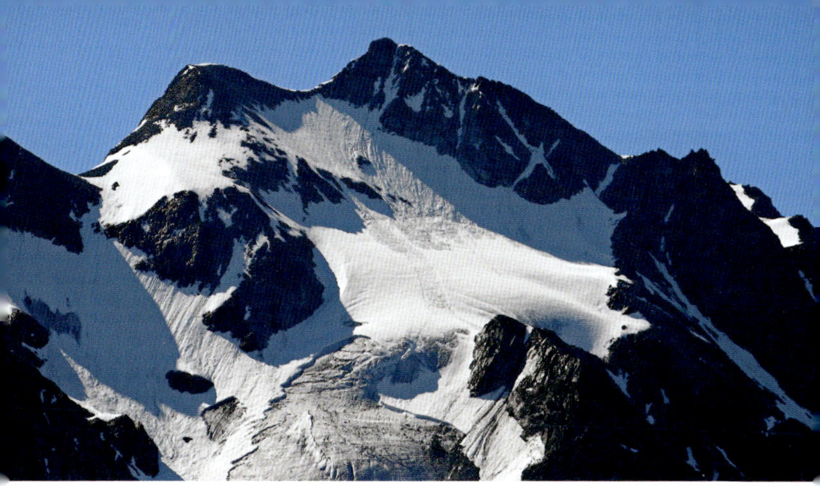

Die Hohe Geige von Norden, nach rechts der Westgrat im Profil.

Von der **Rüsselsheimer Hütte (1)** geht es auf gutem Bergweg (Nr. 911) kareinwärts an den beiden Abzweigungen zum Weißmaurachjoch bzw. zur Normalroute vorbei. Der Aufwärtsbogen führt durch abschüssige grasige Hanglagen weit nach links und erreicht die markante Schulter auf **Gahwinden (2)**, 2649 m. Hier setzt der Westgrat an, zunächst noch als harmloser, breiter Bergrücken. Schon bald geraten wir jedoch in kantiges Blockwerk und müssen hier und da ein wenig zupacken bzw. geschickt balancieren. Zwischendurch finden sich zwar auch erdige Steigspuren, doch überwiegt das grobblockige Gestein. Bei P. 3020 **(3)** gewinnen wir einen Absatz, ehe der Grat abermals aufsteilt und in seinem oberen Abschnitt schärfer und exponierter wird. Die anspruchsvollsten Passagen, teils knapp neben der Schneide, sind mit Drahtseilen versehen. Im Anschluss erreichen wir die Schwelle zur verblüffenden Gletscherwanne **(4)**, ca. 3230 m, die dem finalen Gipfelhang vorgelagert ist. Schließlich gemeinsam mit der Normalroute minimal abwärts in

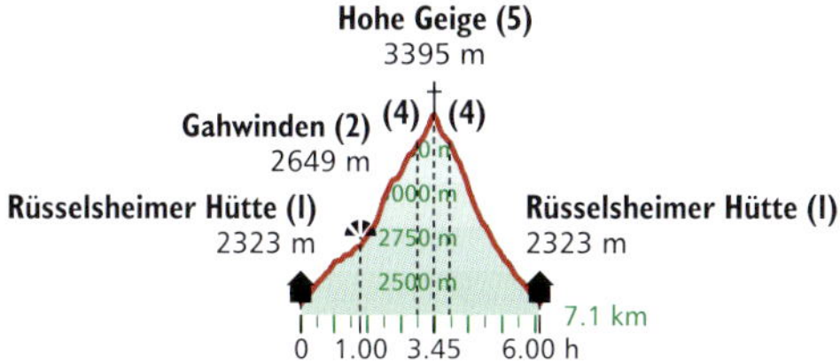

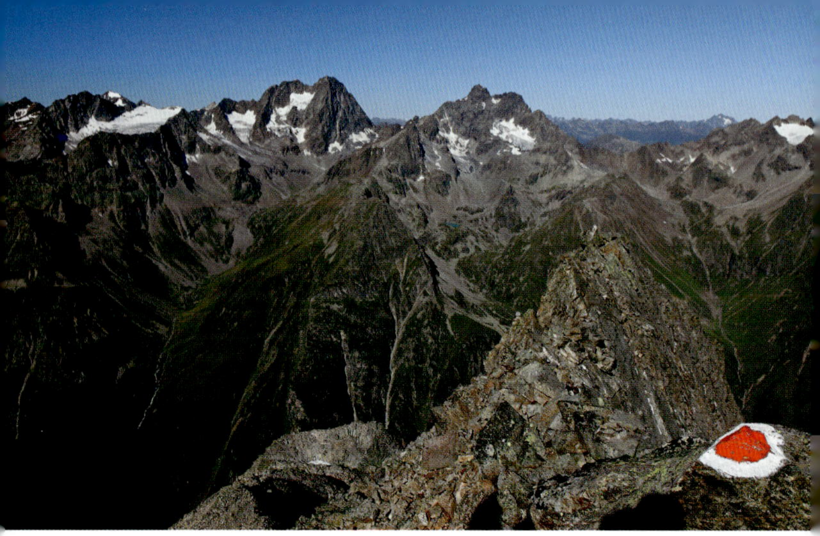

Am Westgrat erwartet uns eine Kraxelei vor der Kulisse von Watze, Verpeilspitze und Co.

diese Hochmulde und im Blockschuttgelände etwas beschwerlich zum Kreuz auf der **Hohen Geige (5)**, 3395 m, hinauf. Dabei offenbaren sich diverse Begehungsspuren, sodass man den höchsten Punkt zuletzt sowohl mehr von links her als auch von rechts entlang des Südgrates ansteuern kann.

Im Bergab zunächst wieder durch die Mulde mit dem Resteis zurück zur Geländeschwelle **(4)**, wo Steinmännchen und verblasste Markierungen den Einstieg in die abschüssige, bröselige Südwestflanke signalisieren. Die Steigspuren leiten bald deutlich nach rechts und über einige Rinnen zu einer schwachen Rippenstruktur. Sie erscheint etwas sicherer vor Steinschlag (trotzdem Vorsicht). Das Gelände bleibt noch lange Zeit felsdurchsetzt, verlangt ab und zu etwas Händeeinsatz, obgleich die Gehpassagen bei Weitem überwiegen. Auf rund 2800 m läuft die Route ins Schuttkar aus – die Schwierigkeiten sind vorbei. Man wandert weiter bergab zum Weg Nr. 911 und trifft 20 Minuten später wieder bei der **Rüsselsheimer Hütte (1)** ein.

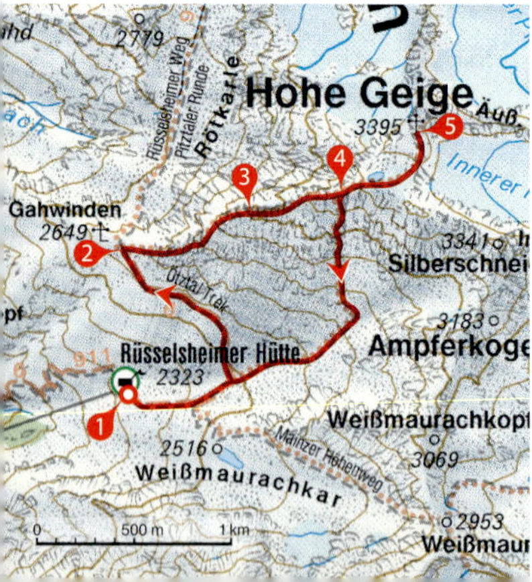

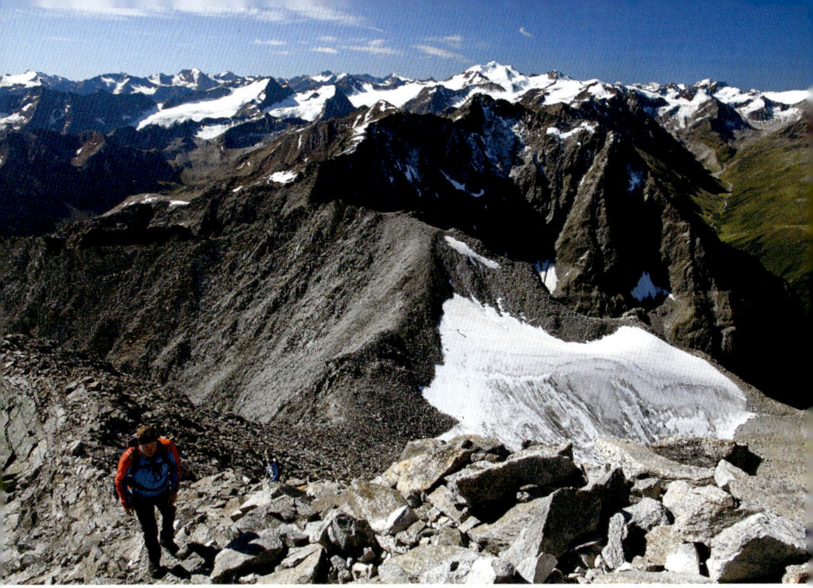

Oben: Die letzten Meter verlaufen am blockigen Südgrat.
Unten: Absoluter Blickfang im Gipfelpanorama ist die elegante Wildspitze.

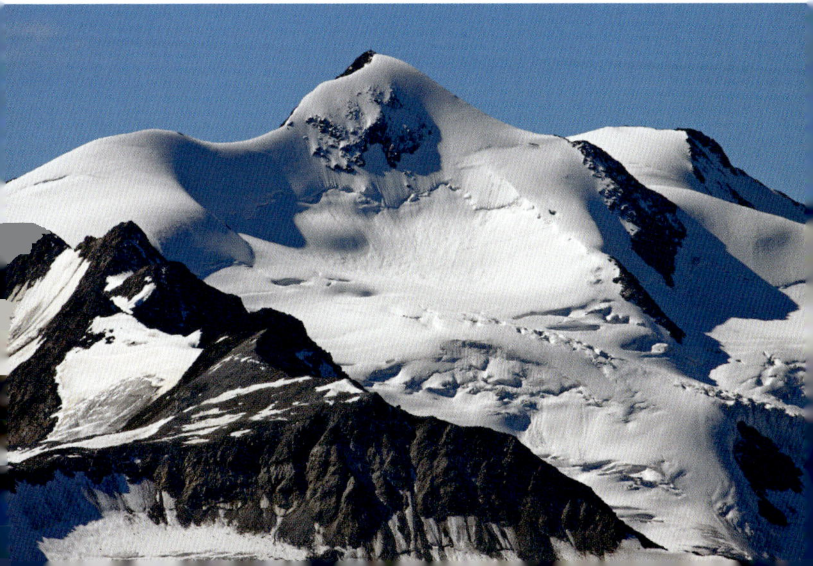

42 Mainzer Höhenweg

9.30 Std.

Spektakulärer Übergang von der Rüsselsheimer zur Braunschweiger Hütte

Nimmt man die Gesamtheit der Anforderungen zusammen, so gebührt dem Mainzer Höhenweg wohl der Spitzenplatz in unserer Tourenauswahl. Der Verlauf dieser Gratroute erscheint kühn und verwegen; objektiv betrachtet hat die Unternehmung auch viel mehr mit einer kombinierten Hochtour als mit gewöhnlichem Bergwandern gemein. Schon beim Warmlaufprogramm hinauf zum Weißmaurachjoch wird in steilem Bröselgelände eine kleine Kostprobe gegeben. Anschließend beginnt der Ernst des Mainzer Höhenweges, der dem Puitkogel auf teilweise kniffligen Traversen ausweichen muss und sich erst vor dem Wassertalkogel wieder der Gratlinie anschmiegt. Dort oben, am Zenit der Route, steht das futuristisch anmutende Rheinland-Pfalz-Biwak, gleichsam als ob ein Ufo auf dem Gipfel gelandet wäre: ein traumhafter Fleck für das Erleben stimmungsvoller Sonnenuntergänge und -aufgänge. Wer die gesamte Strecke bis zur Braunschweiger Hütte in einem Zug absolvieren möchte, sollte sich seines Leistungsvermögens für einen hochalpinen Gewaltmarsch sicher sein. Man bewegt sich nun überwiegend in Kammnähe um und über der 3000-Meter-Marke, obgleich meist nicht mehr ganz so prekär wie im ersten Abschnitt. Summa summarum eine Herausforderung für gestandene Bergfexe und eine der spannendsten Höhenrouten alpenweit!

Am Wassertalkogel steht das Rheinland-Pfalz-Biwak vis-à-vis des Kaunergrates.

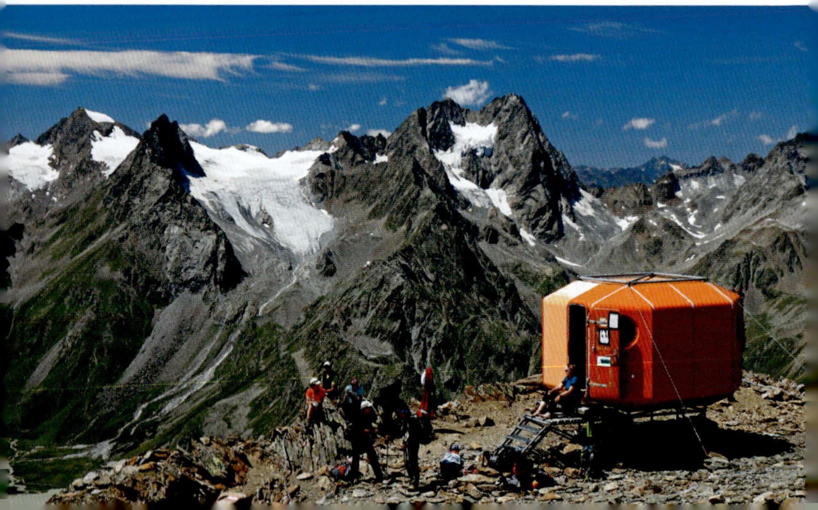

Ausgangspunkt: Rüsselsheimer Hütte, 2323 m. Zustieg siehe Tour 40.

Endpunkt: Braunschweiger Hütte, 2758 m. Schlussabstieg nach Mittelberg siehe Tour 54.

Anforderungen: T5. Sehr anspruchsvolle hochalpine Tour in kombiniertem Gelände, d.h. neben Felspassagen (I. Grad sowie einige gesicherte Schlüsselstellen) ist auch mit Eistraversen zu rechnen. Steigeisen gehören zur Grundausstattung. Abschnittsweise komplizierte Routenführung, trotz Markierung keine durchgängige Wegtrasse, jüngst ausgeaperte Zonen sind teilweise heikel instabil. Alle Grundtugenden hinsichtlich Bergerfahrung, Trittsicherheit, Orientierungsvermögen und Ausdauer müssen auf hohem Niveau erfüllt sein; ggf. Nächtigung in der Biwakschachtel erwägen. Die Tour ist nur bei guten Verhältnissen und stabilem Wetter ratsam!

Höhenmeter: Etwa 1430 Hm Aufstieg und 1000 Hm Abstieg.

Einkehr/Unterkunft: Rüsselsheimer Hütte (Mitte Juni bis Ende September, Tel. +43 5413 20300), Rheinland-Pfalz-Biwak (9 Lager), Braunschweiger Hütte (Mitte Juni bis Ende September, Tel. +43 664 2012013).

Beste Jahreszeit: Juli bis September.

Variante: Markierter Notabstieg vom Grat etwa 30 Min. vor dem Wassertalkogel durchs Wurmsitzkar hinab nach Mandarfen. Richtzeit ca. 3 Std. Bei akuter Gewittergefahr im Zweifel besser rasch die Biwakschachtel ansteuern.

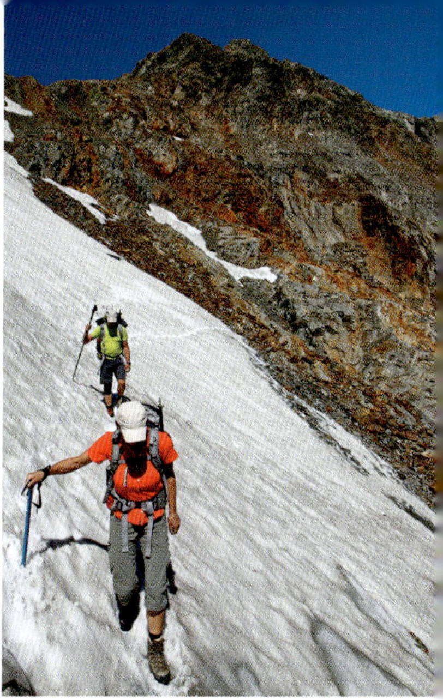

Auch die eine oder andere Eistraverse ist dabei.

Von der **Rüsselsheimer Hütte (1)** kareinwärts zur ersten Verzweigung und dort rechts. Wir ersteigen einen Moränenhang zur Schwelle des Weißmaurachkars, hinter der sich ein Schmelzwassersee verbirgt. Auf der linken Seite

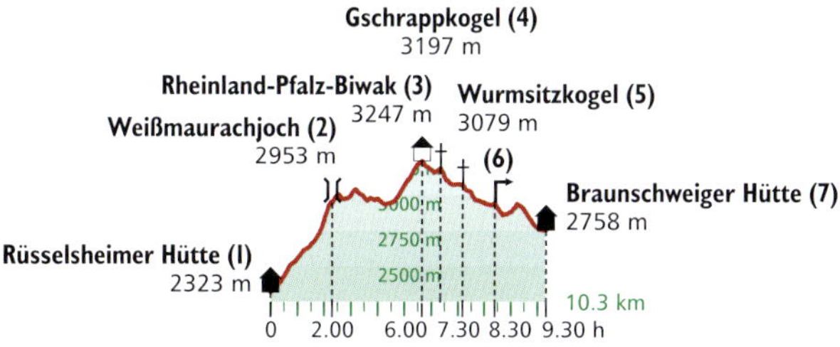

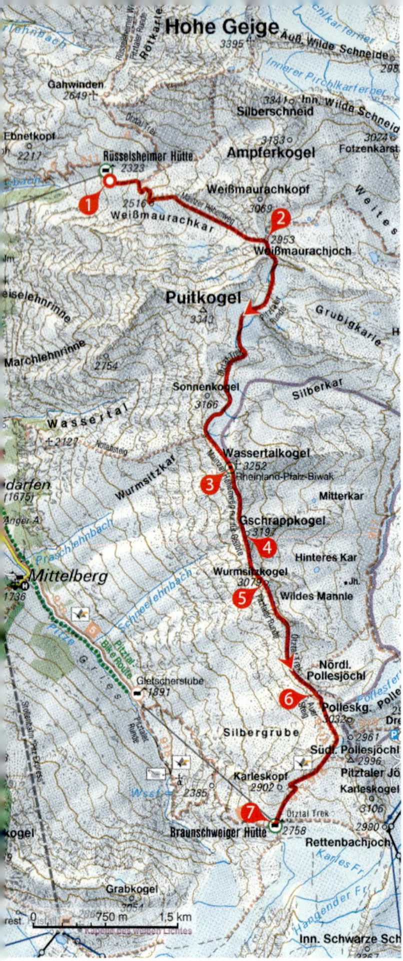

vorübergehend flacher weiter, bevor die erdige Blockschutthalde gegen das **Weißmaurachjoch (2)**, 2953 m, kräftig aufsteilt. Mühsam und teils mit Kettenhilfe arbeiten wir uns bis in den Sattel empor. Dort rechts am Blockrücken des Puitkogels noch ein Stück aufwärts, bis die Markierung zu einer Traverse ansetzt. Richtpunkt ist eine Signalstange an einer ausgeprägten Rippe. Gleich dahinter geht es mit Kettensicherung an einer Plattenwand schräg abwärts – die erste Schlüsselstelle. Im kleinen Karkessel des Nördlichen Puitkogelferners überwiegt mittlerweile Blockschutt bei nur noch wenig Firn oder Resteis. Gegenüber ersteigen wir wiederum gesichert recht kompakte Felsen hinauf zu einer Geländeverebnung. Doch die nächste Hürde ist nicht weit: Man steigt in eine grimmige Rinne ein und tastet sich mithilfe von Ketten vorsichtig zum Südlichen Puitkogelferner hinab. Hier steht derzeit noch eine nennenswerte Eistraverse bevor, und zwar leicht abwärts in die jenseits auftretenden Blockschuttfelder, die teils ebenfalls mit Eis unterfüttert sind (stellenweise Abrutschgefahr!). Die optimale Route ist nicht immer klar ersichtlich, etwaige Markierungen auf Blöcken machen sich zuweilen selbstständig. Mit Kettenhilfe geht es um den nächsten Sporn herum, quer durch eine weitere blockreiche Hangbucht und am darauffolgenden markanten Eck dann aufwärts abdrehend in das Firnkar südlich des Sonnenkogels. Für eine Weile dürfen wir hier mit weniger widerspenstigen Gegebenheiten rechnen, bevor die Route nochmals durch steile, morsche Felszonen zur Grathöhe aufschließt (vereinzelt Sicherungen). Von einer Einschartung zur nächsten, wo der Notabstieg nach Mandarfen abzweigt. Wir bleiben indes am felsigen Grat, bewältigen

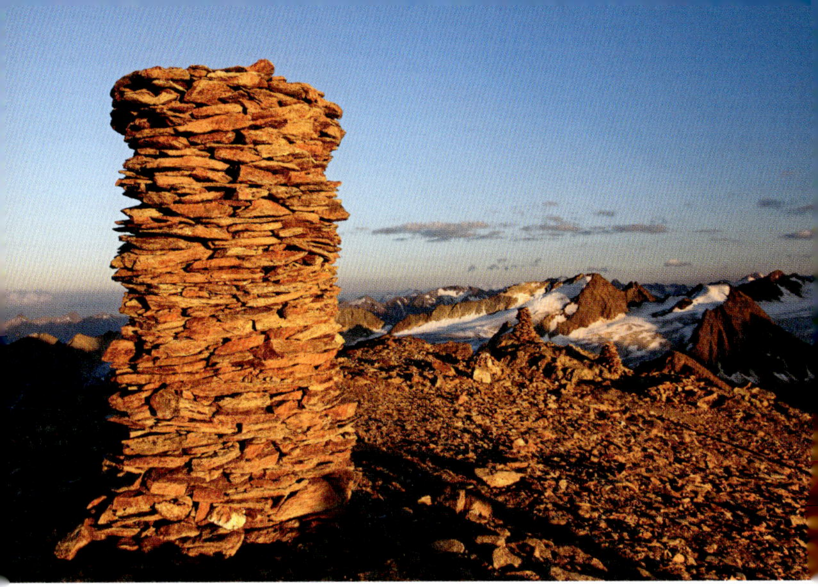

Oben: *Die späte Abendsonne erzeugt am Wassertalkogel ein ganz warmes, intensives Licht.*
Unten: *Immer wieder wird am Mainzer Höhenweg Kletterei verlangt.*

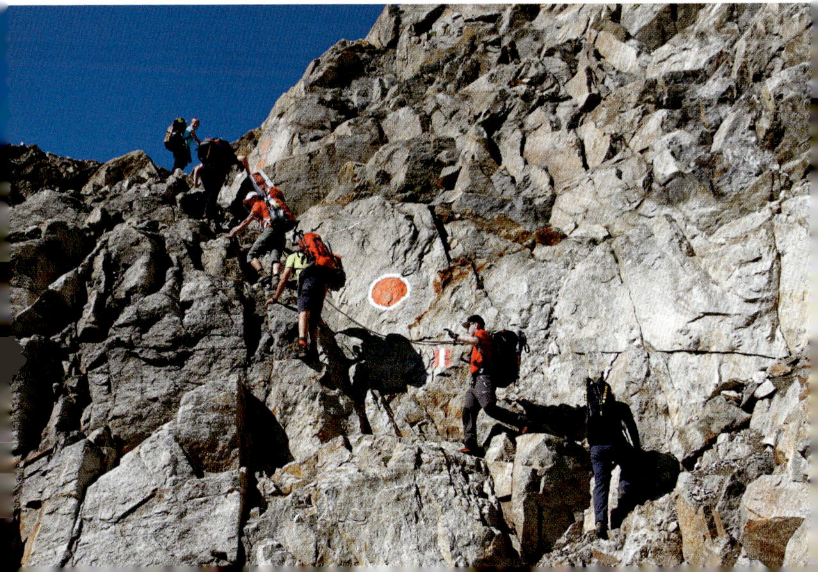

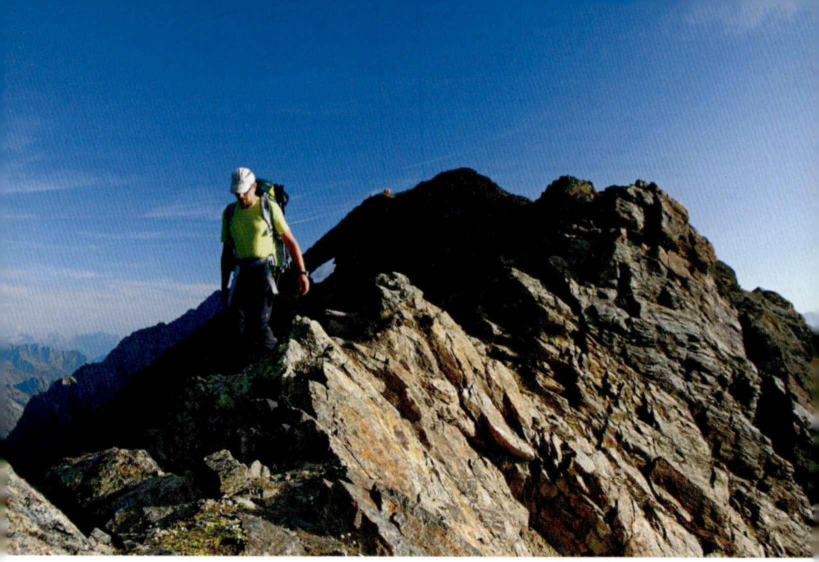

Auf der felsigen Gratlinie zwischen Wassertalkogel und Gschrappkogel.

noch einige kurze Kletterstellen (I) und erreichen zuletzt leichter über Blockschutt das **Rheinland-Pfalz-Biwak (3)**, 3247 m, am Wassertalkogel, wenige Meter unterhalb des höchsten Punktes.

Der zweite Abschnitt beginnt mit einem Abstieg am Gratrücken, bald schon einige Meter in die Westflanke ausweichend und mit der einen oder anderen Kraxelstelle garniert. Nach einer kleinen Gegensteigung überschreiten wir den **Gschrappkogel (4)**, 3197 m, als nächsten halbwegs eigenständigen Gipfel. Die folgende Stunde ist im Detail recht verzwickt, weil man im Verlauf des Grates doch um einige Hindernisse lavieren und deshalb auch immer wieder etwas in die Westseite ausbiegen muss. Blockiges und plattiges Felsgelände wechselt mit erdigem Untergrund, einzelne Passagen sind gesichert (einmal auch mit Leiter). Über den **Wurmsitzkogel (5)**, 3079 m, und das wenig herausgehobene Wilde Mannle verlieren wir nur langsam an Höhe. Weiter im Bereich eines breiten Blockrückens zum **Nördlichen Pollesjoch** und über einen kleinen Gendarm zum Abzweig des neuen **Franz-Auer-Steiges (6)**. Dort geht es auf guter Spur ein Stück abwärts, dann oberhalb der Silbergrube entlang in eine Schneemulde. Aus dieser nochmals mit Kettenhilfe steil empor auf den Zweiggrat bei P. 2966, wo der gut ausgebaute Weg zwischen Braunschweiger Hütte und Pitztaler Jöchl (auch E5) vorbeiführt. Diesen nehmen wir jetzt im Bergab und erreichen mit zwei Kehren den Zielpunkt bei der stark frequentierten **Braunschweiger Hütte (7)**.

6.30 Std.

Mittelberglesee, 2446 m, und Auf den Saßen, 2725 m

43

Ein türkisfarbener See und ein »namenloser« Übergang

Wie so viele Bergseen des Pitztals bettet sich auch der Mittelberglesee in eine herbe, einsame Geländekammer. Fast drei Stunden ist man dorthin unterwegs. Wer noch eine Schippe drauflegen mag, überschreitet den südlich flankierenden Gratkamm, der mit dem Flurnamen »Auf den Saßen« in Karten verzeichnet ist. Für den Übergang selbst wäre Mittelberglejoch oder vielleicht auch Parstlesjoch passend. Mit Abstieg durchs Plangerosstal ergibt dies auf jeden Fall eine feine Rundtour.

Ausgangspunkt: Trenkwald, 1501 m, kleine Ortschaft im inneren Pitztal. Parkmöglichkeit und Bushaltestelle an der Landesstraße.

Anforderungen: Mindestens T3. Abschnittsweise ordentlich ausgebaute Bergwege, teils auch kleinere, mitunter holprig verwachsene Pfade, die aber immer zuverlässig markiert sind. Trotz wilder Hochgebirgsszenerie und einiger Steilstrecken insgesamt nicht zu arg. Solide Trittsicherheit und Ausdauer für eine volle Tagestour natürlich notwendig.

Höhenmeter: Insgesamt 1230 Hm, bis Mittelberglesee 950 Hm.

Einkehr: Eventuell Plangerossalm, sonst nur in den Talorten.

Beste Jahreszeit: Juli bis September.

Bergwiesen unweit der Neururer Alm.

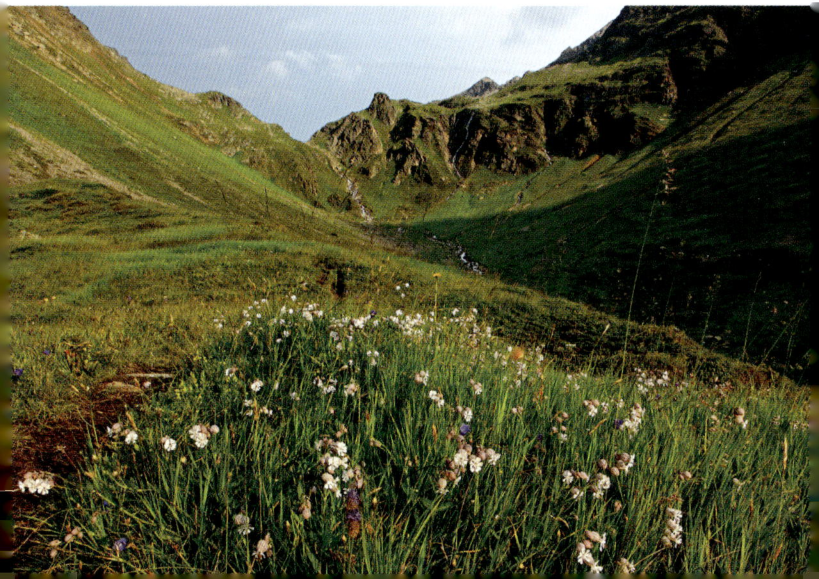

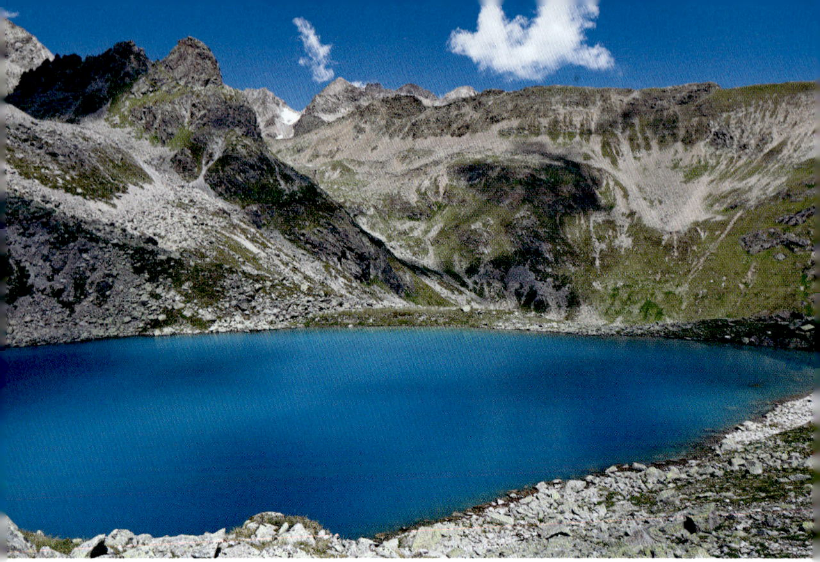

Ein Juwel am wilden Kaunergrat: der Mittelberglesee.

In **Trenkwald (1)** über die Brücke und beim Wegweiser sofort halb rechts hoch. Auf den ersten 300 Höhenmetern bis zur Verflachung bei Stabl zieht der Steig kräftig an. Anschließend in offenem Gelände mit einem Rechtsbogen weiter schräg bergauf in den Kessel der verfallenen **Neururer Alm (2)**, ca. 2070 m. Hier zweigt der Zugang zu unserem See scharf links ab. Mit einer Hangtraverse gelangen wir an einer Jagdhütte vorbei ins südlich gelegene Loobachtal, wo man auf einer Brücke gleich den Bach kreuzt. Der **Mittelberglesee (3)**, 2446 m, wird nun in wechselnder Steigung, zuletzt an einem felsigen Riegel vorbei, erreicht. Wir passieren das farbintensive Gewässer links und setzen den Aufstieg in kargerem, öfters auch felsdurchsetztem Ge-

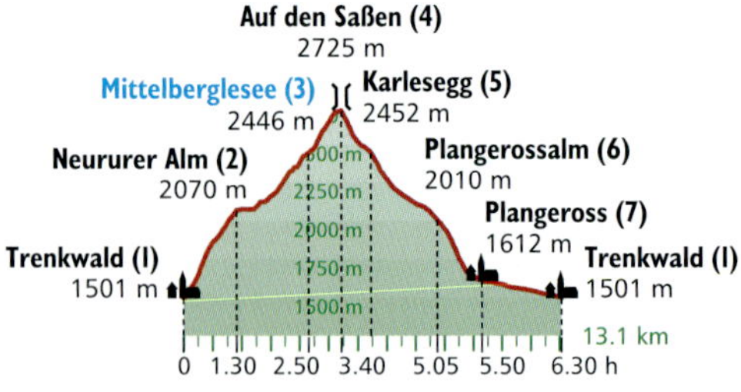

lände fort. Durch eine Karmulde mit Blockschutt (oder Schnee im zeitigen Sommer) schließlich bis zur Kammhöhe **»Auf den Saßen« (4)**, ca. 2725 m.

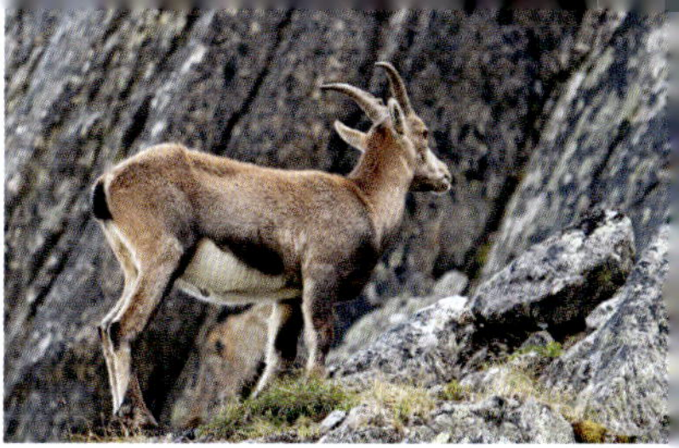

Steinböcke sind absolut trittsicher.

Kurz nach rechts wird die Abzweigung zur Kaunergrathütte ignoriert und der jenseitige Abstieg beginnt. Die Flanke ist anfangs ziemlich steil, läuft aber später sanfter aus. Man peilt das Jagdhüttchen am **Karlesegg** an und stößt kurz darauf bei P. 2452 **(5)** auf den gut ausgebauten Normalweg zur Kaunergrathütte. Talwärts geht es über eine Geländestufe auf die Böden des Plangerosstals, danach über die nächste Schwelle erneut in steilere Hänge. Hinter der **Plangerossalm (6)**, 2010 m, wechseln wir auf zwei Brücken über den starken Bach nach rechts. Der Steig ist eine Weile holprig, wird im Wald aber wieder deutlich besser und zieht mit etlichen Serpentinen an einem Wasserfall vorbei in die Talsohle. Wer möchte, kann jetzt vom Dorf **Plangeross (7)**, 1612 m, den Bus nehmen. Ansonsten bleibt man diesseits der Pitze und wandert die ausstehenden 2,5 km auf breiten Karrenwegen – die Weiler Weißwald und Köfels rechts liegen lassend – zurück nach **Trenkwald (1)**.

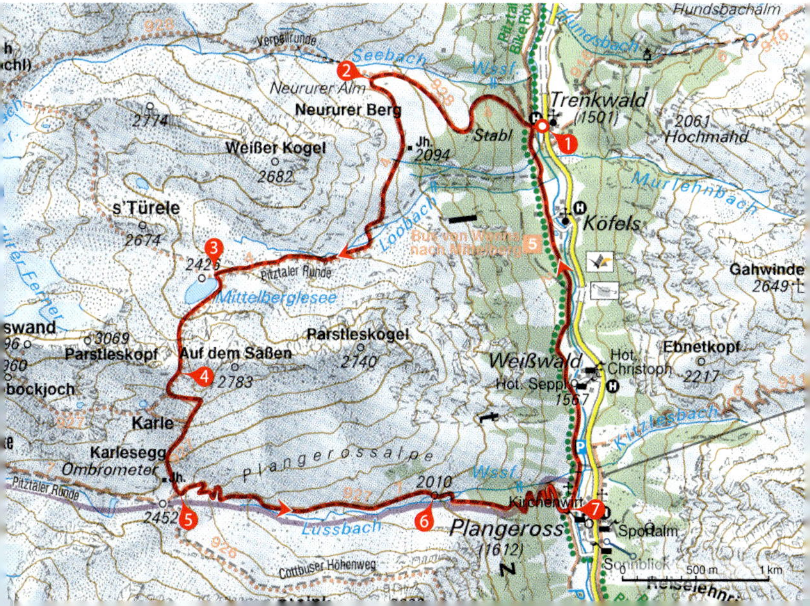

44 Kaunergrathütte, 2817 m

6.20 Std.

Von Plangeross bis unter die mächtige Watzespitze

Die hoch gelegene Kaunergrathütte lockt vor allem Alpinisten, die sich an Kalibern wie Watze, Verpeilspitze oder Schwabenkopf versuchen wollen. Als Basislager für Ausbildungskurse in Fels und Eis hat sie sich etabliert. Doch auch der normale Bergwanderer kann hier mit einer wilden Landschaft aus schroffem Granitgneis und Hornblendegestein auf Tuchfühlung gehen. Der Zustieg ist wohl lang, wandertechnisch aber nicht schwierig.

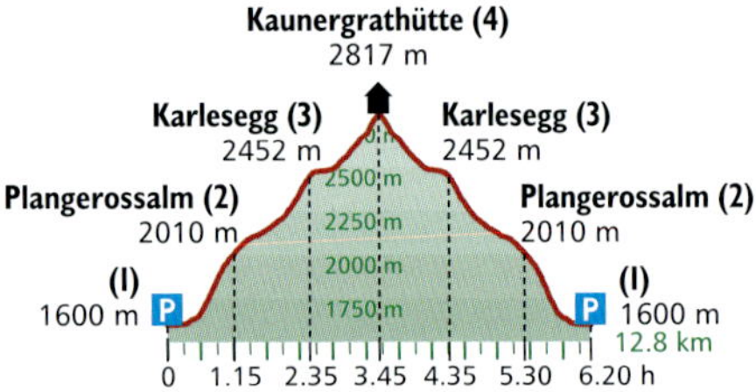

Ausgangspunkt: Hüttenparkplatz, ca. 1600 m, kurz vor der Ortschaft Plangeross im hinteren Pitztal. Bushaltestelle im Dorf.
Anforderungen: T2–3. Im Allgemeinen gut ausgebauter Hüttenweg, unterhalb der Plangerossalm vorübergehend etwas holprig, im oberen Abschnitt karges Gelände, aber ohne besondere Schwierigkeiten. Wichtigste Voraussetzung ist eine gute Kondition angesichts des beachtlichen Höhenunterschiedes.
Höhenmeter: 1220 Hm.
Einkehr/Unterkunft: Kaunergrathütte (Mitte Juni bis Mitte September, Tel. +43 5413 20310). Eventuell Ausschank auf der Plangerossalm.
Beste Jahreszeit: Während der Hüttenöffnungszeit.
Variante: Eine Abstiegsoption ist als separate Tour 45 beschrieben.

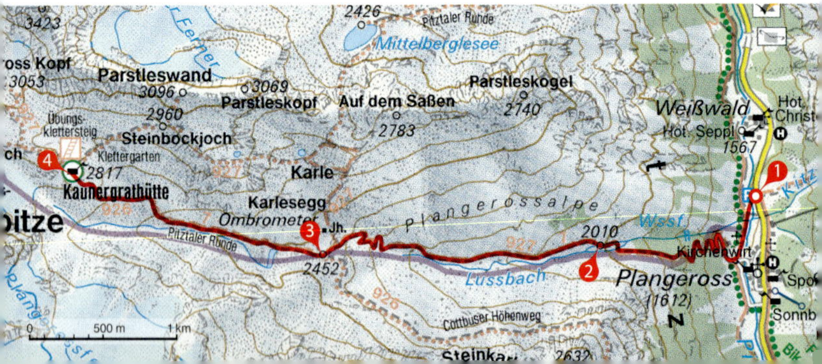

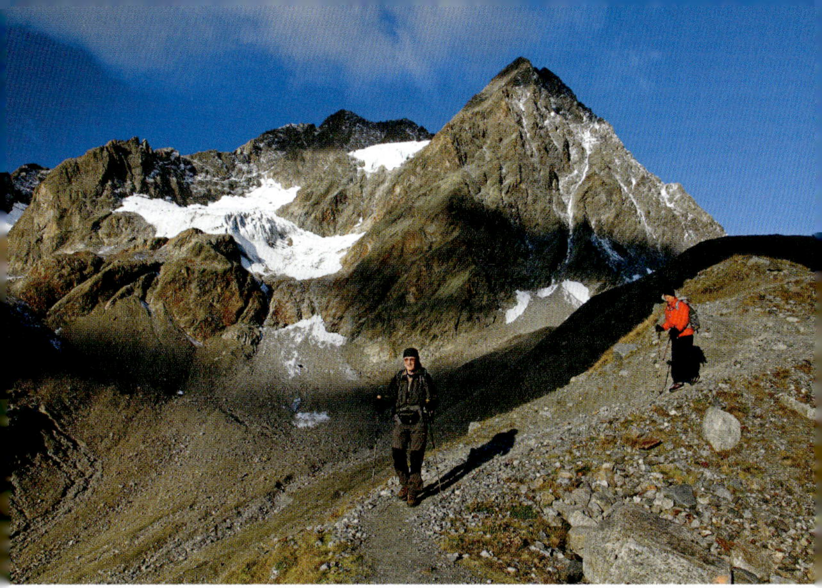

Die mächtige Watze ist der Blickfang auf der Tour zur Kaunergrathütte.

Vom Ort **Plangeross** bzw. vom Hüttenparkplatz **(1)** auf die andere Seite der Pitze und auf dem anfangs breiten Weg Nr. 927 an der Berglehne empor. Im Wald vollziehen wir zunächst etliche Kehren links vom Lußbach, der zwischendurch mit einem Wasserfall aufwartet, und wechseln dann über zwei Brücken nach rechts, wo uns kurz darauf die **Plangerossalm (2)**, 2010 m, empfängt. Die steile untere Talstufe ist damit fast überwunden – es öffnet sich ein flacher Hochboden. An dessen Ende rechts haltend über die nächste Geländeschwelle zur Wegkreuzung am **Karlesegg (3)**, 2452 m. Erneut wird dahinter ein Schwemmboden durchschritten, womit wir allmählich in schuttbedecktes Gelände vorankommen. Der Steig bleibt aber stets gut ausgebaut, leitet auf einen Moränenrücken und zur längst sichtbaren **Kaunergrathütte (4)**, 2817 m. Der Abstieg wird meistens auf gleicher Route vollzogen.

Die hoch gelegene Kaunergrathütte im Bannkreis der Watzespitze.

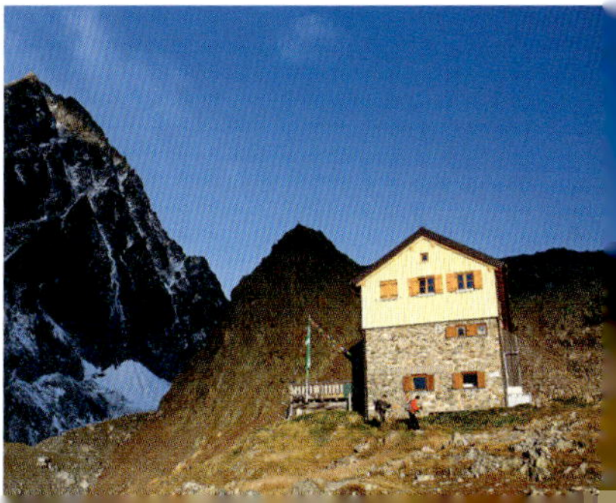

45 Parstleswand, 3096 m

4.15 Std.

Auf den Hausberg der Kaunergrathütte

Die Gipfel rund um die Kaunergrathütte sind fast durchwegs sehr anspruchsvolle Fels- und Hochtouren und für unsere Bedürfnisse lediglich Kulisse – obgleich eine überaus beeindruckende. Mit der Parstleswand gibt es nur eine Ausnahme, die auch für den Bergwanderer in Reichweite ist. Wer sich unwegsames Blockwerk zutraut, kann diesen Tourenvorschlag als Option für den Rückweg von der Kaunergrathütte ausprobieren – speziell empfehlenswert nach einer Übernachtung dort oben. Ergreifend, wenn die Watzespitze das erste Licht der Morgensonne einfängt!

Ausgangspunkt: Kaunergrathütte, 2817 m. Zustieg siehe Tour 44.
Endpunkt: Plangeross, 1612 m, bzw. der Hüttenparkplatz 500 m vor dem Ort.
Anforderungen: T4. Auf der Route über das Steinbockjoch deutliche Steigspuren, wenn auch als Bergweg nicht ganz mit dem normalen Hüttenaufstieg vergleichbar (T3, »rot«). Der Gipfelabstecher führt durch teilweise sehr grobes Blockgelände, das einige Versiertheit und gute Trittsicherheit verlangt (Stellen I), hier nur Steinmännchen zur Orientierung.
Höhenmeter: 330 Hm Aufstieg, 1550 Hm Abstieg bis ins Tal.
Einkehr/Unterkunft: Kaunergrathütte (Mitte Juni bis Mitte September, Tel. +43 5413 20310). Evtl. Plangerossalm.
Beste Jahreszeit: Während der Hüttenöffnungszeit.

Eis und Fels – die typischen Elemente am südlichen Kaunergrat.

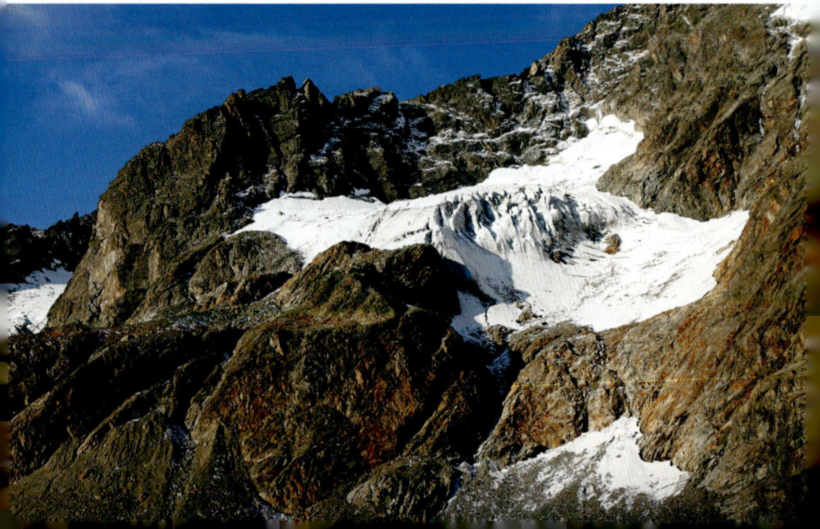

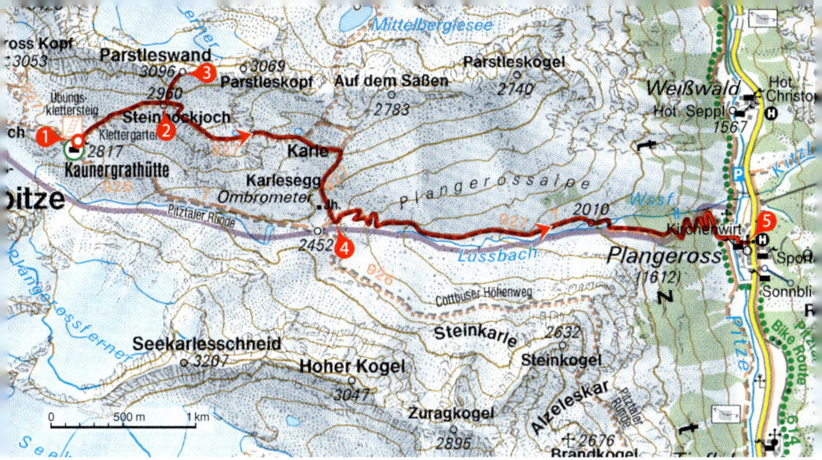

Von der **Kaunergrathütte (1)** geht es mit leichten Zwischenabstiegen quer durch einen Schrofenhang (einzelne Drahtseile) und anschließend weiter in schlichtere Schuttlehnen hinein. Auf deutlicher Pfadspur steigen wir schräg aufwärts zum **Steinbockjoch (2)**, 2960 m, wo die Gipfelroute abzweigt. Man hält sich an den wenig ausgeprägten Südgrat, der sich jedoch bald in grobem Blockgelände verliert. Steinmännchen geben die günstigste Linie vor, dennoch braucht es einige Kraxelei und etwas Instinkt, um die trümmerbewehrte Gipfelflanke der **Parstleswand (3)**, 3096 m, hinauf zum kleinen Kreuz behände zu überwinden.

Vorsichtig zurück zum **Steinbockjoch (2)** und südostwärts weiter zu einer Karterrasse hinab. Es schließt sich ein steilerer Schrofenhang an, der in die größere, schon begrünte Mulde des Karle leitet. Dort biegen wir in den vom Saßen kommenden Weg ein (siehe Tour 43) und wandern weiter Richtung **Karlesegg (4)**, 2452 m, der Kreuzung am Kaunergrathüttenweg. Mit diesem geht es wie in den vorherigen Kapiteln beschrieben talwärts Richtung **Plangeross (5)**.

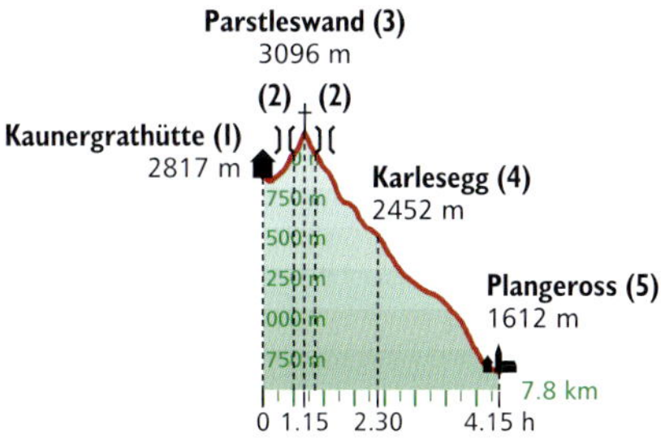

46 Von Mandarfen nach St. Leonhard

3.30 Std.

Talwanderung durchs innere Pitztal

Mandarfen, Tieflehn, Plangeross, Weißwald, Köfels, Trenkwald, Neurur, Weixmannstall, Stillebach, Piösmes, Scheibe und schließlich der Hauptort St. Leonhard: Das sind ein Dutzend Weiler und Ortschaften, die sich im inneren Bereich des Pitztals entlang der Landesstraße auffädeln. Wir sind natürlich abseits davon auf beschaulichen Wegen unterwegs, wenn wir die Talschaft durchwandern und im Schritttempo Eindrücke aufsaugen, die niemals in gleicher Weise per Autofahrt vermittelbar wären. Man lernt die Kulturlandschaft in Muße kennen und wirft Blicke in steile Trogflanken, wo einige Wasserfälle über die Felsen stieben. Angeblich gibt es hier kein ebenes Fleckchen Erde, was vielleicht überspitzt formuliert sein mag, doch das Pitztal wirkt tatsächlich ungewöhnlich eng.

Ausgangspunkt: Mandarfen, 1675 m, Parkplatz und Bushaltestelle bei der Riffelseebahn.

Endpunkt: St. Leonhard, 1368 m, Bushaltestelle Gemeindeamt nahe der Kirche.

Anforderungen: T1. Vollkommen leichte und harmlose Talwanderung, zumeist auf breiten landwirtschaftlichen Wegen, kaum auf Straßen. Keine Steilstücke und talauswärts in gemäßigtem Bergab (umgekehrt eine Nuance anstrengender). Die Gesamtstrecke beträgt rund 12 km.

Höhenmeter: 50 Hm Aufstieg, 360 Hm Abstieg.

Einkehr: Restaurants und Hotels in diversen Weilern und Ortschaften entlang der Route (i.d.R. kurze Abstecher).

Beste Jahreszeit: Fast ganzjährig außer bei viel Schnee.

Variante: Je nach Gusto kann die Wanderung talauswärts noch fortgesetzt werden, beispielsweise um eine gute Stunde bis Boden/Hairlach.

An der Riffelseebahn in **Mandarfen (1)** wenden wir uns gen Norden, also talauswärts, und benutzen den Fahrweg unmittelbar neben der Pitze. Man passiert Tieflehn und wandert weiter Richtung **Plangeross (2)**, 1612 m, wo man über eine Brücke auf die linke Seite wechselt. Dort verbleiben wir nun für den Rest der Strecke. Die Weiler Weißwald und Köfels werden damit rechts liegen gelassen, ebenso **Trenkwald (3)**, 1501 m, dem wir uns nach einer Passage durch Waldweiden nähern. Nächste Station ist **Neurur (4)**, 1462 m, mit dem Hotel Sturpen (benannt nach einem mächtigen Gelän-

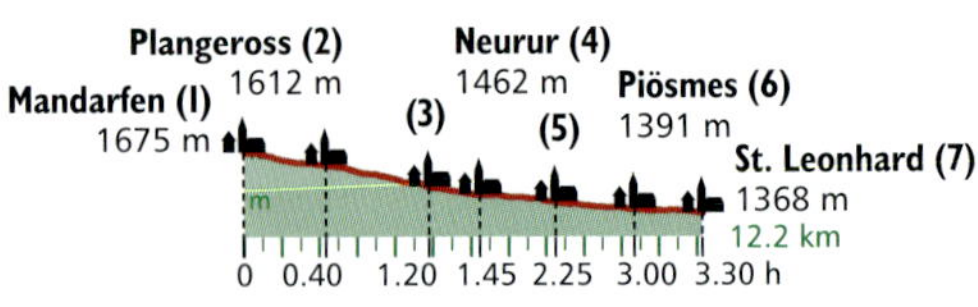

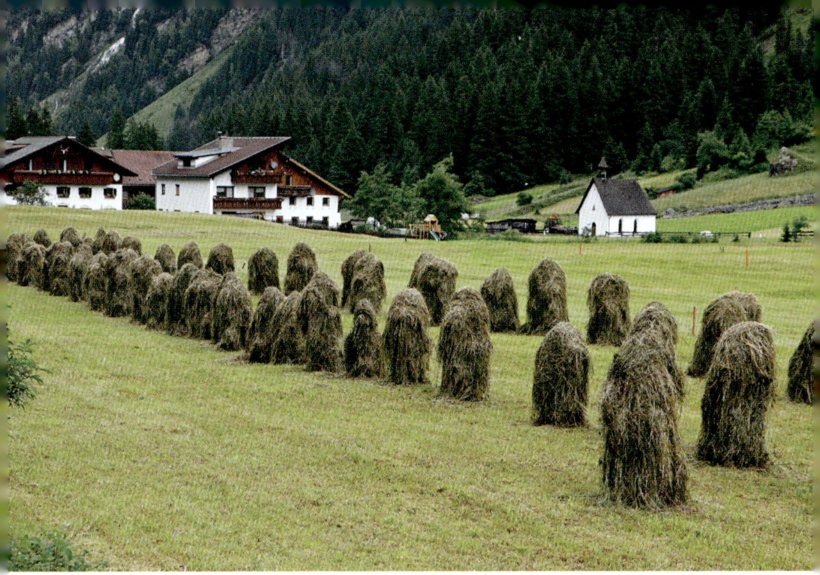

Oben: Traditionelle Heuernte beim Weiler Weixmannstall.
Unten: Maria am Bichele, ein kulturelles Kleinod bei St. Leonhard.

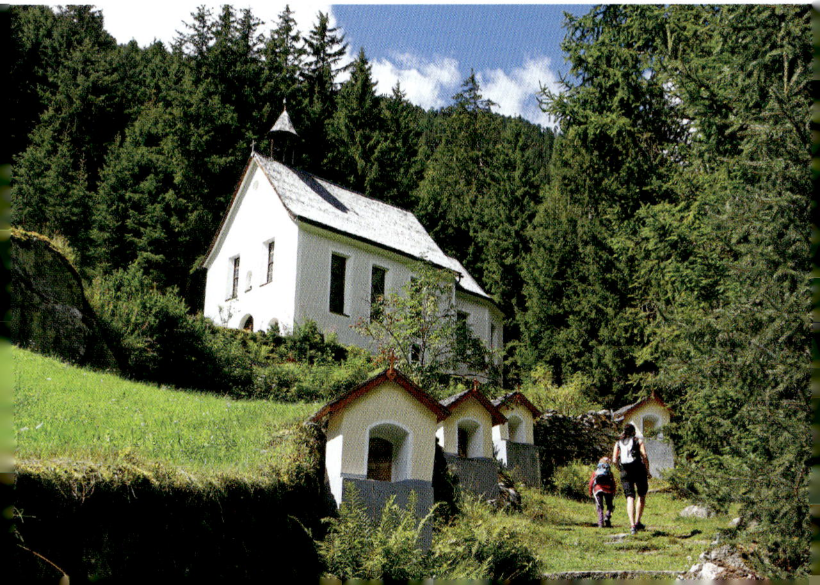

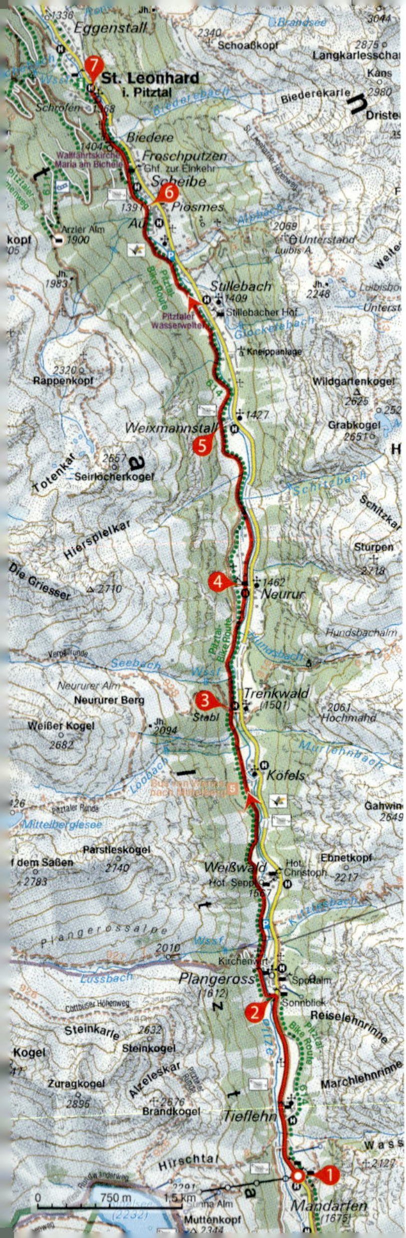

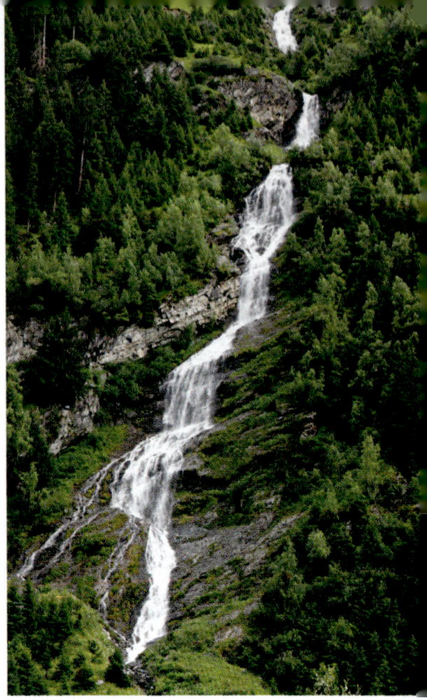

Der imposante Klockelefall.

desporn gegenüber). Auf bequemem Karrenweg setzen wir die Wanderung zum kleinen Weiler **Weixmannstall (5)**, 1427 m, fort. Bald dahinter kann man den Klockelefall bewundern, wie überhaupt etliche wilde Wasser die steilen Talflanken zieren. Auch an den Siedlungen Stillebach, **Piösmes (6)**, 1391 m, und Scheibe geht es etwas abseits vorbei. Kurz vor Ende lockt noch das Kirchlein **Maria am Bichele**, 1404 m, zu einem Mini-Abstecher, ehe wir in **St. Leonhard (7)** bei Kirche und Gemeindeamt eintreffen. Auf der anderen Seite der Brücke befindet sich die Bushaltestelle.

4.15 Std.

Cottbuser Höhenweg 47

Spannende Verbindung vom Riffelsee ins Plangerosstal

Das mit einer Seilbahn erschlossene Riffelseegebiet hat ein feines Tourenportfolio in petto. Für ambitionierte Bergwanderer sind besonders Höhenwege wie der Cottbuser interessant. Die ausgesetzten Flanken des Pitztals sorgen für eine ordentliche Portion Spannung und verlangen natürlich auch entsprechendes Rüstzeug, sprich grundsolide Trittsicherheit und Routine im Umgang mit rauen Gegebenheiten. Die Traverse kann bei ungünstigen Bedingungen heikel sein, muss aber im Vergleich zu anderen alpinen Touren auch nicht dramatisiert werden. Den schönsten Rastplatz auf der Strecke finden wir am Muttler, einer Geländenase 800 Meter über dem Grund des Pitztals.

Ausgangspunkt: Bergstation der Riffelseebahn, 2291 m. Sommerbetrieb zwischen Ende Juni und Anfang Oktober, 8.30 bis 16.30 Uhr. Kostenlose Parkplätze und Bushaltestelle bei der Talstation in Mandarfen.
Endpunkt: Plangeross, 1612 m. Kurze Strecke mit dem Bus zurück nach Mandarfen.
Anforderungen: T3–4. Streckenweise ausgesetzter, oft nur schmal geführter Flankensteig mit einigen gesicherten Passagen, schwerpunktmäßig im Bereich des Steinkogels, wo eine tiefe Run-

Immer quer durch die Flanken: Höhenwege wie der Cottbuser vermitteln hohen Landschaftsreiz.

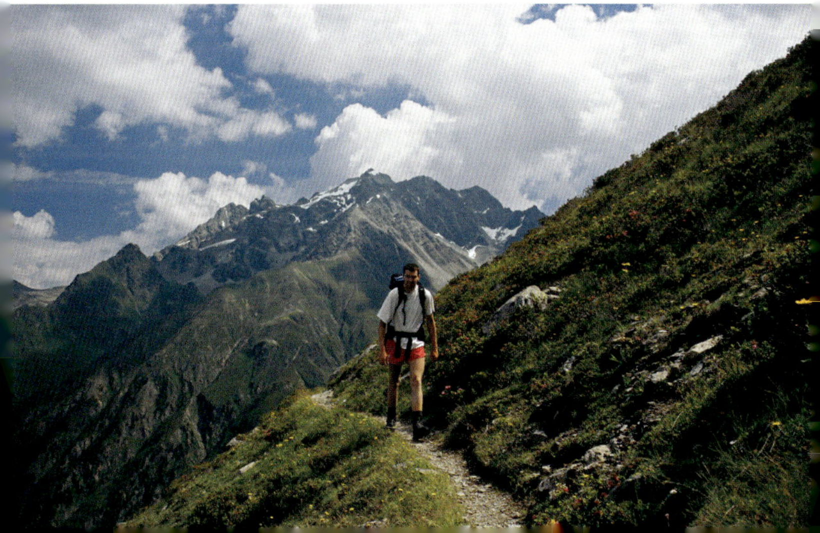

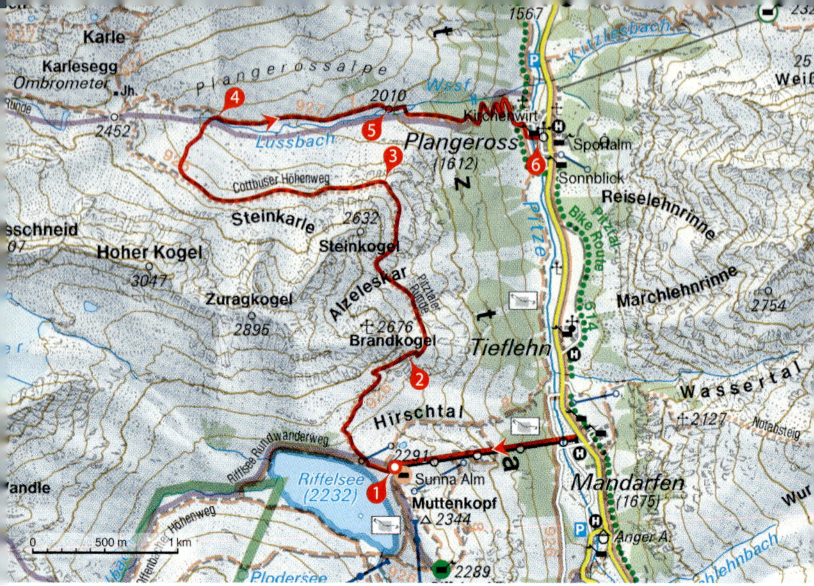

se gekreuzt wird. Trittsicherheit und Schwindelfreiheit unbedingt notwendig, schon an der Grenze zu »schwarz«. Bei Nässe meiden und Vorsicht wegen Steinschlag. Konditionell eher gemäßigtes Programm.
Höhenmeter: 450 Hm Aufstieg, 1130 Hm Abstieg.
Einkehr: Restaurant Sunna Alm (Bergstation), evtl. Plangerossalm (Getränke).

Beste Jahreszeit: Juli bis September.
Variante: Im Gegenanstieg kann man durchs obere Plangerosstal die Kaunergrathütte, 2817 m, erreichen (siehe Tour 44).
Variante: Der originale Cottbuser Höhenweg führt Richtung Karlesegg (P. 2452), von wo man binnen 1.10 Std. die Kaunergrathütte, 2817 m, erreichen kann (vgl. Tour 44).

Von der **Bergstation (1)** der Riffelseebahn wenige Meter gen Westen abwärts und dann mit Nr. 926 rechts auf den Cottbuser Höhenweg. In oft blockdurchsetztem Gelände steigt man schräg bergauf (dreimal gesicherte Stellen) und zieht am Abzweig zum Brandkogel **(2)** vorbei in dessen Ostflanke.

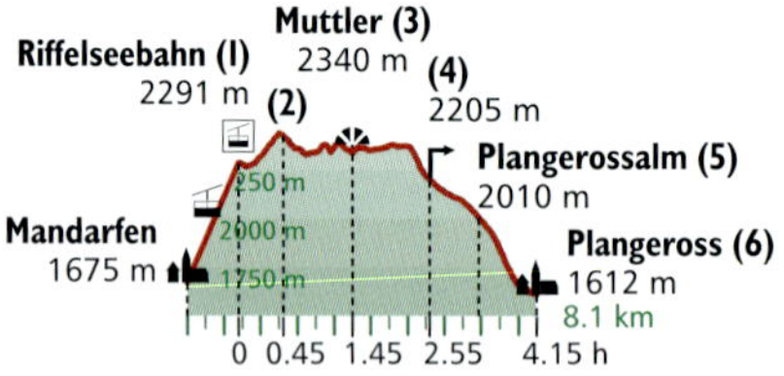

Mit leichtem Höhenverlust weiter in den Einschnitt des Alzeleskars, das nun den schwierigsten Abschnitt einleitet. An Sicherungen geht es kurzzeitig steil bergab und auf der anderen Seite des oft feuchten Trichters in ähnlicher Manier wieder empor. Drahtseile und künstliche Tritte helfen über die plattigen Passagen bis auf einen Absatz, von dem die Traverse des Steinkogels leicht fallend bis zum Geländevorsprung am **Muttler (3)**, fortgesetzt werden kann. Hier dreht der Cottbuser Höhenweg markant nach links in die Nordflanke ein und schneidet teils instabile Hänge. Der originale Verlauf bis P. 2452 am Karlesegg war einige Zeit aufgrund eines Bergrutsches gesperrt, ist mittlerweile aber wieder gangbar. Dennoch bedeutet die damals eingerichtete Umleitung für uns eine effektive Abkürzung und wir steigen daher anhand schwacher Pfadspuren auf die Böden des **Plangerosstals (4)** ab. Auf der linken Bachseite nimmt man den gut ausgebauten Weg Nr. 927 auf und wandert damit wie bei Tour 43 beschrieben über die kleine **Plangerossalm (5)**, 2010 m, talwärts ins Dorf **Plangeross (6)**.

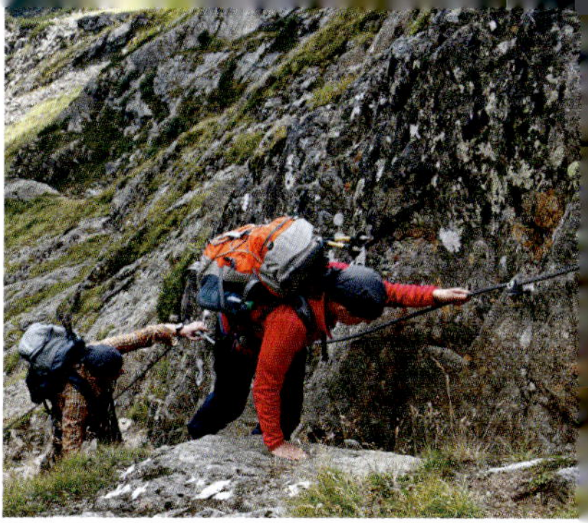

Gesicherte Passage im schwierigen Abschnitt der Route.

Auf schmaler Trasse quer durch abschüssige Berglehnen.

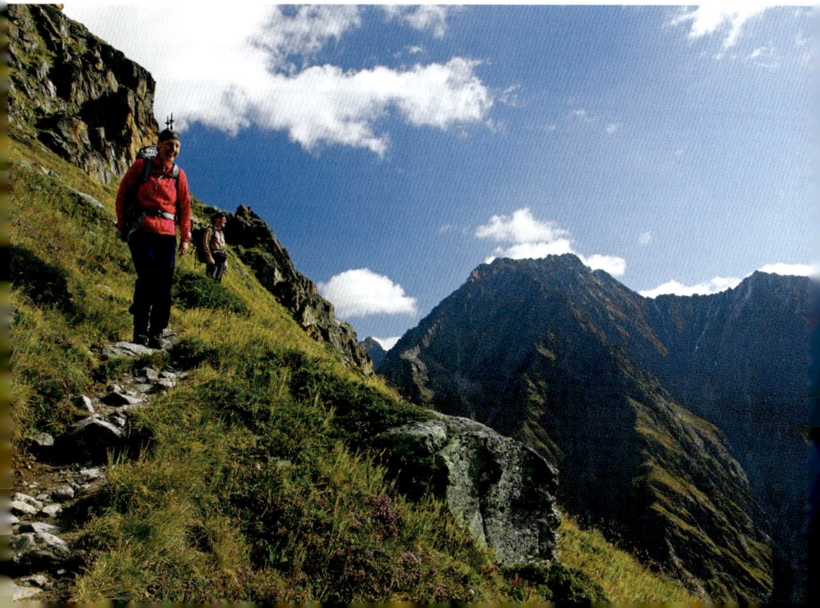

48 Brandkogel, 2676 m

3.45 Std.

Spritztour mit Anspruch über dem Riffelsee

Der Brandkogel erweist sich als vortreffliche Aussichtsloge nördlich über dem Riffelsee. So mag die Besteigung verlockend erscheinen, doch schon im Anblick des steilen Felsgupfes ahnt man, dass dies nicht unbedingt mit den Händen in den Hosentaschen gelingt. So bleibt der Brandkogel halbwegs Versierten vorbehalten, die freilich auch nicht alle Tage einen großen Berg packen wollen und mit einer solch speziellen Spritztour vollauf zufrieden sein können.

Ausgangspunkt: Bergstation der Riffelseebahn, 2291 m. Sommerbetrieb zwischen Ende Juni und Anfang Oktober, 8.30 bis 16.30 Uhr. Kostenlose Parkplätze und Bushaltestelle bei der Talstation in Mandarfen.
Endpunkt: Talstation in Mandarfen, 1675 m.
Anforderungen: T4. Alpiner Steig, steil und felsdurchsetzt mit kurzen Stellen I sowie einigen Drahtseilen beim Zustieg, daher nichts für Unerfahrene. Gute Trittsicherheit und Schwindelfreiheit unerlässlich, nur konditionell ist der Anspruch gering.
Höhenmeter: 400 Hm Aufstieg, gut 1000 Hm Abstieg.
Einkehr: Bergrestaurant Sunna Alm.
Beste Jahreszeit: Mitte Juni bis in den Oktober hinein, falls schneefrei.
Variante: Eine Kombination mit Tour 47 oder 49 bietet sich an.

Rückblick auf den Riffelsee mit dem Weißkamm im Hintergrund.

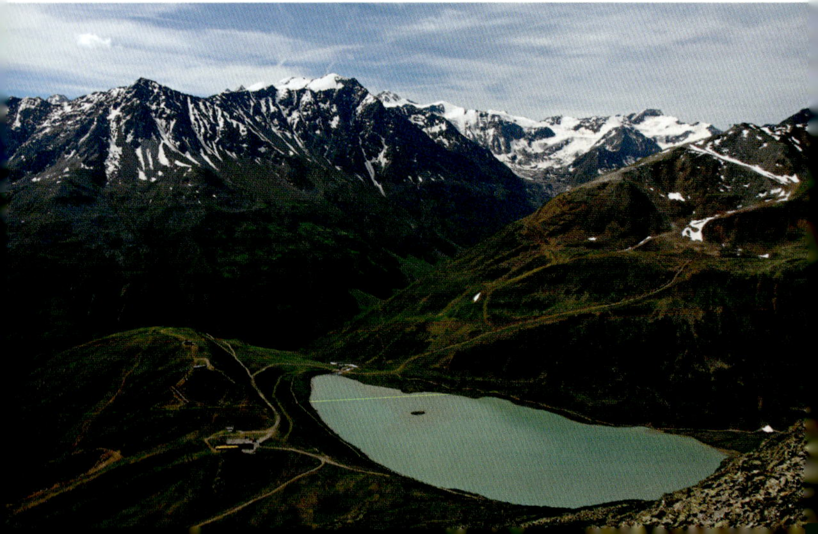

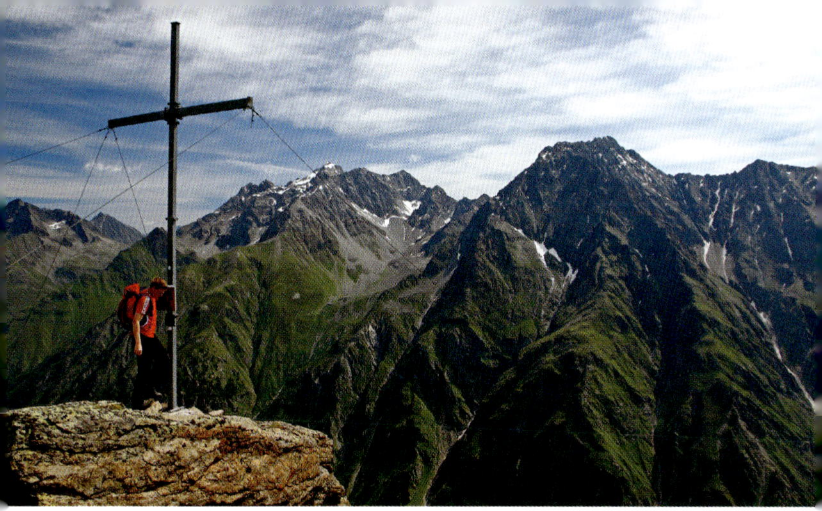

Blick vom Brandkogel Richtung Hohe Geige und Puitkogel.

Von der **Bergstation (1)** der Riffelseebahn schlagen wir nach kurzem Abstieg rechts den Cottbuser Höhenweg (Nr. 926) ein. In oft blockdurchsetztem Gelände geht es schräg bergauf (dreimal gesicherte Stellen), bis der sogenannte Ebersteig gipfelwärts abzweigt **(2)**, 2436 m. Die Route windet sich schrofig zwischen grimmigen Felszonen hindurch, wobei manchmal auch die Hände zum Einsatz kommen. Die Schlüsselstelle erscheint etwas abdrängend. Bei anhaltender Steilheit ist die Distanz bis zum überraschend geräumigen Gipfelpodest des **Brandkogels (3)**, 2676 m, freilich gering.
Im Abstieg über die gleiche Route zurück. Kurz vor der Bergstation kann man links ausscheren und den markierten Weg durchs Hirschtal wählen. Mit vielen Kehren gelangen wir in die Talsohle, überschreiten dort die Pitze und gehen kurz nach rechts zur Talstation in **Mandarfen (4)**.

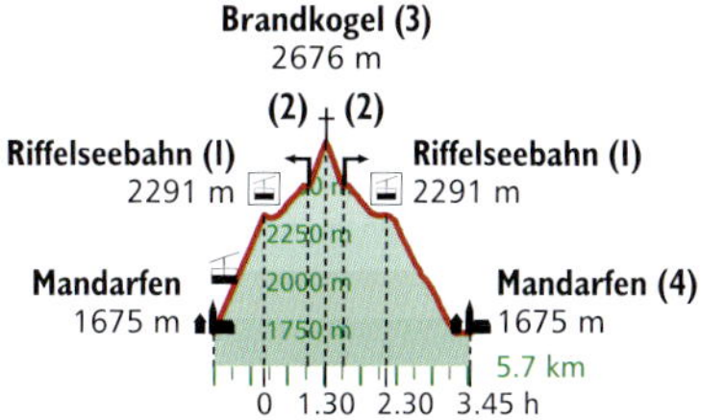

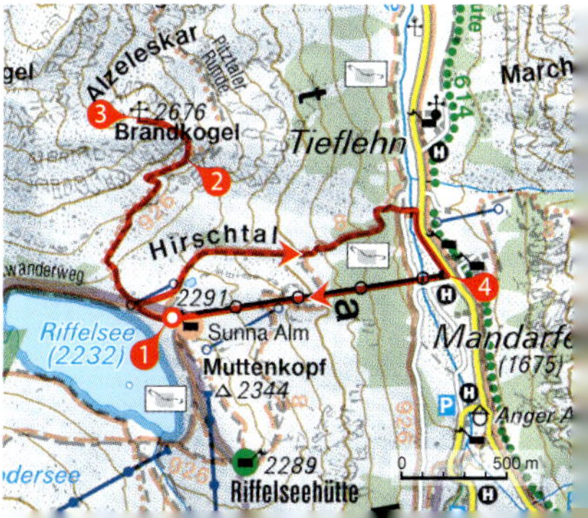

49 Rund um den Riffelsee, 2232 m

4.25 Std.

Zum größten und bekanntesten See im Pitztal

Eine Seilbahn sorgt dafür, dass im Riffelseegebiet gewöhnlich eine ganze Menge los ist. Den Seerundweg unternimmt wohl fast jeder Ausflügler. Damit eine »richtige« Bergwanderung zustande kommt, legen wir schon im Tal los und wählen im späteren Bergab die Route über die Taschachalm. Beschaulich bleibt die Tour trotzdem.

Ausgangspunkt: Mandarfen, 1675 m, Talstation der Riffelseebahn. Großer Parkplatz und Bushaltestelle.
Anforderungen: T2. Jeweils ordentliche Bergwege auf den Strecken zwischen Tal und Riffelsee, die Umrundung ist sogar eine ganz leichte Promenade (T1). Elementare Trittsicherheit und ein wenig Ausdauer können nicht schaden.
Höhenmeter: 670 Hm.

Einkehr/Unterkunft: Riffelseehütte (Mitte Juni bis Mitte September, Tel. +43 664 3950062), Bergrestaurant Sunna Alm, Taschachalm.
Beste Jahreszeit: Juni bis Oktober.
Variante: Nutzt man bergwärts die Riffelseebahn, verkürzt sich die Tour entsprechend auf 2.10 Std., die Seerunde allein dauert bloß 1 Std. Außerdem kann beim Zustieg das Hirschtal gewählt werden.

Von der Riffelseebahn in **Mandarfen (1)** anfangs kurz nach Norden, wo wir beim Ortsschild den Fluss überschreiten und rechts haltend den Kehrenweg an der steilen, vorerst bewaldeten Berglehne aufnehmen. Auf ca. 1970 m verzweigt sich die Trasse **(2)**. Während es rechts durchs Hirschtal direkt gegen den Riffelsee und zur Bergstation hinaufgeht, zieht der sogenannte Panoramaweg zur Riffelseehütte links weg, vollführt eine ganze Anzahl von

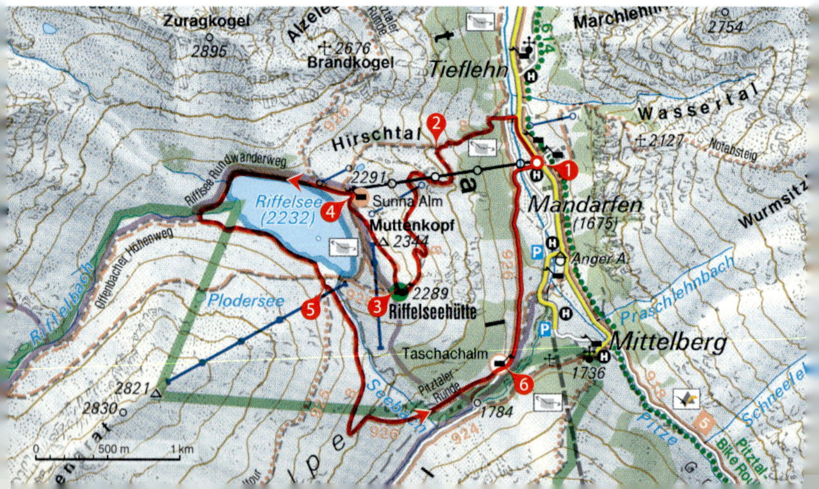

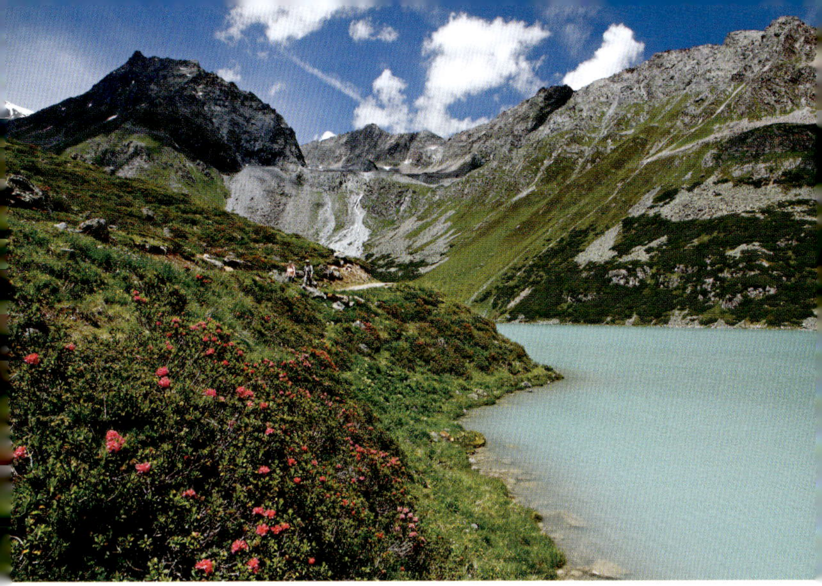

Die leichte Riffelsee-Runde verläuft in prächtiger Hochgebirgsumgebung.

Serpentinen und kommt zu einer Fahrpiste mit Skiliftstation. Für uns geht es nach wie vor links weiter und um die Hänge des Muttenkopfes herum zur **Riffelseehütte (3)**, 2289 m. Diese ist mit der Bergstation **Sunna Alm (4)**, 2291 m, sowohl über einen breiten Hangweg als auch über den Muttenkopf (Ski-Infrastruktur) verbunden. Danach kurz zum Nordufer des Riffelsees hinab und auf den flachen Rundkurs. Zuhinterst wird der Riffelbach auf einer Brücke überschritten. An der Südseite kommen wir bis vor den Abfluss voran und schlagen dort den Weg Nr. 926 hinunter ins Taschachtal ein **(5)**. Dieser vollzieht zwischendurch eine weite Serpentine und kehrt dann gegen den rauschenden Seebach zurück. Mit einer Fahrtrasse auf die andere Seite und schließlich über die **Taschachalm (6)**, 1796 m, nach **Mandarfen (1)**.

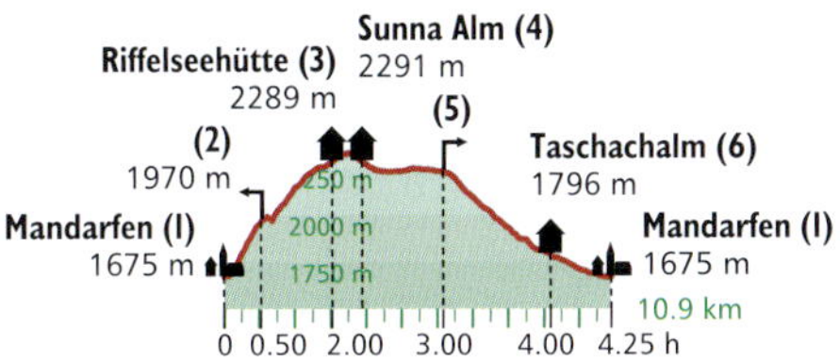

TOP **50**

Fuldaer Höhenweg zum Taschachhaus, 2432 m

6.10 Std.

Einer der schönsten Panoramawege in den Ötztaler Alpen

Der Fuldaer Höhenweg fällt ganz klar in die Kategorie »genussvolle Panoramawanderung«. Auf einer Strecke von gut acht Kilometern schreitet man die Sonnenflanken über dem Taschachtal ab und schwelgt dabei in herrlichen Ausblicken auf die vergletscherte Kulisse mit Sexegerten- und Taschachferner. Gegen Ende kommt sogar die Wildspitze ins Blickfeld. Die Hürden sind derweil verhältnismäßig gering, die Höhendifferenzen moderat. Zurück geht's üblicherweise durch den Taltrog, wo gegen Ende noch die nette Taschachalm wartet.

Ausgangspunkt: Bergstation der Riffelseebahn, 2291 m. Sommerbetrieb zwischen Ende Juni und Anfang Oktober, 8.30 bis 16.30 Uhr. Kostenlose Parkplätze und Bushaltestelle bei der Talstation in Mandarfen.
Endpunkt: Talstation in Mandarfen, 1675 m.
Anforderungen: Maximal T3, meist leichter. Langer Flankensteig meist gutmütiger Art; einzelne Passagen in steinigem Gelände verlangen etwas Trittsicherheit. Der Rückweg ist völlig unproblematisch (vorwiegend Fahrweg). Gut ausgefüllte Tagestour mit ziemlich langer Strecke, daher ist die Kondition das wichtigste Kriterium.
Höhenmeter: 560 Hm Aufstieg, 1180 Hm

Am Fuldaer Höhenweg nähern wir uns einer großartigen Bergkulisse.

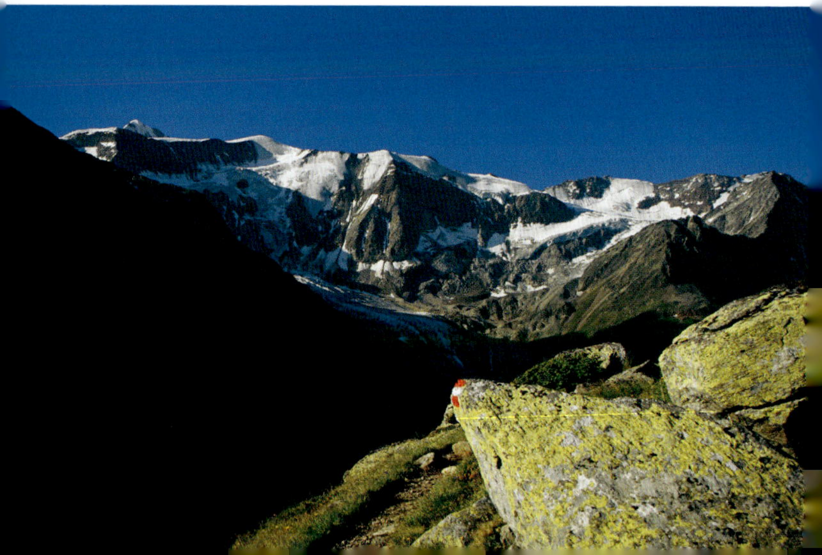

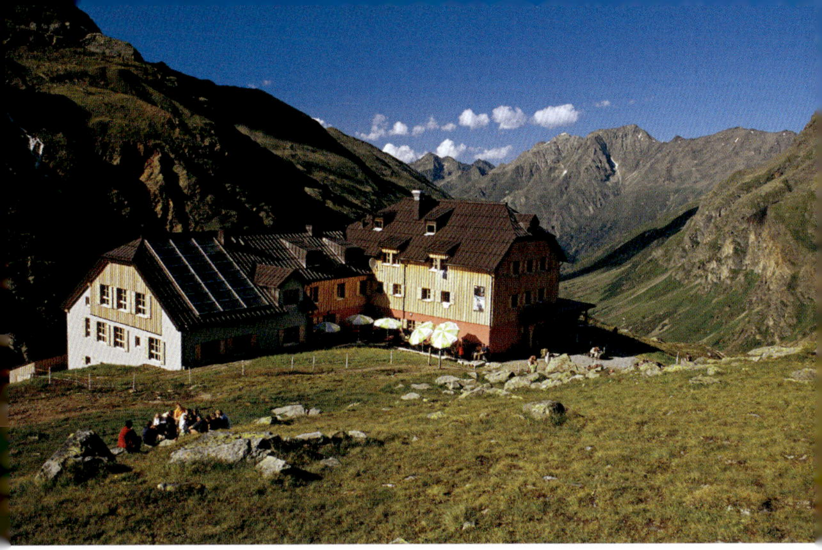

Das Taschachhaus ist Zielpunkt unseres Höhenwegs.

Abstieg.
Einkehr/Unterkunft: Restaurant Sunna Alm, Taschachhaus (Mitte Juni bis Ende September, Tel. +43 664 2009588), Taschachalm.
Beste Jahreszeit: Ende Juni bis Ende September.
Hinweis: Wegen eines Felssturzes ist ein Stück der originalen Route unterbrochen. Die neue Wegführung ist gut signalisiert.

Von der **Bergstation (1)** der Riffelseebahn auf breitem Weg südwärts und alsbald schräg hinunter zum Abfluss des Riffelsees. Gleich dahinter nehmen wir den Fuldaer Höhenweg (Nr. 925) auf. Die Route schneidet insgesamt leicht ansteigend die Südostflanken über dem Taschachtal. Besonderheiten gibt es vorerst wenig, wenn es über gebietstypischen Schafweiden an einem Abzweig talwärts vorbeigeht **(2)**. Nachdem der Rotschliffbach sowie der Vordere Eiskastenbach gekreuzt sind, wird das Gelände ein bisschen schroffer. Man kommt zu jenem Punkt, wo die alte Wegführung wegen eines Felssturz-

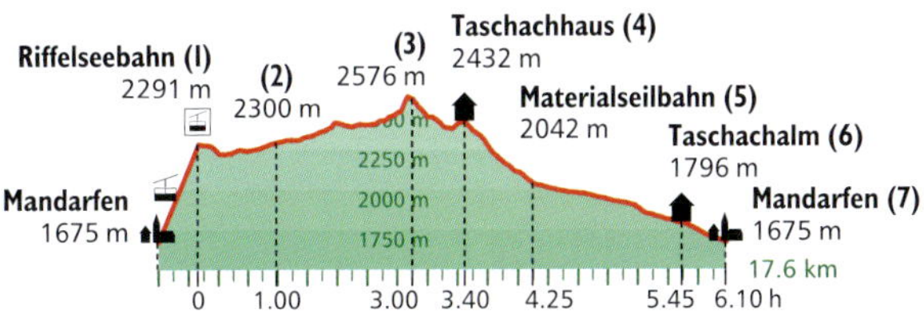

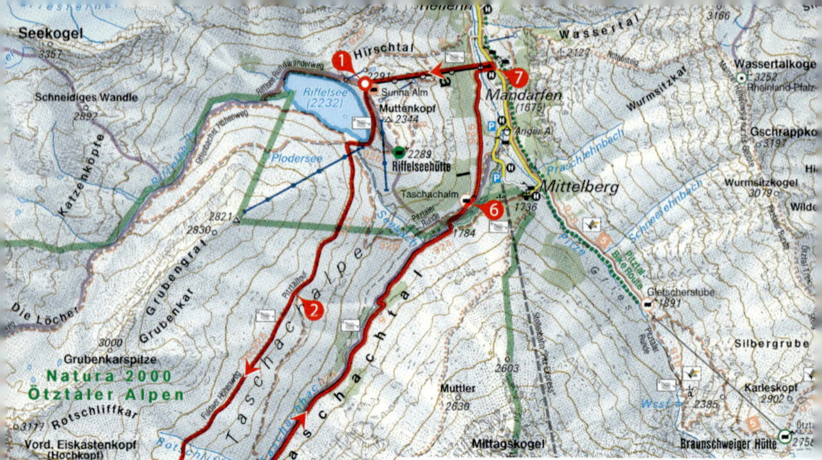

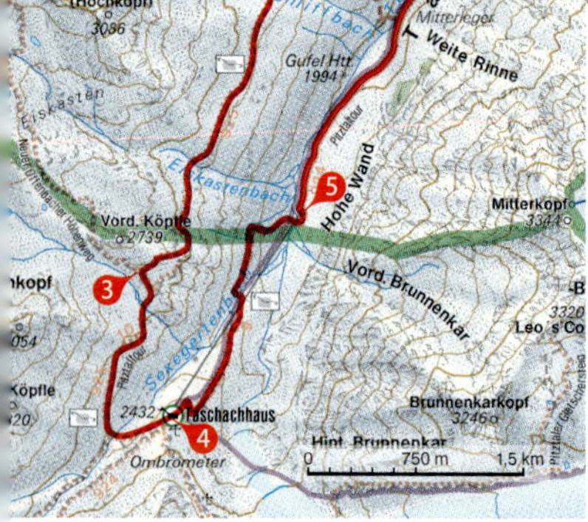

Unterwegs vor imposanten Eiswänden.

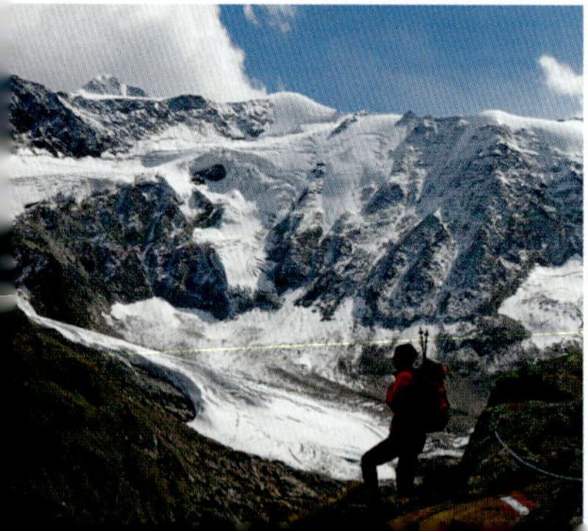

zes gesperrt ist und man oberhalb umgeleitet wird. Das zwingt uns bis ca. 2600 m Höhe ein paar zusätzliche Steigungsmeter auf, die man mit Einmündung des Neuen Offenbacher Höhenwegs **(3)** über den Hinteren Eiskastenbach wieder einbüßt. Taleinwärts bis zur Brücke am Sexegertenbach und auf der anderen Seite im Bogen wieder ein Stück bergauf zum **Taschachhaus (4)**, 2432 m.

Für den Rückweg steht der normale Hüttenweg (Nr. 924) zur Verfügung. Es geht zuerst am begrünten Urkund abwärts. Nachdem zweimal die Bachseite gewechselt wurde, stehen wir bei der **Materialseilbahn (5)**, 2042 m, und folgen von nun an dem breiten Fahrweg durchs Taschachtal hinaus. Nach fast 5 km über eine Brücke nach links und mit minimaler Gegensteigung zur bewirtschafteten **Taschachalm (6)**, 1796 m. Von dort am Schluss noch sachte auslaufend Richtung **Mandarfen (7)**.

5.40 Std.

Wurmtaler Kopf, 3225 m

51

Vom Taschachhaus über den Neuen Offenbacher Höhenweg

Der Wurmtaler Kopf gehört zu den leichteren Dreitausendern im schroffen Kaunergrat. In Gipfelnähe kommen drei Routen zusammen, wobei für normale Bergwanderer aber nur jene aus dem hinteren Taschachtal durchs entlegene Eiskastenkar wirklich empfehlenswert erscheint. Viel Ödland ringsum, doch die Schau aus dem höchsten Stockwerk lohnt die Mühen.

Ausgangspunkt: Taschachhaus, 2432 m. Zugänge wie bei den Touren 50 oder 52 beschrieben.
Anforderungen: T3–4. Markierter Steig durch steinige Hochkare, zuoberst ein nicht sonderlich schwieriger Blockschuttgrat. Trittsicherheit und grundlegende Bergerfahrung obligatorisch, rein technisch noch »rot«, aber wegen des hochalpinen Ambientes mit Tendenz zu »schwarz«. Ab Hütte normale Tagestour.
Höhenmeter: Hin und zurück 900 Hm.
Einkehr/Unterkunft: Taschachhaus (Mitte Juni bis Ende September, Tel. +43 664 2009588).
Beste Jahreszeit: Juli bis September.
Varianten: 1. Beim Rückweg wird man sich ggf. gleich nach links wenden und über den Fuldaer Höhenweg Richtung Riffelsee oder Mittelberg wandern.
2. Andererseits kann man vom Wurmtaler Kopf nordwärts auf den zusehends schwindenden Riffelferner absteigen (meist Blankeis; Steigeisen!) und sich dann mit einem Rechtsbogen ins Hochtal hinaus orientieren. Durch die sogenannten »Löcher« zieht die Fortsetzung des Offenbacher Höhenweges bergab und später noch eine Weile flach bis zum Riffelsee. T4 mit Hochtourencharakter, »schwarz«, ab Gipfel 3.00 Std.

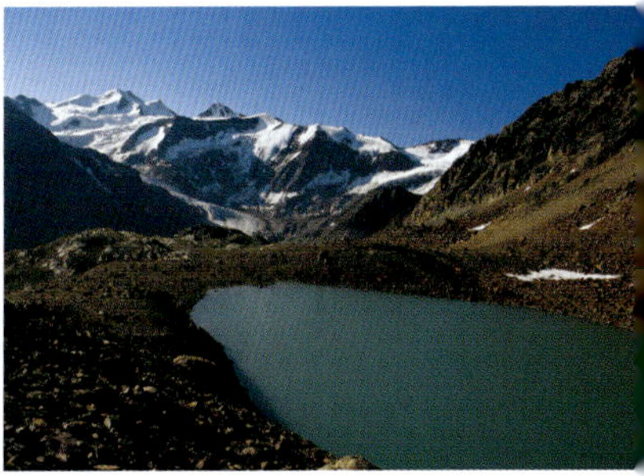

Moränensee im Eiskastenkar.

Vom **Taschachhaus (1)** kurz taleinwärts zum Sexegertenbach hinab und auf der anderen Seite in entgegengesetzter Richtung schräg bergauf. Man quert ein Blockfeld sowie den Hinteren Eiskastenbach und klinkt sich dahinter aus

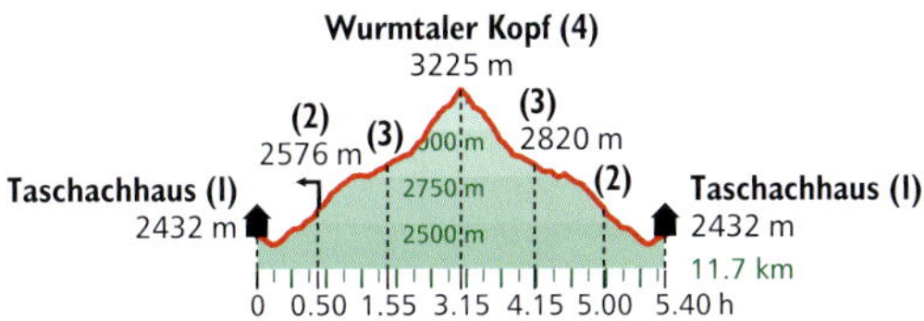

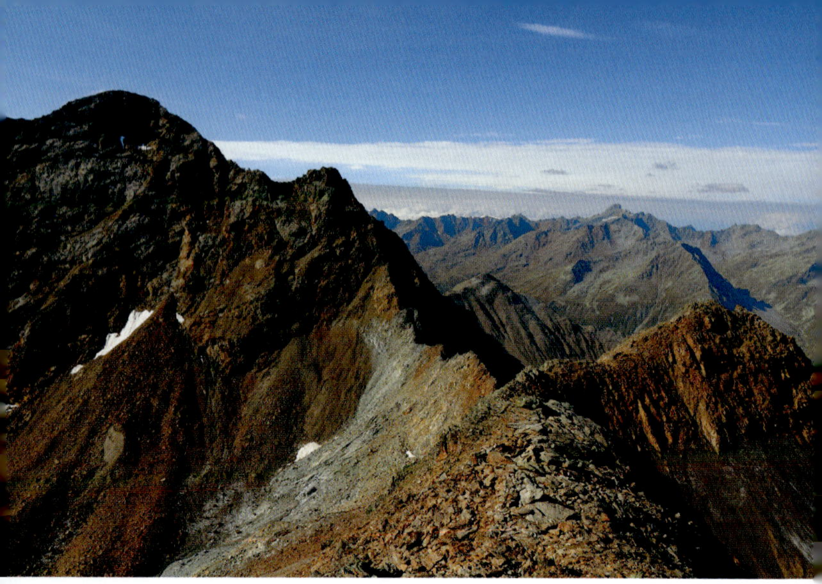

Blick vom Wurmtaler Kopf nach Westen; links die benachbarte Eiskastenspitze.

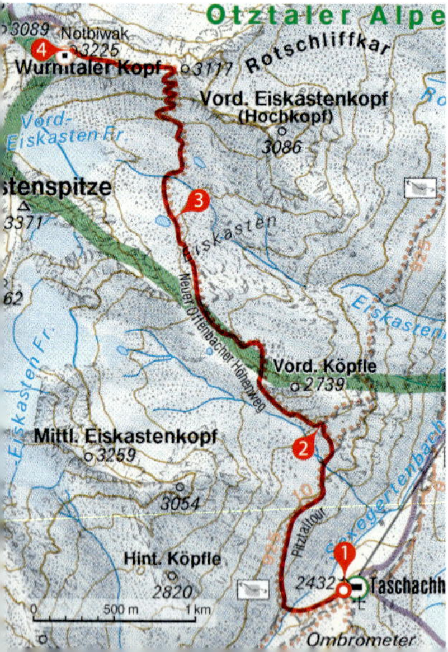

dem Fuldaer Höhenweg aus, am **»Zwei Zeiger« (2)**, 2576 m, um bergwärts dem **Neuen Offenbacher Höhenweg** zu folgen. Links am Vorderen Köpfle vorbei gelangen wir auf einen Moränenrücken und unter dem Südostsporn der Eiskastenspitze entlang mit minimalem Höhenverlust ins blockschuttgefüllte Hochkar namens »Eiskasten«. Diagonal nach rechts nähern wir uns an einem **Seeauge (3)** vorbei der steileren Flanke im Karschluss, die in guten Kehren bewältigt wird. Sie schließt zum Ostgrat auf. Auch dort steinig, aber ohne größere Hürden bis zum Gipfel des **Wurmtaler Kopfes (4)**, 3225 m. Für den Rückweg ist die gleiche Route vorgesehen.

5.00 Std.

Pitztaler Gletschersteig zum Taschachhaus, 2432 m

52

Bergabwanderung vom Hinteren Brunnenkogel über den Taschachferner

Österreichs höchstgelegener mit einer Seilbahn erschlossener Berg ist der Ausgangspunkt für diese ungewöhnliche Tour im Bannkreis der Wildspitze, die vis-à-vis majestätisch erstrahlt. Man tritt dabei in das eindrucksvoll vergletscherte Taschachgebiet ein und quert später direkt unterhalb der Zunge, um das gegenüberliegende Taschachhaus zu erreichen. Ein langes Bergab mit einer Bilderflut aus dem Gletscherreich!

Ausgangspunkt: Bergstation am Hinteren Brunnenkogel, 3438 m, erreichbar in zwei Etappen mit der Stollenbahn und der Umlaufbahn von Mittelberg aus. Dort große Parkplätze und Bushaltestelle. Sommerbetrieb von Juli bis September, erste Bergfahrt um 8.30 Uhr, Fr bereits um 7 Uhr.
Endpunkt: Talstation in Mittelberg, 1736 m.
Anforderungen: T3–4. Hochalpine Tour, im oberen Teil gesicherte Felspassagen, später gut markierter Moränensteig. Nach umfassender Sanierung keine Gletschertraverse mehr! Durchs Taschachtal hinaus Fahrweg. Bergerfahrung und gute Trittsicherheit wichtig, zudem Akklimatisierung wegen der Ausgangshöhe beachten. Im Bergab nicht besonders anstrengende Tagestour.
Höhenmeter: 120 Hm Aufstieg, 1820 Hm Abstieg.
Einkehr/Unterkunft: Gipfelrestaurant, Taschachhaus (Mitte Juni bis Ende September, Tel. +43 664 2009588), Taschachalm.
Beste Jahreszeit: Mitte Juli bis Mitte September.

Am Hinteren Brunnenkogel beginnt die Tour mit einem fantastischen Wildspitz-Panorama.

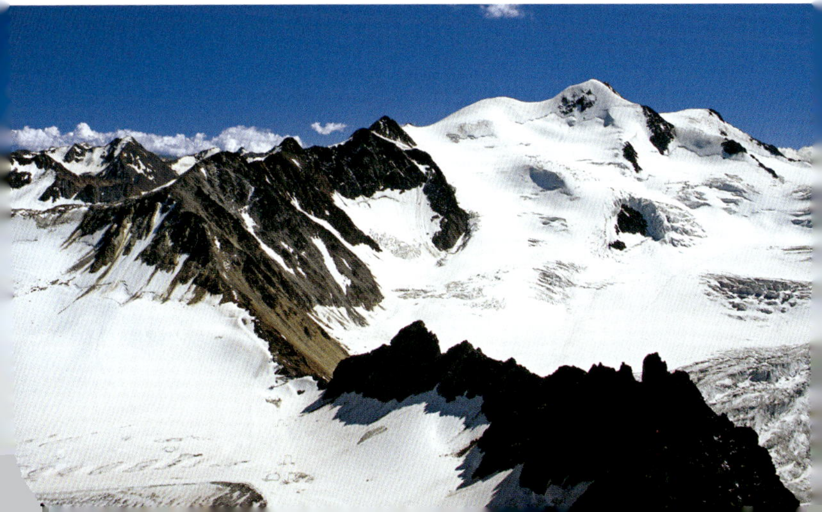

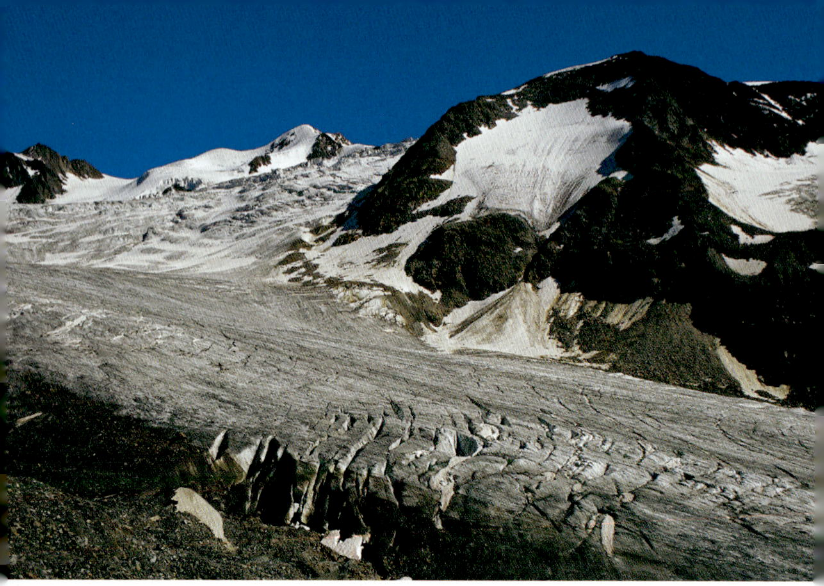

Hochalpine Impressionen am Taschachferner.

Mit dem unterirdischen Gletscherexpress und der anschließenden Wildspitzbahn gelangen wir rasch und erschwernislos bis auf den **Hinteren Brunnenkogel (1)**, den höchsten Punkt des Massentourismus im Pitztal. Über eine abgezäunte Trasse passieren wir die Aussichtskanzel Richtung Nordwesten, wo der Pitztaler Gletschersteig beginnt. Fels und Blockschutt leiten zu einem Gratabfall, an dem sich die aufwendig hergerichtete Route geschickt hinabwindet (Sicherungen). Das steilste Gelände hat aber bald ein Ende, wenn wir

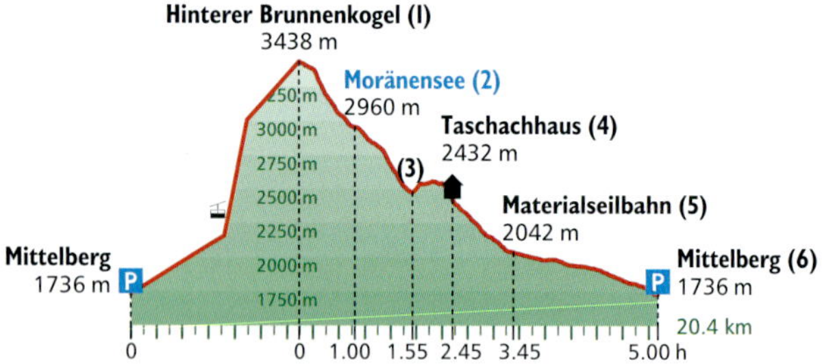

südwärts ins Hochkar abbiegen und dort über Blockschuttfluren und eventuell auch Schneefelder den **Moränensee (2)**, 2960 m, anpeilen. Nun nach rechts auf die gut begehbare Seitenmoräne des Taschachferners – ein toller Laufsteg! Stets leicht abwärts begleiten wir den Eisstrom und kommen nach einem steileren Abhang in Gletscherschliffterrain. Nachdem unterhalb der Zunge im Rahmen der Sanierung 2022 eine **Hängebrücke (3)** errichtet worden ist, muss das Eis nicht mehr betreten werden. Man wechselt also über die schwankende Brücke auf die linke Seite und steigt dort ein Stück an. Schließlich wieder auf der Originalroute mit kurzen Sicherungen an ausgesetzten Stellen unter dem Urkundkopf hindurch und noch leicht abwärts zum **Taschachhaus (4)**, 2432 m. Von dort wie bei Tour 50 beschrieben durchs Taschachtal hinaus und kurz hinter der Taschachalm rechts nach **Mittelberg (5)**.

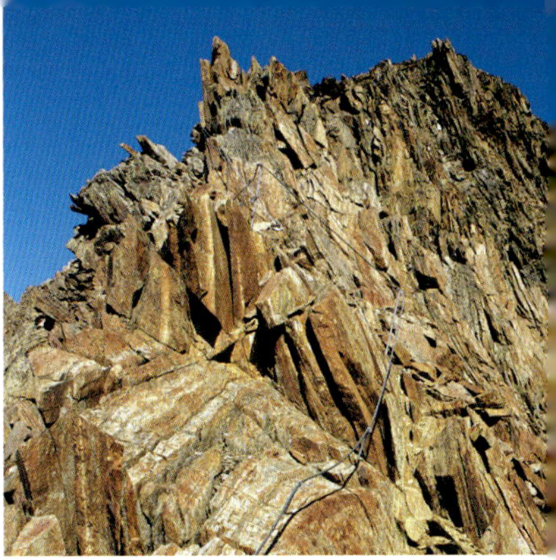

Kantiges Urgestein am Pitztaler Gletschersteig.

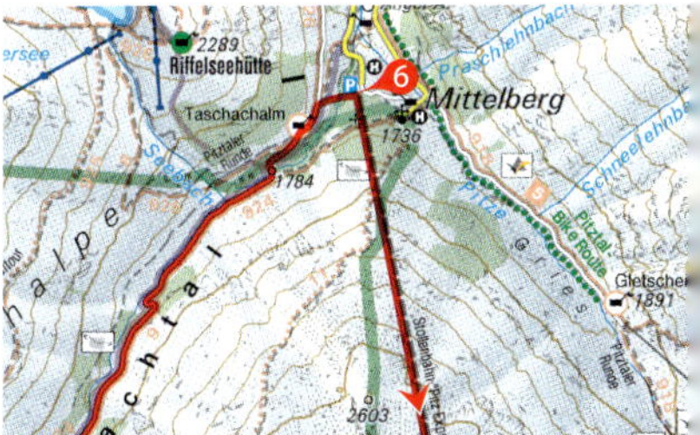
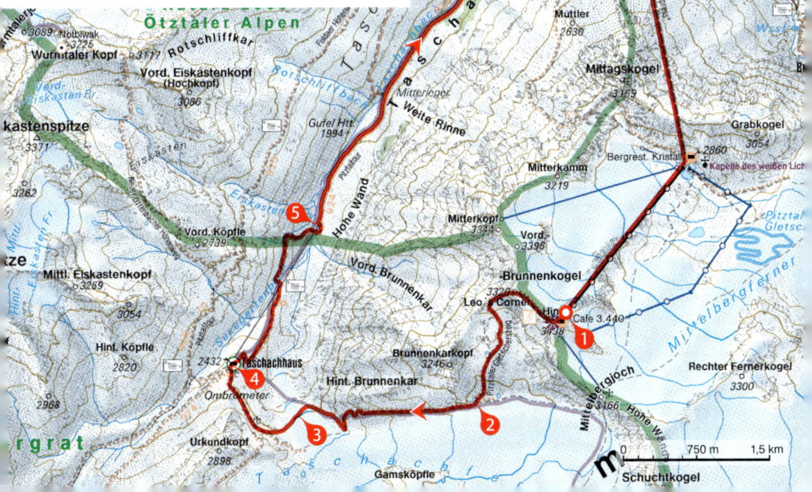

53 Mittagskogel, 3159 m

4.00 Std.

Auf den Wächter im Talschluss der Pitze

Der Mittagskogel erhebt sich genau über der Achse des inneren Pitztals und bildet damit schon bei der Anfahrt einen Blickfang im Talschluss. Mithilfe der Technik lässt sich der respektable Dreitausender zu einer hochalpinen Spritztour degradieren und wird deshalb auch viel bestiegen. Wesentlich ruhiger geht es auf der Nordroute zu, die ideal zur Talstation zurückführt. In erster Linie berauscht man sich freilich am Gipfelpanorama, das viel von der Erhabenheit der Gletscher ringsum einfängt. Dort kann man bei Schönwetter lange hocken …

Ausgangspunkt: Bergstation der Stollenbahn »Gletscherexpress«, 2840 m. In Betrieb ab Ende Juni, 8.30 bis 16.20 Uhr, Fr Frühfahrt um 7 Uhr möglich. Große, kostenfreie Parkplätze und Bushaltestelle bei der Talstation in Mittelberg.
Endpunkt: Talstation der Pitztaler Gletscherbahn in Mittelberg, 1736 m.
Anforderungen: T4. Im oberen Bereich Fels- und Blockschuttgelände, von der Bergstation jedoch gut angelegte Route, die mit der obligatorischen Trittsicherheit keine übermäßigen Probleme macht (»rot«). Die Hauptschwierigkeiten liegen beim Bergab auf den ersten 200 Hm nach Einstieg in die Flanke, dort sehr abschüssig und rutschig, nur für Geübte! Weiter unten zunehmend begrüntes Terrain und

Vom Gipfel blicken wir exakt in die Achse des Pitztals, links flankiert vom Kaunergrat und rechts vom Geigenkamm.

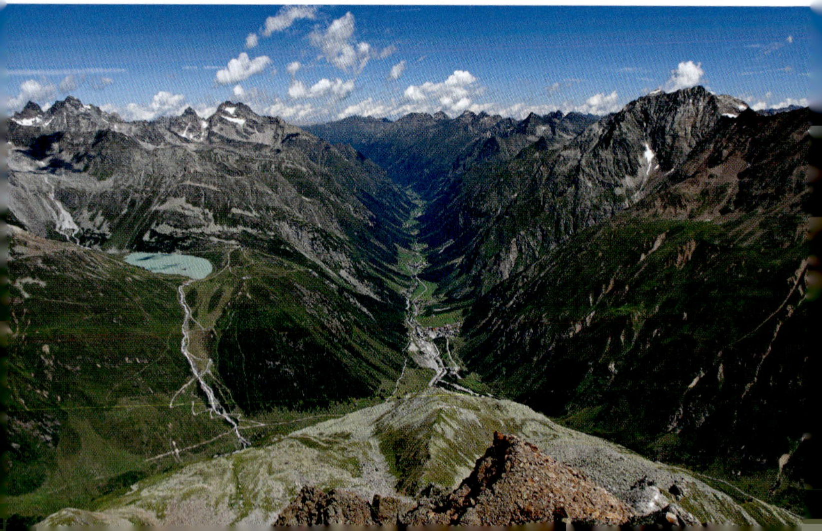

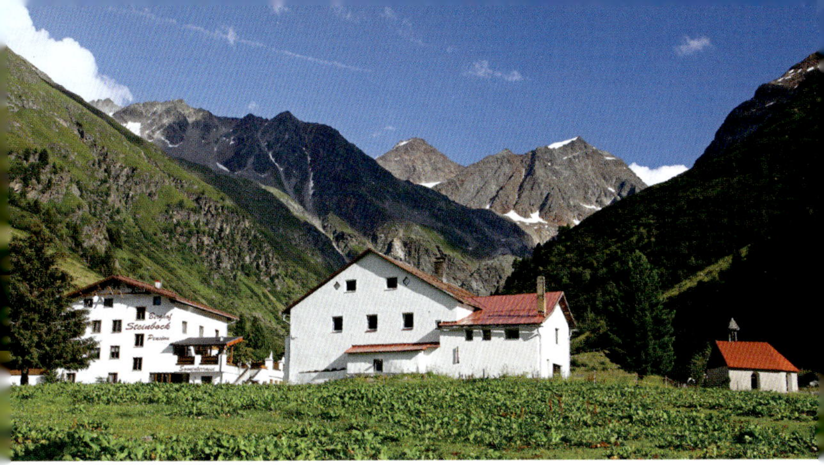

Im Talschluss bei Mittelberg.

allmählich passabler Bergpfad. Der konditionelle Anspruch fällt – vorbehaltlich gesunder Kniegelenke – trotz der vielen Abstiegsmeter nicht so sehr ins Gewicht.
Höhenmeter: 350 Hm Aufstieg, 1450 Hm Abstieg.
Einkehr: Restaurant Kristall im Seilbahngebiet. Gasthaus Schönblick in Mittelberg.
Beste Jahreszeit: Mitte Juli bis Ende September.
Variante: Mit Rückweg zur Bergstation, wie meistens praktiziert, eine kurze Tour, die sich auch für geländegängige Kinder eignet (das Symbol bezieht sich darauf).

Von der **Bergstation (1)** folgen wir dem Steig unter den Fotovoltaik-Anlagen entlang, bald steiler in die Südflanke des Mittagskogels. Jetzt aber nicht wie in vielen Karten dargestellt Richtung Südwestgrat, sondern rechts haltend mit einigen Kurven direkt gegen den Gipfel hinan. Eine sandige Spur zieht hier durch typisch rostrotes Blockschuttgelände ohne kletterrelevante Hürden. Schon nach einer Stunde sind wir oben am **Mittagskogel (2)**, 3159 m, angekommen.

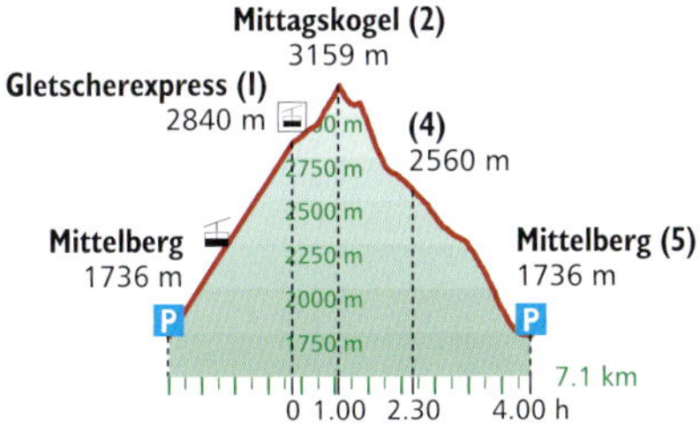

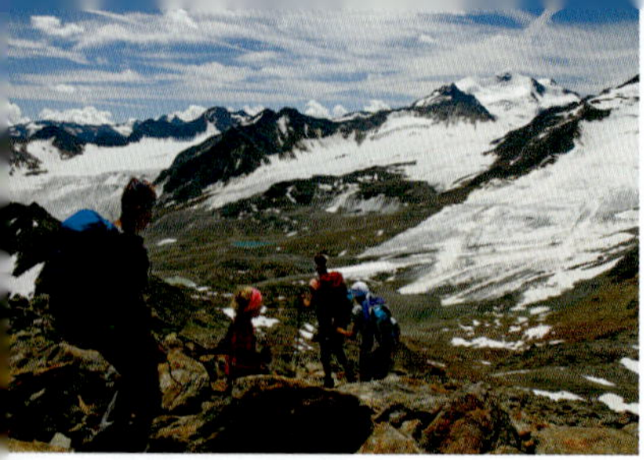

Auf dem Normalweg ist der Mittagskogel sogar familientauglich.

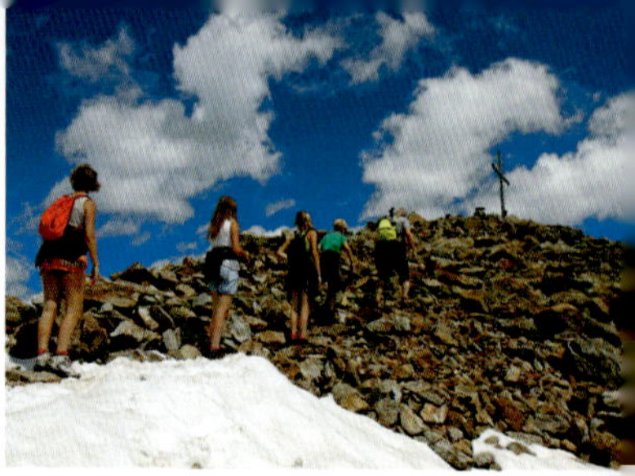

Gleichwohl ist Trittsicherheit im Blockschutt gefragt.

Der lange Abstieg wird am Südwestgrat eingeleitet, teilweise etwas nach links ausweichend und öfters über grobes Blockgestein, das zuweilen die Unterstützung der Hände verlangt (einmal Kette). Aus einer Scharte könnte man nach Hinweisschild links zur Bergstation zurückkehren. Stattdessen bleiben wir noch etwas weiter am Kamm und wenden uns anschließend anhand der Markierungen nach rechts in die abweisende Steilflanke hinab **(3)**. Steig- und Rutschspuren leiten über sandiges, felsdurchsetztes Gelände, das nach rund 200 Höhenmetern in gemäßigtere Halden übergeht. Unser Steig beschreibt nun einen Schlängelkurs und führt über eine Rippe nach rechts zu einer Traverse, die leicht absteigend auf den Muttler zuläuft. Man passiert diese begrünte Nase inmitten der Hänge knapp unterhalb, wobei zuvor ein bezeichneter Abstecher auf die Kanzel mit 70 zusätzlichen Höhenmetern möglich ist **(4)**. In meist grasigem, ab und zu auch blockdurchsetztem Terrain geht es noch längere Zeit schräg abwärts, ehe sich die Route während der letzten Stunde im Zickzack am Hang hinunterschraubt. Zuletzt durch den Waldsockel direkt nach **Mittelberg**, wo man beim Gasthaus Schönblick herauskommt und noch kurz hinüber zur **Talstation (5)** marschiert.

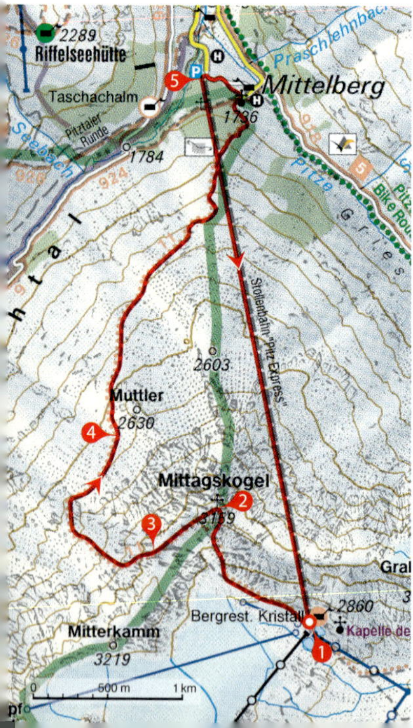

5.00 Std.

Braunschweiger Hütte, 2758 m 54

Stippvisite an einem Nadelöhr des populären E5

Die Braunschweiger Hütte zählt heute zu den meistfrequentierten alpinen Schutzhäusern überhaupt. Natürlich hat die Aura der Wildspitze und ihrer vergletscherten Trabanten schon immer viele Bergsteiger angezogen, aber die aktuelle Entwicklung mit regelmäßiger Vollbelegung trotz stolzen 183 Schlafplätzen ist eindeutig dem extremen Hype des E5 zuzuschreiben. Nachdem die Weitwanderer in den meisten Fällen fast das ganze Pitztal mit dem Bus zurückgelegt haben (!), steigen sie ab Mittelberg nicht selten in Scharen zur Braunschweiger Hütte auf, um anderntags das Pitztaler Jöchl zu überschreiten. Einsamkeit ist hier also nicht zu erwarten, doch landschaftlich wird man nicht enttäuscht. Während am Wasserfallweg die Gischt der Gletscherschmelze in unmittelbarer Nähe imponiert, besticht der Jägersteig mit seiner originellen Routenführung.

Ausgangspunkt: Mittelberg, 1736 m, im innersten Pitztal. Umfangreiche Parkplätze bei der Gletscherbahn, wenige am Beginn des Wanderweges (hier auch Bushaltestelle).
Anforderungen: T3. Gut ausgebauter Bergweg, phasenweise allerdings felsig und hin und wieder mit gesicherten Stellen. Auf der Variante des Jägersteigs (hier im Abstieg) ist das Gelände mitunter noch ein bisschen abschüssiger. Mit normaler Trittsicherheit beherrschbar, auch konditionell durchschnittliche Tagestour.
Höhenmeter: 1050 Hm.
Einkehr/Unterkunft: Gletscherstube, Braunschweiger Hütte (Mitte Juni bis Ende September, Tel. +43 664 2012013).
Beste Jahreszeit: Während der Hüttenöffnungszeit.

Von **Mittelberg (1)** geht es anfangs auf einem Fahrweg taleinwärts zur Jausenstation **Gletscherstube (2)**, 1891 m, und zur nahen Materialseilbahn, wo sich die beiden Varianten verzweigen. Auf der Normalroute bleiben wir vorerst im Talgrund und nähern uns auf steinigem Pfad der

Rückweg von der Braunschweiger Hütte nach Mittelberg.

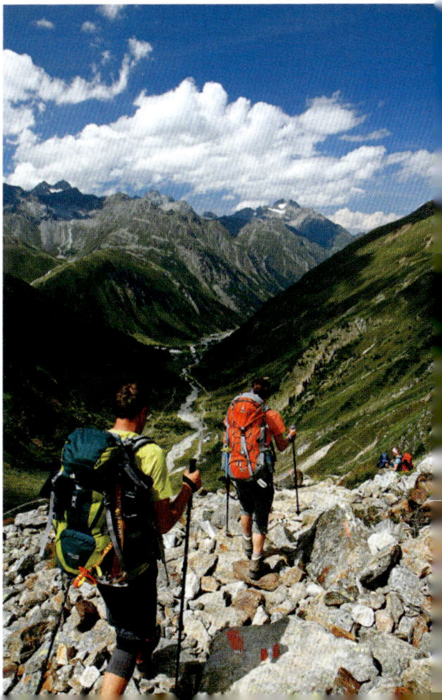

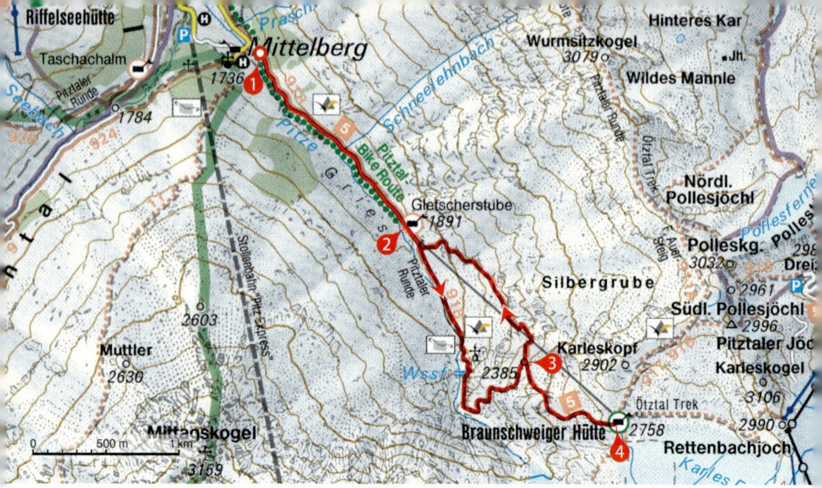

Felsbarriere, in die man auf gut 2000 m neben dem rauschenden Gletscherbach einsteigt. Die Route windet sich geschickt aufwärts (einzelne Drahtseile), passiert die Abzweigungen zu vier kleineren Klettersteigen in der Umgebung und schließt über typisches Gletscherschliffterrain zu einer großen Fahrtrasse auf. Leider ein Fremdkörper in diesen Gefilden, angelegt als Bau- und Versorgungssträßchen für das Pitztaler Gletscherskigebiet. Nach einer Links-rechts-Schleife verlässt man die Sandpiste bereits und wandert linker Hand zu P. 2385 **(3)**, wo der Jägersteig wieder einmündet. Gemeinsam weiter durch steilere Hangpartien (nochmals Sicherungen) und in teils blockdurchsetztem Gelände mit etlichen Kehren zur **Braunschweiger Hütte (4)** hinauf. Beim Rückweg schlagen wir an bekannter Stelle auf 2385 m den **Jägersteig (3)** nach rechts ein. Dieser schlängelt sich teils gesichert durch die Steilflanken, vollzieht zwischendurch eine minimale Gegensteigung und führt nach einigen Bach- und Rinnenquerungen im Bereich der Weißen Muhr zur Materialseilbahn hinunter. An der **Gletscherstube (2)** vorbei bummelt man das letzte Stück gemütlich hinaus nach **Mittelberg (1)**.

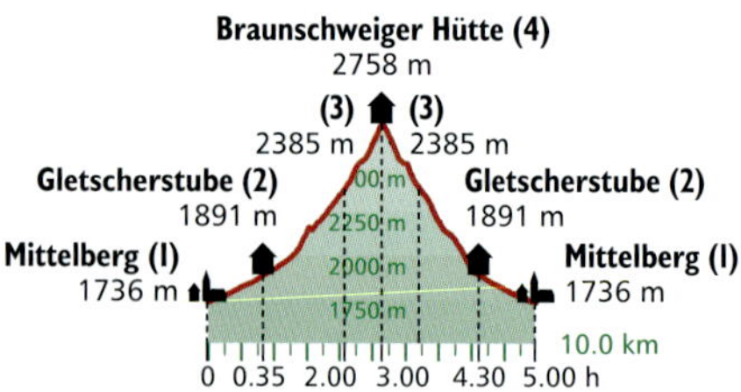

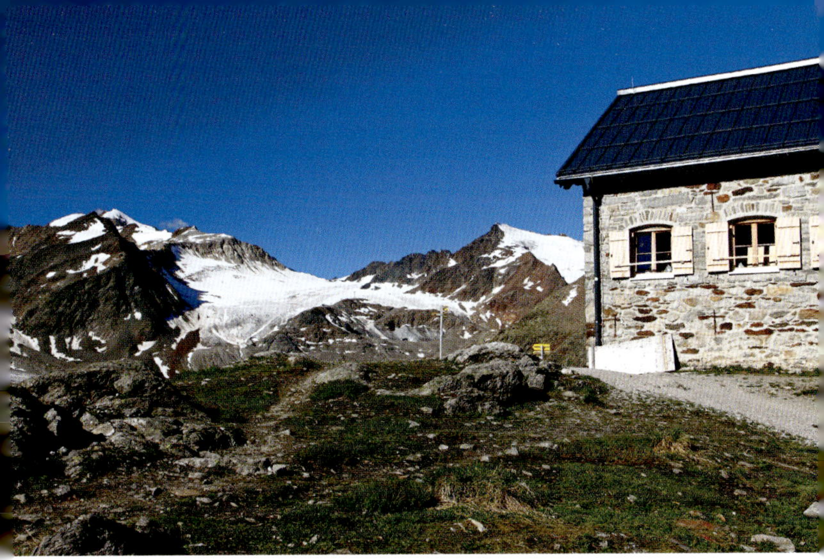

Oben: Die Braunschweiger Hütte posiert vor einer eindrucksvollen Gletscherkulisse.
Unten: Der wuchtige Grabkogel flankiert den Trog des Mittelbergferners.

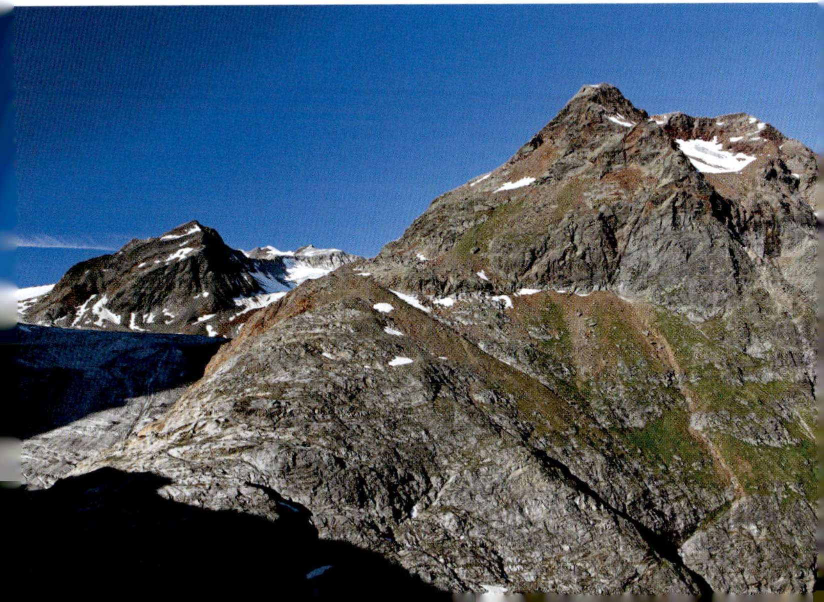

55 Gletscherweg zur Braunschweiger Hütte, 2758 m

4.10 Std.

Eine »Eistour« auch für Wanderer

Aus dem Gebiet des »Pitz-Express« kann man ebenfalls die Braunschweiger Hütte ansteuern und damit als Wanderer einmal relativ ungefährlich mit Gletschereis auf Tuchfühlung gehen. Doch primitiv ist die Tour über den Mittelbergferner keinesfalls, nicht nur weil diese Materie womöglich ungewohnt unter den Sohlen erscheint, sondern auch wegen der respekteinflößenden Umgebung. Das spürt man nachhaltig, sobald man das erschlossene Pistengebiet zurückgelassen hat …

Ausgangspunkt: Bergstation der Stollenbahn »Gletscherexpress«, 2840 m. In Betrieb ab Ende Juni, 8.30 bis 16.20 Uhr, Fr Frühfahrt um 7 Uhr möglich. Große, kostenfreie Parkplätze und Bushaltestelle bei der Talstation in Mittelberg.
Endpunkt: Talstation der Pitztaler Gletscherbahn in Mittelberg, 1736 m.
Anforderungen: T3–4. Kernstück dieser hochalpinen Tour ist die Querung des Mittelbergferners im Bereich seiner im Allgemeinen spaltenfreien Zunge, je nach Eisverhältnissen unschwierig oder nur mit Steigeisen sicher machbar. Stangen zur Orientierung, bei schlechter Sicht unbedingt abzuraten! Vorsorglich gilt deshalb die Einstufung »schwarz«. In den Randzonen unwegsames Moränengeröll, dann aber immer besserer Steig. Im überwiegenden Bergab nicht besonders anstrengend.
Höhenmeter: 200 Hm Aufstieg, 1300 Hm Abstieg.
Einkehr/Unterkunft: Bergrestaurant Kristall, Braunschweiger Hütte (Mitte Juni bis Ende September, Tel. +43 664 2012013), Jausenstation Gletscherstube.
Beste Jahreszeit: Juli bis September.

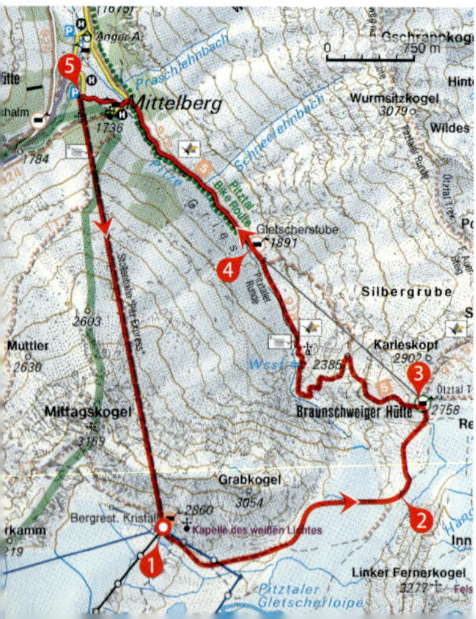

Nach der Bergfahrt mit der Stollenbahn starten wir vom Seilbahnkomplex **(1)** mit einem Bergab über die Schotterpisten Richtung Südosten. Man dreht an einer Skiliftstation vorbei nach links ein und nähert sich

Der Mittelbergferner zählt zu den gewaltigsten Eisströmen der Ötztaler Alpen.

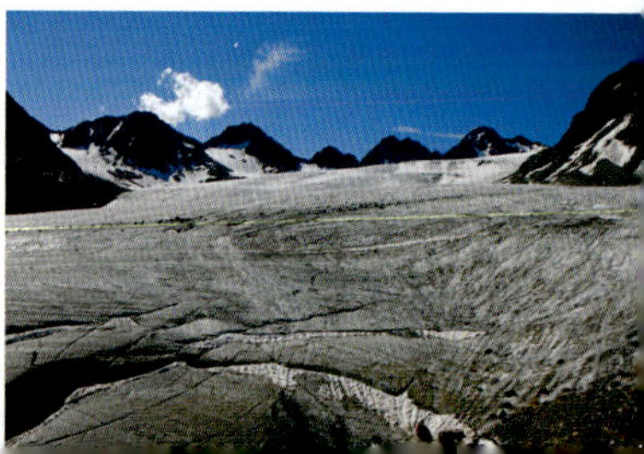

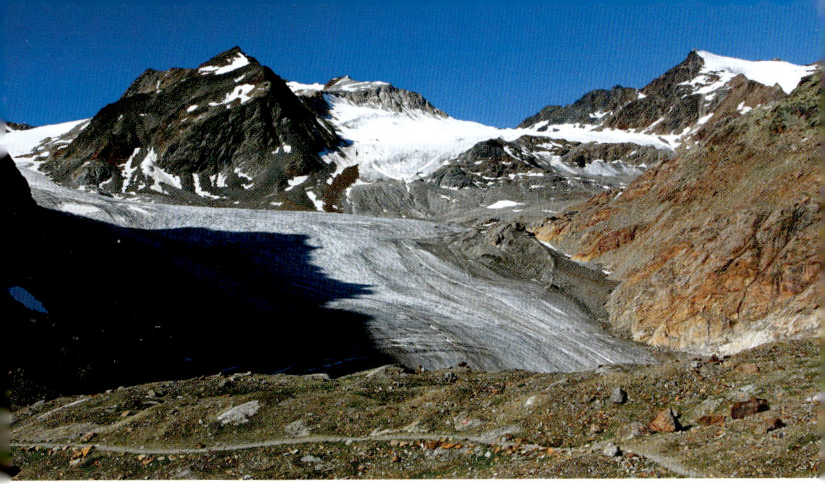

Klassische Perspektive vom Moränensteig zur Braunschweiger Hütte.

dem Rand des Mittelbergferners. Gewöhnlich ist dort von Pistenraupen eine Trasse ausgefräst. Auf oder neben dieser ein Stück weit über das Eis bergab und anschließend mit einer annähernd horizontalen Traverse der Gletscherzunge (Stangenmarkierung) hinüber zum Ostufer **(2)**, ca. 2600 m. Im von Resteis durchsetzten Blockschutt kann es noch etwas unangenehm sein, doch stabilisiert sich der Untergrund, wenn wir uns schräg aufwärts halten und dann auch bald auf passable Steigspuren treffen. Im Moränengelände geht es etwas auf und ab, zwischendurch über den Abfluss des Karlesferners hinweg (neue Brücke) und mit rund 150 Höhenmetern Gegensteigung zur **Braunschweiger Hütte (3)**, 2758 m.

Dort nehmen wir den viel begangenen Hüttenweg auf und wandern wie bei Tour 54 beschrieben talwärts. Unten an der bewirtschafteten **Gletscherstube (4)**, 1891 m, vorbei hinaus nach Mittelberg und linker Hand zurück zu den Parkplätzen bei der **Talstation (5)**.

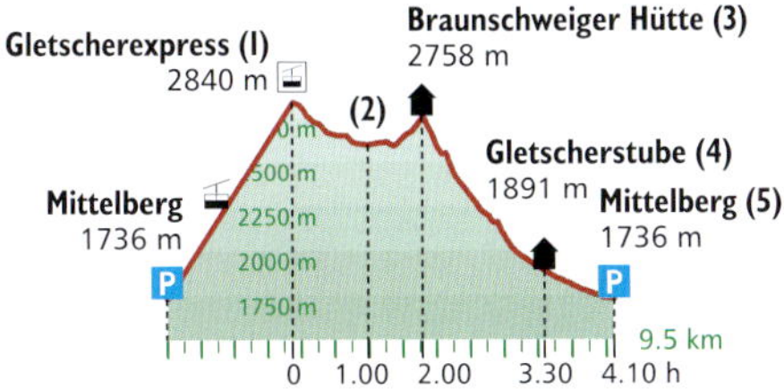

Stichwortverzeichnis

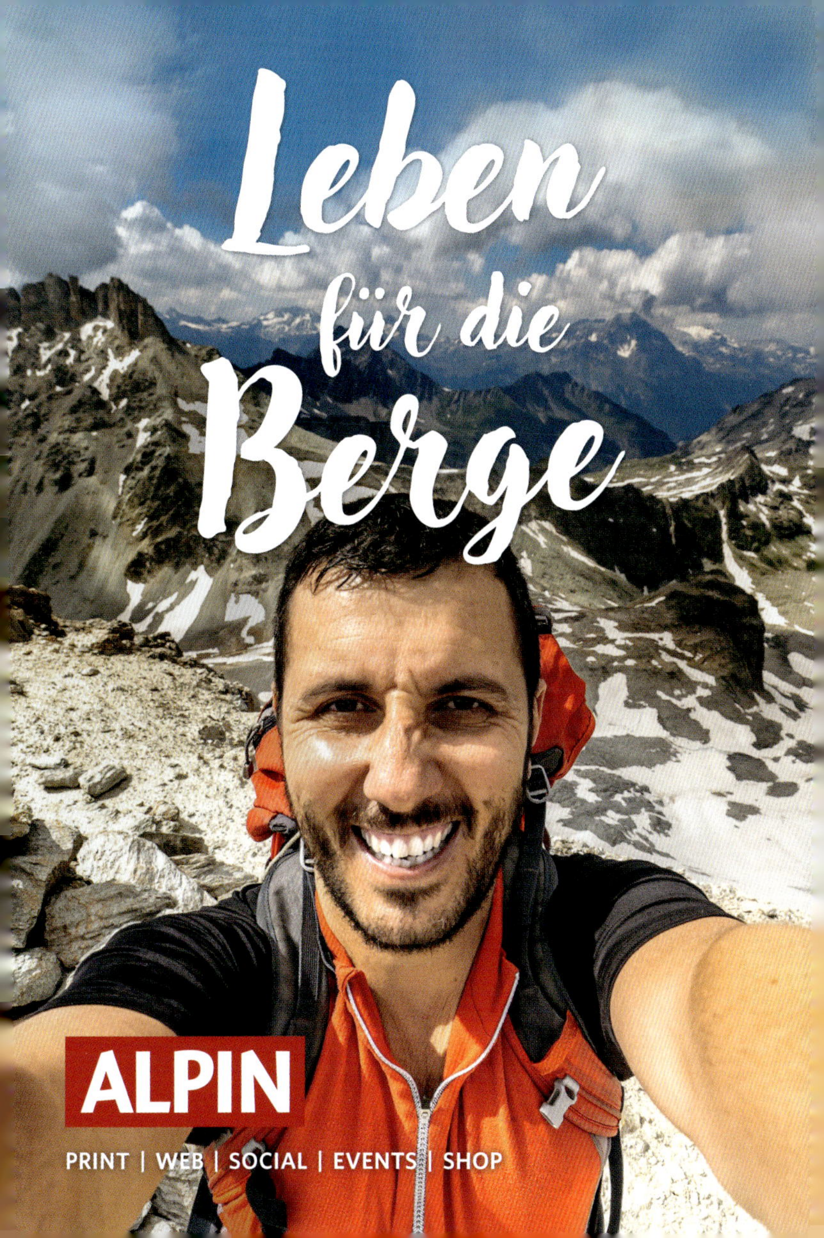
Leben
für die
Berge
ALPIN
PRINT | WEB | SOCIAL | EVENTS | SHOP

Umschlagbild:
Bergsee am Kaunergrat auf der Tour zum Seirlöcherkogel.

Bild im Innentitel:
Die Watzespitze zählt zu den alpinen Aushängeschildern im Pitztal.

Bild Seite 2:
Blick in den Schluchtgrund der Pitze, dahinter der Tschirgant.

Bild Doppelseite 24/25:
Am Gipfelgrat zum Loreakopf.

Alle 153 Fotos stammen von Mark Zahel.

Kartografie:
55 Wanderkarten im Maßstab 1:50.000 und 1:75.000
2 Übersichtskarten im Maßstab 1:400.000 und 1:800.000

Werk-Nr.: 4504

6., aktualisierte Auflage 2024

ISBN 978-3-7633-4777-3

FSC www.fsc.org
MIX
Papier | Fördert gute Waldnutzung
FSC® C147178

Wir freuen uns über jeden Korrekturhinweis zu diesem Wanderführer!
Bitte per E-Mail an: leserzuschrift@rother.de

ROTHER BERGVERLAG · München
D-82041 Oberhaching · Keltenring 17 · Tel. +49 89 608669-0 · rother.de